LOMBARD STREET

AUTRES OUVRAGES DU MÊME AUTEUR

TRADUITS EN FRANÇAIS.

LA CONSTITUTION ANGLAISE, 1860, un vol. in-18 de la *Bibliothèque d'Histoire contemporaine*........................ 3 fr. 50.

LOIS SCIENTIFIQUES DU DÉVELOPPEMENT DES NATIONS dans leurs rapports avec les principes de la sélection naturelle et de l'Hérédité, 1873, un vol. in-8° de la *Bibliothèque scientifique internationale,* cartonné.............................. 6 fr.

LOMBARD STREET

OU

LE MARCHÉ FINANCIER

EN ANGLETERRE

PAR

W. BAGEHOT.

PARIS

LIBRAIRIE GERMER BAILLIÈRE

17, RUE DE L'ÉCOLE-DE-MÉDECINE, 17.

—

1874.

PRÉFACE

La composition de ce petit ouvrage a demandé beaucoup plus de temps que, dans la pensée, peut-être, de mes lecteurs, ne méritent sa longueur ou son importance. Je l'ai commencé pendant l'automne de 1870, et bien que de nombreuses occupations et ma mauvaise santé m'aient souvent forcé de m'interrompre, je n'ai jamais cessé d'y travailler quand je l'ai pu. Mais je crains qu'en conséquence du temps que j'ai mis à l'écrire, toutes les parties de l'ouvrage, au point de vue de quelques exemples tout ou moins, ne semblent pas, comme diraient les hommes de loi, se rapporter à la même époque. Les chiffres et les exemples qu'il est tout naturel d'employer à une époque, ne sont plus tout à fait ceux qu'il est tout naturel d'employer à une autre époque, et un ouvrage écrit lentement, alors que le sujet de cet ouvrage se modifie continuellement, manque peut-être d'un peu d'unité sous ce rapport.

Dois-je m'attendre à ce que cet ouvrage soit accueilli bien favorablement? Je crains que non. Il traite de quatre sujets principaux: la Banque d'Angleterre, les banques par actions autres que la Banque, les banquiers particuliers et les courtiers d'escompte; or, je crains qu'aucun d'eux ne soit entièrement satisfait de ce que je dis. Je dois me borner à ajouter que les opinions que j'exprime aujourd'hui ne sont pas le résultat des pensées de quelques jours, ni de pensées conçues à une grande distance de ce que je prétends décrire. Tout au contraire, ces opinions se sont formées lentement dans « Lombard Street » même, et comme elles ne plairont peut-être à personne, je suis tout au moins en droit de réclamer le bénéfice de l'impartialité de mes critiques.

Je dois ajouter qu'un de mes amis a bien voulu se charger de revoir les dernières épreuves qu'une maladie m'a empêché de revoir moi-même. Sans cette obligeante assistance, j'aurais dû remettre à l'automne la publication de cet ouvrage, ce qui m'eut été d'autant plus désagréable que la composition en a été si lente.

WALTER BAGEHOT.

LOMBARD STREET

CHAPITRE I

INTRODUCTION

On se figure d'ordinaire que la finance est chose si impalpable, qu'on ne peut en parler qu'en termes absolument abstraits, et que les ouvrages qui traitent de ce sujet doivent toujours être extrêmement obscurs. Je soutiens, au contraire, que la finance est chose tout aussi concrète, tout aussi réelle que quoi que ce soit; qu'on peut la définir en termes parfaitement clairs, et que c'est la faute de l'écrivain si ce qu'il dit n'est pas absolument compréhensible. J'avoue cependant que, à un certain point de vue, je vais essayer d'éviter une difficulté. La moitié, plus de la moitié même de la prétendue difficulté qu'on trouve à parler du marché financier, provient des controverses auxquelles a donné lieu l'*Acte de Peel* (1), et des discussions abstraites que l'on a entamées, relativement à la théorie sur

(1) Voir à la fin du volume l'Acte de Peel ou Loi relative au renouvellement du privilége de la Banque d'Angleterre.

laquelle repose cet acte, ou sur laquelle, au moins, on prétend qu'il repose. J'ai l'intention, dans les pages suivantes, de parler aussi peu que possible de l'acte de 1844; quand j'en parlerai, d'ailleurs, je me bornerai presque exclusivement à discuter les effets qu'il a produits, sans m'occuper, ou en m'occupant fort peu, des bases savantes sur lesquelles on l'a édifié.

Plusieurs raisons me portent à adopter cette ligne de conduite. D'abord, parce que si un auteur dit quoi que ce soit au sujet de l'acte de 1844, peu importe ce qu'il ajoute, car bien peu de personnes s'en occuperont. La plupart des critiques saisissent le passage relatif à l'acte qui les intéresse, soit pour l'attaquer, soit pour le défendre, comme si c'était une clef de voûte auprès de laquelle tout le reste importe peu. Il y a eu, à propos de cet acte du Parlement, tant et de si vives controverses, il y a encore une si grande animosité que, pour la plupart des lecteurs, une seule phrase relative à cet acte présente un intérêt beaucoup plus considérable qu'un volume entier sur toute autre partie du sujet. Deux camps de querelleurs acharnés posent cette seule question à chaque écrivain nouveau : « Etes-vous avec nous ou contre nous? » Le reste leur importe fort peu. Bien entendu, si l'acte de 1844 était réellement, comme on le pense ordinairement, le *primum mobile* du marché financier anglais, — la source de tous les biens selon les uns, la source de tous les maux selon les autres, — l'extrême irritation produite par l'expression d'une opinion, relativement à cet acte, ne saurait être une excuse pour ne pas exprimer franchement son opinion. En effet, un auteur, traitant un sujet quel qu'il soit, ne doit pas négliger un des points principaux de ce sujet, de peur de se faire attaquer par d'autres. Mais, selon moi, l'acte de 1844 ne joue qu'un rôle fort secondaire dans l'économie du marché financier; tout ce qu'on pouvait en dire a été dit et la plupart du temps trop longuement; on a donné à tous les phénomènes qui s'y rattachent une plus grande importance relative que celle qu'ils méritent. Il ne faut jamais perdre de vue qu'un quart de siècle s'est écoulé depuis 1844, — période singulièrement remarquable par les progrès matériels accomplis et presque merveilleux par le développement de la banque. Ainsi donc, en admettant même que les faits si vivement discutés en 1844 aient eu l'importance qu'on leur attribuait à cette époque, — et je crois que sous certains rapports on exagérait alors cette importance, — il n'y aurait rien d'étonnant à ce que, dans un monde renouvelé, de nouveaux phénomènes se soient produits, phénomènes plus considérables et plus importants. C'est là, selon moi, la vérité. Lombard Street a tellement changé depuis 1844, que nous ne pouvons asseoir un jugement à son endroit qu'après avoir décrit et discuté un monde adulte, aujourd'hui fort et vigoureux, monde qui était alors jeune et faible. Aussi ai-je l'intention de parler aussi peu que possible de l'acte de 1844, et, autant qu'il sera en mon pouvoir, j'isolerai les causes postérieures à Peel; je m'occuperai exclusivement de ces dernières causes, de façon à ne pas fatiguer ceux dont les oreilles sont rebattues de ce thème si usé (et ils sont en bien grand nombre), et de façon aussi à ce qu'on puisse juger, sous leur jour réel, les parties nouvelles et jusqu'à présent négligées du sujet.

Lombard Street est de beaucoup la plus grande combinaison de puissance économique et de délicatesse économique que le monde ait jamais vu ; voilà la description la plus courte et la plus vraie que l'on en puisse faire. Personne ne peut douter de la grandeur de cette puissance. L'argent est le nerf de la puissance économique. Or, chacun sait que l'Angleterre est le pays où il y a le plus d'argent ; chacun admet que l'on peut y trouver beaucoup plus d'argent comptant, immédiatement disponible, que dans tout autre pays. Mais ce qu'on sait moins, c'est *dans quelle proportion* est plus considérable en Angleterre, que dans toute autre partie du monde, cet argent comptant, — cette somme disponible flottante que l'on peut prêter à n'importe qui et pour n'importe quel objet. Quelques chiffres suffiront à prouver l'importance de la réserve d'argent disponible à Londres et combien cette réserve est plus considérable que partout ailleurs. Les dépôts connus, — c'est-à-dire les dépôts accumulés dans les banques qui publient leur bilan, — sont :

A Londres (31 décembre 1872)............	3,000,000,000 fr.
A Paris (27 février 1873)	325,000,000
A New-York (février 1873).................	1,000,000,000
Dans l'empire d'Allemagne (31 janvier 1873)..	200,000,000

Et les dépôts inconnus, — c'est-à-dire les dépôts accumulés dans les banques qui ne publient pas de bilan, — sont beaucoup plus considérables à Londres qu'ils ne le sont dans aucune de ces autres villes. Les dépôts chez les banquiers de Londres sont bien des fois plus considérables que les dépôts chez les banquiers d'aucune autre ville, et les dépôts chez les banquiers de la Grande-Bretagne bien des fois plus considérables que ceux chez les banquiers d'aucun autre pays.

Il est vrai que les dépôts accumulés chez les banquiers ne constituent pas la mesure absolument exacte des ressources d'un marché financier. Il existe, au contraire, beaucoup plus d'argent en dehors des banques, en France, en Allemagne et dans tous les autres pays où la banque est peu développée, qu'on ne pourrait en trouver en Angleterre et en Ecosse où la banque est fort développée.

Mais cet argent n'est pas de l'argent sur le marché, si je puis m'exprimer ainsi; on ne peut l'atteindre. Il a fallu leurs immenses malheurs, il a fallu un énorme emprunt contracté avec la garantie de la France, pour que les Français se décident à se séparer de leurs trésors cachés. L'offre de toute autre garantie ne les aurait pas tentés, car ils n'ont confiance dans aucune autre garantie. Dans toute autre circonstance, cet argent thésaurisé eût été inutile et aurait aussi bien pu ne pas exister. L'argent anglais, au contraire, est de l'argent « empruntable. » Les Anglais sont plus hardis que tout autre peuple du continent quand il s'agit de placer leur argent; mais, en admettant même qu'ils ne soient pas plus hardis que d'autres, le simple fait que leur argent se trouve déposé dans une banque le rend plus facilement accessible. Un million sterling dans les mains d'un seul banquier constitue une grande puissance; ce banquier, en effet, peut immédiatement prêter ce million à qui lui plaît, et les emprunteurs viennent s'adresser à lui parce qu'ils savent, ou qu'ils croient, qu'il a cette somme à sa disposition.

Mais cette même somme répandue par parcelles dans toute une nation ne constitue aucun pouvoir : personne ne sait en effet où la trouver, à qui la demander. Bien qu'on ne puisse attribuer à cette cause unique : la concentration de l'argent dans les banques, la richesse du marché financier de Londres, c'est cette concentration cependant qui est la cause principale de sa richesse supérieure à celle de tous les autres marchés.

On peut observer constamment l'effet de cette concentration. On vient nous emprunter et nous prêtons des sommes immenses qu'il serait impossible de se procurer ailleurs. On a dit quelquefois qu'une nation étrangère quelle qu'elle soit peut emprunter dans Lombard Street *à certaines conditions*, c'est-à-dire que quelques pays peuvent emprunter à beaucoup meilleur compte que d'autres ; mais tous, dit-on, peuvent se procurer de l'argent, s'ils consentent à payer les termes demandés. C'est là peut-être une exagération ; mais si on n'applique cette phrase qu'aux gouvernements civilisés, et c'est comme cela qu'on l'entend, on ne peut guère dire que ce soit une exagération. Il y a bien peu de pays civilisés qui ne puissent nous emprunter des sommes considérables si tel est leur bon plaisir, et la plupart d'entre eux semblent de plus en plus disposés à le faire. Si même une nation quelconque désire construire un chemin de fer, — surtout si cette nation est pauvre, — il est presque certain qu'elle cherchera à se procurer l'argent nécessaire dans ce pays, — pays des banques. Il est vrai que les banquiers anglais ne prêtent guère directement aux gouvernements étrangers. Mais ils prêtent beaucoup à ceux qui se chargent de procurer de l'argent à ces gouvernements. Ils font des avances sur les fonds étrangers, « en réservant une marge, » comme on dit ordinairement; c'est-à-dire qu'ils avancent quatre-vingt pour cent de la somme requise, et que le prêteur nominal fait le reste. Et c'est ainsi que, grâce au concours de l'Angleterre, s'exécutent d'immenses travaux qu'on n'aurait même pas projetés si on n'avait compté sur ce concours.

Il en est exactement de même pour nos entreprises domestiques. Aujourd'hui, on rejette absolument l'opinion qu'une entreprise quelconque peut périr faute d'argent, à condition toutefois que cette entreprise soit profitable, ou qu'elle paraisse de nature à produire des bénéfices ; cependant, aucune opinion n'était plus familière à nos ancêtres, aucune idée n'est plus commune dans la plupart des pays. Un citoyen de Londres, au temps d'Elisabeth, n'aurait pu se rendre compte de l'état actuel de notre esprit. Il aurait pensé qu'il était parfaitement inutile d'inventer les chemins de fer (en admettant qu'il ait compris ce que signifie un chemin de fer), car il eût été impossible de réaliser le capital nécessaire à leur construction. A notre époque, il *n'existe pas*, dans les colonies et dans tous les pays peu avancés, de grosses quantités d'argent disponible ; il n'y a pas de fonds que l'on puisse emprunter pour exécuter d'immenses travaux. Si l'on considère le monde comme un tout, — soit dans le présent, soit dans le passé, — il est certain que, dans les Etats pauvres, il n'y a pas d'argent disponible pour les grandes entreprises nouvelles et que, dans la plupart des pays riches, l'argent est trop éparpillé et tient trop fortement à la main de ses possesseurs pour qu'on puisse se le procurer en quantité suffisante pour réaliser de nouveaux progrès. Un endroit comme Lombard Street, où, si ce n'est dans les temps les plus rares, on peut toujours se procurer de l'argent en donnant de bonnes garanties, ou en offrant l'espérance fondée d'un gain probable, est un luxe qu'aucun pays n'a jamais possédé à un degré égal ou même comparable.

Mais bien que ces prêts accidentels à de nouvelles entreprises ou à des puissances étrangères soient l'exemple le plus frappant du pouvoir de Lombard Street, ils ne constituent certes pas l'emploi le plus remarquable ou le plus important de ce pouvoir. Le commerce anglais se fait au moyen de capitaux empruntés, et cela dans des proportions telles que bien peu d'étrangers peuvent se l'imaginer et dont nos ancêtres n'auraient eu aucune idée. Il a surgi, dans toutes les parties de l'Angleterre, une foule de petits commerçants qui escomptent des quantités considérables de papier, et qui, au moyen de ce capital emprunté, circonviennent et terrassent le vieux capitaliste, en admettant même qu'ils ne parviennent à le chasser. Le nouveau commerçant a évidemment d'immenses avantages pour soutenir la lutte. Admettons qu'un négociant ait un capital à lui, capital de 1,250,000 francs; pour que ce capital lui rapporte 10 pour 100, il lui faut faire 125,000 francs de bénéfices annuels, et il doit vendre ses marchandises en conséquence; si un autre marchand, au contraire, n'a que 250,000 francs à lui et qu'au moyen de l'escompte il emprunte un million (et ce n'est pas là un cas extraordinaire dans notre commerce moderne), il se trouve à la tête d'un capital semblable de 1,250,000 fr. et peut vendre à beaucoup meilleur marché. S'il a emprunté au taux de 5 pour 100, il devra, chaque année, payer 50,000 francs d'intérêts; et si, comme le vieux commerçant, il réalise 125,000 francs de profits par an, il lui restera encore, après avoir déduit les intérêts qu'il doit, une somme annuelle de 75,000 francs, c'est-à-dire que son capital de 250,000 francs lui rapportera 30 pour 100. La plupart des négociants se contentent de beaucoup moins que ce revenu de 30 pour 100, il pourra donc, s'il le veut, abandonner une partie de ce profit, abaisser le prix de ses marchandises et chasser ainsi du marché le commerçant qui n'est plus de son époque, c'est-à-dire celui qui travaille avec son propre capital. La certitude de pouvoir se procurer de l'argent en escomptant du papier ou autrement, et cela à un taux d'intérêts modéré, fait que, dans le commerce anglais moderne, il y a une sorte de prime à travailler avec un capital d'emprunt et une sorte de défaveur constante à se borner uniquement à son propre capital, ou à s'appuyer principalement sur lui.

Ce caractère démocratique croissant du commerce anglais est fort peu populaire auprès de certains esprits; il faut avouer, en effet, que ces conditions nouvelles amènent des résultats fort divers. Un de ces premiers résultats est la disparition des grandes et vieilles familles de « princes marchands, » telles que celles qui habitaient Gênes et Venise; familles dont les descendants recevaient en naissant un esprit distingué aussi bien qu'une grande richesse, et chez les membres desquelles les goûts de l'aristocrate se confondaient dans une certaine mesure, avec la prévoyance et la verve de l'homme d'affaires. La foule crasseuse des petits négociants a expulsé, pour ainsi dire, ces « princes marchands. » Après une ou deux générations, ces derniers se retirent pour mener une vie luxueuse et oisive. Ils ne peuvent réaliser que des profits très-minimes sur leurs immenses capitaux, et ils ne considèrent pas que ce soit là une compensation suffisante à un frottement journalier avec de grossiers compagnons d'affaires. Ce nivellement constant de nos maisons de commerce est, en outre, peu favorable à la moralité commerciale. Les grandes maisons qui ont reçu du passé une réputation toute faite et qui désirent transmettre cette réputation, ne peuvent se rendre coupables de petites fraudes. C'est la *continuité* de leur clientèle qui les fait subsister, et la moindre fraude reconnue écarterait cette clientèle. Si nous étudions avec soin la cause de la réputation moins bonne des articles anglais, nous nous apercevons que la perte de cette réputation provient des hommes nouveaux qui ne possèdent que peu de capitaux et qui ne subsistent que par l'escompte. A ces hommes, il faut des affaires immédiates ; or, pour s'assurer ces affaires, ils fabriquent des articles inférieurs. Ils comptent sur le bon marché, et ils ont raison.

Mais une supériorité remarquable vient compenser ces imperfections et tant d'autres encore qu'on pourrait signaler, imperfections qu'a produites le caractère démocratique de notre commerce. Aucun pays ayant un grand commerce héréditaire, aucun pays européen, tout au moins, ne fut jamais aussi « éveillé, » pour employer le mot propre, que l'Angleterre ;

aucun pays ne met autant de promptitude à profiter des avantages nouveaux. Un pays qui compte principalement sur ses grands « princes marchands » ne peut être aussi actif; le commerce de ces grands négociants tend perpétuellement à devenir un commerce de plus en plus routinier. Un homme fort riche, quelque intelligent qu'il soit, se dit toujours plus ou moins : « J'ai de grands revenus et je désire les garder. Si les choses restent ce qu'elles sont, je les garderai certainement; mais si elles viennent à changer, *il se peut* que je ne les conserve pas. » Aussi considère-t-il comme une fatigue tout changement de circonstances, et pense-t-il le moins possible à ces changements. L'homme nouveau, au contraire, qui a son chemin à faire dans le monde, sait que ces changements constituent pour lui des occasions favorables; aussi les recherche-t-il toujours et en profite-t-il quand ils se présentent. Le caractère grossier, vulgaire, du commerce anglais, est le secret de sa vie; car ce caractère contient « la tendance à la variation, » principe du progrès dans l'ordre social, aussi bien que dans le règne animal.

Lombard Street est le grand intermédiaire de ces emprunts constants et chroniques. C'est une sorte de courtier perpétuel entre les parties tranquilles du pays qui accumulent de l'argent et les régions actives qui l'emploient. Il est souvent difficile de dire pourquoi certains commerces ont adopté certaines localités; mais un fait est certain, tout au moins, c'est que quand un commerce a adopté une localité quelconque, il est fort difficile à une autre localité de l'attirer, — impossible même, à moins que cet autre endroit ne possède des avantages intrinsèques très-considérables. Le commerce, au point de vue de sa localisation, est essentiellement conservateur, à moins qu'il ne soit impérieusement obligé d'émigrer. Partie pour cette cause, partie pour quelques autres, il y a, en Angleterre, des régions entières qui ne savent comment employer leur argent. Aucun comté purement agricole ne peut employer son argent, car les économies d'un comté, possédant de bonnes terres, mais n'ayant ni manufactures, ni commerce, doivent excéder les placements solides que l'on peut faire dans ce comté. Ces économies vont d'abord se concentrer dans les banques locales; celles-ci envoient ces économies à Londres et les déposent chez les banquiers ou chez les courtiers de change. Dans les deux cas, le résultat obtenu est le même. L'argent provenant ainsi des régions où se produit un surplus sert à escompter le papier des régions manufacturières. Les banques locales de comtés, tels que le Somersetshire et le Hampshire, font des dépôts chez les banquiers et chez les courtiers de Lombard Street, et ceux-ci s'en servent pour escompter le papier du Yorkshire et du Lancashire. Lombard Street joue donc le rôle d'un agent perpétuel entre deux grandes divisions de l'Angleterre, — c'est-à-dire entre ces régions actives, croissant rapidement en prospérité, où l'on trouve à employer facilement quelques sommes si considérables qu'elles soient, et ces régions calmes, tranquilles, où il y a plus d'argent qu'on ne peut en employer.

Cette organisation est fort utile parce qu'elle se règle très-facilement. Les économistes politiques soutiennent que le capital se porte vers les branches de commerce les plus profitables, et qu'il abandonne rapidement celles qui le sont moins ou qui ne rapportent rien. Mais, dans la plupart des pays, ce résultat ne se produit qu'à la longue, et quelques personnes, qui ne croient à une vérité abstraite que quand elles en ont vu de leurs yeux la démonstration, sont portées à douter de ce fait parce qu'elles n'ont pas pu l'observer dans la pratique. Il serait assez facile de s'assurer de ce fait à Londres, si on pouvait examiner les livres des banquiers et des courtiers de change. Leurs portefeuilles sont pleins de lettres de change tirées par les branches de commerce les plus profitables, et, *cæteris paribus*, ils ne contiennent, comparativement, aucun effet relatif à celles qui sont le moins. Si le commerce du fer cesse d'être aussi profitable qu'à l'ordinaire, il se vend moins de fer; moins il y a de ventes, moins il y a de billets; en conséquence, le nombre de billets relatifs au fer diminue dans Lombard Street. Si, au contraire, le commerce du blé devient tout à coup profitable à la suite d'une mauvaise récolte, les billets relatifs aux céréales se créent immédiatement en grand nombre, et, si ce papier est bon, Lombard Street l'escompte. Ainsi, de même que l'eau cherche toujours à retrouver son niveau, de même aussi les capitaux anglais se dirigent instantanément là où ils sont le plus utiles.

Cette organisation efficace, toujours prête à agir, nous procure un avantage énorme dans la concurrence avec les pays moins avancés; — moins avancés, entendons-nous bien, sous le rapport du crédit. Un nouveau débouché vient-il à se présenter, les capitaux anglais se mettent immédiatement à la disposition de ceux qui sont à même de comprendre les nouvelles chances de profit qu'offre ce débouché et qui sauront en tirer tous les avantages possibles. Dans les pays où il y a peu d'argent disponible et où ce peu ne se prête que tardivement, que difficilement, les commerçants entreprenants sont tenus en échec, parce qu'ils ne peuvent se procurer immédiatement les capitaux nécessaires à leurs opérations, capitaux sans lesquels l'habileté, l'intelligence, sont absolument inutiles. Aussi, tous les débouchés *soudains* profitent-ils à l'Angleterre, ce qui est souvent en contradiction avec les probabilités rationnelles et les prédictions des philosophes. L'ouverture du canal de Suez nous offre un curieux exemple de ce fait. Chacun s'empressait de prédire que le canal détruirait ce qu'avait créé la découverte de la route des Indes par le cap de Bonne-Espérance. Avant cette découverte, tout le commerce de l'Orient affluait dans les ports du sud de l'Europe, pour se répandre de là sur tout le continent. Londres et Liverpool, centres du commerce des Indes orientales, c'est là, disait-on, une anomalie géographique que le canal de Suez devait faire disparaître. « Les Grecs, dit M. de Tocqueville, les Styriens, les Italiens, les Dalmatiens et les Siciliens, sont les peuples qui doivent se servir du canal de préférence à tous les autres. » A qui, au contraire, a principalement profité le canal? A l'Angleterre. Aucune des nations que citait Tocqueville n'avait à sa disposition le capital, ou même le dixième du capital nécessaire pour construire les immenses vapeurs à hélice qui, seuls, peuvent trouver un avantage à se servir du canal. Plus tard, ces prédictions plausibles pourront ou non se vérifier ; mais;

jusqu'à présent, elles sont absolument fausses, non pas parce qu'il y a des gens riches en Angleterre, — il y a des gens riches dans tous les pays, — mais parce que l'Angleterre possède une quantité sans égale de capitaux flottants, d'argent disponible, qui vient immédiatement à l'aide du négociant, quel qu'il soit, qui découvre une nouvelle source de gain.

Cette « organisation inconsciente du capital, » pour employer une phrase continentale, ne permet pas seulement aux Anglais de se montrer beaucoup plus prompts que leurs voisins du continent à profiter des nouvelles occasions commerciales, elle leur permet aussi de conserver très-probablement les débouchés dont ils se sont complétement emparés. M. Macculloch, adoptant les théories de Ricardo, avait coutume d'enseigner que les vieilles nations ont une aptitude spéciale pour les commerces qui exigent beaucoup de capitaux. Dans ces pays, dit-il, l'intérêt sur le capital s'est trouvé réduit par la nécessité de s'adresser continuellement aux terres inférieures ; ils peuvent donc, dans toutes les branches de commerce qui exigent de grands capitaux, vendre meilleur marché que les pays où les gains sont considérables. Il y a sans doute beaucoup de vrai dans cette théorie, bien qu'on ne puisse l'appliquer dans la pratique qu'avec beaucoup de restrictions, et qu'avec un certain nombre de déductions dont la vieille école d'économistes politiques ne tenait pas assez compte. Mais le même principe s'applique très-certainement et très-pratiquement à l'Angleterre, en conséquence de l'habitude qui y règne de se servir de capitaux empruntés. Comme nous l'avons déjà expliqué, un homme nouveau, avec un petit capital à lui et un grand capital emprunté, peut vendre à plus bas prix qu'un homme riche qui travaille exclusivement avec son propre capital. L'homme riche a besoin de recevoir le taux entier du gain commercial sur la totalité du capital employé dans son commerce; l'homme pauvre, au contraire, n'a besoin que de faire l'intérêt de l'argent (intérêt qui ne se monte peut-être pas au tiers des profits) sur la plus grande partie du capital qu'il emploie; par conséquent, l'homme pauvre considérera, comme une ample récompense de son travail, un revenu dont la modicité forcerait l'homme riche à quitter le commerce. Il est nécessaire d'étudier spécialement, à ce point de vue, toutes les opinions qui ont ordinairement cours sur les dangers que peut avoir, pour l'Angleterre, la concurrence des nations étrangères, opinions qui, sous tous les autres rapports, ont beaucoup de vrai. L'Angleterre possède une organisation spéciale qui ouvre l'accès du commerce à des hommes nouveaux qui se contentent d'un petit bénéfice; cette organisation assurera probablement son succès, car aucun autre pays ne pourra de longtemps lutter avec elle sous ce rapport.

On pourrait insister sur beaucoup d'autres points, mais il serait fatigant et inutile de faire une peinture parfaite. La conclusion principale est évidente : le commerce anglais travaille essentiellement avec des capitaux empruntés; et on peut ajouter que, si nous pouvons nous livrer au genre de commerce que nous avons adopté comme nôtre, si nous pouvons l'étendre dans les proportions où il s'est étendu, c'est grâce seulement à la perfection de notre système de banque.

Mais la délicatesse, je pourrais presque dire sans

exagération le danger de ce système, est exactement proportionnelle à sa puissance. La familiarité seule que nous avons avec lui nous empêche d'en comprendre la merveilleuse nature. Il n'y a jamais eu, dans le monde, accumulation de capitaux empruntés aussi énorme que celle qui se trouve aujourd'hui à Londres. De beaucoup la plus grande partie des nombreux millions déposés chez les banquiers et chez les courtiers de Lombard Street est remboursable à vue ou à quelques jours d'avis; c'est-à-dire que les dépositaires peuvent réclamer leur argent n'importe quel jour, et, au moment d'une panique, quelques-uns d'entre eux réclament partie de cet argent. Or, si un grand nombre de ces dépositaires réclamaient effectivement leur argent, notre système de banque et, par contre, notre système industriel courraient de grands dangers.

Quelques-uns de ces dépôts ont, en outre, une nature distincte et toute particulière. Depuis la guerre franco-allemande, nous sommes devenus, beaucoup plus que nous ne l'étions auparavant, les banquiers de l'Europe. Nous détenons une somme très-considérable d'argent étranger, placée à des comptes très-divers et destinée à bien des objets. Au moment d'une panique, on pourrait nous réclamer cet argent. En 1866, nous détenions une somme beaucoup moindre d'argent étranger; or, on nous réclama cette somme, et nous dûmes la rembourser au prix de bien des souffrances et de bien des sacrifices. Que serait-ce donc si nous devions rembourser les sommes bien plus considérables, aujourd'hui en notre possession, sans avoir plus de ressources que nous n'en avions alors?

On peut répondre que si nos engagements immédiats sont considérables, notre actif actuel est fort considérable aussi ; que si nous avons entre les mains des sommes colossales dont on peut nous demander le remboursement immédiat, nous possédons toujours l'argent comptant nécessaire pour les rembourser. Mais, au contraire, il n'y a actuellement aucun pays, il n'y a jamais eu aucun pays, où la proportion entre la réserve en argent et les dépôts placés à la banque fût aussi petite qu'elle l'est aujourd'hui en Angleterre (1). Loin de pouvoir compter sur l'importance proportionnelle de l'argent comptant que nous avons entre les mains, le total de cet argent comptant est si extrêmement insignifiant qu'on tremble presque quand on compare cette exiguïté à l'immensité du crédit qui repose sur elle.

On peut dire encore que pas n'est besoin de nous alarmer de la grandeur de notre système de crédit ou de son raffinement, parce que l'expérience nous a enseigné le moyen de le contrôler et d'en user toujours avec prudence. Mais nous *n'usons pas* toujours de notre crédit avec prudence. L'effrayant exemple d'Overend Gurney et Cie nous prouve le contraire. Il y a dix ans, dans la cité de Londres, on regardait cette maison comme inférieure seulement à la Banque d'Angleterre ; à l'étranger, elle était plus connue qu'aucune autre maison analogue, mieux connue peut-être qu'aucune maison purement anglaise. Les divers associés avaient des fortunes considérables qu'ils avaient faites dans les affaires de la

(1) Voir la note A à la fin du volume.

maison. Ils en tiraient encore un immense revenu. Et cependant, en six ans, ils perdirent toute leur fortune particulière, vendirent la maison à une compagnie, et dissipèrent une grande partie du capital de cette compagnie. Et ces pertes furent le résultat de tant d'imprévoyance, de tant de folie, qu'on serait disposé à croire qu'un enfant, se mettant à prêter de l'argent dans la cité de Londres, l'aurait fait avec plus de discernement. Après cet exemple, nous ne devons pas trop nous fier à notre crédit depuis si longtemps établi, à notre si grande expérience des affaires. Nous devons examiner le système qui préside à la manipulation de ces masses colossales d'argent, et nous assurer que ce système nous offre pleine sécurité.

Mais il n'est pas facile d'amener les hommes d'affaires à un examen de cette nature. Ils laissent passer devant eux le flot des affaires ; ils gagnent de l'argent ou essaient d'en gagner, pendant que passe ce flot, sans s'inquiéter où il va. On commence même à oublier la grande faillite des Overends, bien qu'elle ait causé une panique. La plupart des hommes d'affaires se disent : « Quoi qu'il arrive, ce système durera probablement aussi longtemps que moi. Il dure depuis si longtemps qu'il durera certainement encore. » Mais ce qu'il faut tout justement remarquer, c'est qu'il *ne* dure *pas* depuis longtemps. L'accumulation de ces sommes immenses, dans un seul endroit et dans quelques mains, est chose toute nouvelle. En 1844, les engagements des quatre grandes banques par actions de Londres se montaient à 265,925,000 francs ; ils se montent aujourd'hui à plus de 1,500,000,000 francs. Les dépôts particuliers à la Banque d'Angleterre se montaient alors à 225,000,000 de francs ; ils se montent aujourd'hui à 450,000,000 de francs. Il n'y avait, en 1844, dans le pays entier, qu'une fraction des immenses dépôts qui existent aujourd'hui. Nous ne pouvons donc en appeler à notre expérience pour établir la sécurité de notre système, tel qu'il existe aujourd'hui, car la grandeur actuelle de ce système est chose entièrement nouvelle. Il est évident qu'un système parfaitement adapté à l'emploi de quelques millions peut devenir complétement insuffisant quand il s'agit de nombreux millions. Or, il *peut* en être ainsi de Lombard Street, tant sa croissance a été rapide, tant sa nature offre peu de précédents.

Je ne suis en aucune façon un alarmiste. Je crois que notre système, quelque curieux et quelque singulier qu'il soit, peut produire de bons résultats ; mais si nous voulons qu'il en soit ainsi, il nous faut l'étudier. Il ne faut pas chercher à nous persuader que notre tâche est facile, alors qu'au contraire elle est fort difficile ; ou que l'état dans lequel nous vivons est tout naturel, tandis qu'il est essentiellement artificiel. L'argent ne sait pas se conduire lui-même, et Lombard Street a beaucoup d'argent à conduire.

CHAPITRE II

ASPECT GÉNÉRAL DE LOMBARD STREET

I

Les objets qui vous frappent tout d'abord dans Lombard Street et dans le monde financier groupé autour de cette rue sont : la Banque d'Angleterre, les banques particulières, les banques par actions, et les courtiers de change ou escompteurs. Mais, avant de décrire séparément chacun de ces groupes, voyons ce qu'ils ont en commun et les rapports qui subsistent entre eux.

La fonction distinctive du banquier, dit Ricardo, « commence dès qu'il emploie l'argent des *autres;* » aussi longtemps qu'il se sert de son propre capital, ce n'est qu'un capitaliste. Aussi tous les banquiers de Lombard Street (et sous ce rapport seulement les escompteurs peuvent s'assimiler aux banquiers) ont-ils entre les mains beaucoup d'argent appartenant au public, argent placé chez eux en compte courant, ou en dépôts. Lombard Street est, pour me servir d'une expression continentale, « une organisation de crédit. » Nous allons examiner si cette organisation est bonne ou mauvaise ; ou si, comme c'est plus probable, il y a du bon et du mauvais, quelles sont ses qualités et quels sont ses défauts.

La « solidité, » tel est le point principal par lequel un système de crédit diffère d'un autre système. Le mot crédit signifie qu'on accorde une certaine confiance, qu'on a foi à certaines promesses. Cette confiance est-elle sage, est-elle fondée? Voilà la question principale. Ou, pour exprimer notre pensée en termes plus simples : le crédit est un ensemble de promesses de payer ; ces promesses seront-elles tenues? En matière de banque surtout, où les « engagements, » le débit ou promesses de payer sont si considérables, et où le temps dans lequel on doit payer est si court dès que le dépositaire réclame ses fonds, la possibilité immédiate de faire face à ses engagements est la vertu par excellence.

Tout ce dont un banquier a besoin pour payer ses créanciers est une quantité suffisante de *monnaie légale* du pays; peu lui importe d'ailleurs ce que peut être cette monnaie légale. Différents pays ont des lois différentes relativement à la monnaie légale, mais ces divers systèmes importent peu au but principal de la banque. Un bon système de circulation monétaire profite au pays, un mauvais système lui est fatal. Les banquiers ressentent indirectement le bien ou le mal que ressent le pays dans lequel ils vivent; mais, dans la pratique et pour leurs occupations journalières, ils n'ont aucun besoin de s'occuper des théories relatives au cours légal et n'y pensent jamais. Ils examinent la question par son côté le plus simple et se disent : « Je me suis engagé à payer telle ou telle somme en valeurs ayant cours; combien ai-je en caisse, ou combien ai-je à ma disposition immédiate, de ces valeurs ayant cours? » En Amérique, par exemple, il suffit à un banquier d'avoir des « greenbacks » entre les mains, bien que la valeur de ces « greenbacks » change selon qu'il plaît au gouvernement d'en augmenter ou d'en diminuer l'émission. Mais qu'importe à un banquier pratique de New-York que ce système soit bon ou mauvais; il lui suffit d'avoir dans ses coffres une quantité suffisante de « greenbacks » pour faire face à toutes les demandes probables et il ne court alors aucun risque de faire faillite.

D'après la loi, en Angleterre, les valeurs ayant cours légal sont : les monnaies d'or et d'argent (ces dernières pour les petites sommes, l'appoint seulement) et les billets de la Banque d'Angleterre. Mais le chiffre de nos billets de banque en circulation ne dépend pas de la volonté de l'Etat comme pour les « greenbacks » en Amérique ; ce chiffre est fixé par les dispositions de l'Acte de 1844. Cet Acte divise la Banque d'Angleterre en deux sections. Le département de l'émission qui a pour tout devoir de mettre les billets de banque en circulation et ne peut en émettre que pour une somme de 375,000,000 de francs, représentée par des inscriptions de rentes ou d'autres garanties sur l'Etat; tous les billets émis au-dessus de cette somme doivent être représentés par des espèces dans les coffres de la Banque. Prenons, par exemple, un bilan qu'on peut considérer comme un spécimen moyen de ceux de ces quelques dernières années, le bilan pour la dernière semaine de 1869 :

Bilan publié conformément à l'acte 7e et 8e, Victoria, chap. 32, pour la semaine finissant le mercredi 29 décembre 1869.

DÉPARTEMENT DE L'ÉMISSION.

	FRANCS.		FRANCS.
Billets en circulation.	832,216,000	Dette de l'Etat......	275,377,500
		Autres garanties....	99,622,500
		Monnaies d'or et lingots..............	457,216,000
		Argent..............	—
Total	832,216,000	Total......	832,216,000

DÉPARTEMENT DE LA BANQUE.

	FRANCS.		FRANCS.
Capital.............	363,825,000	Garanties sur l'Etat.	345,298,825
Réserve............	77,582,525	Autres garanties.....	494,549,700
Dépôts publics, y compris ceux du Trésor, des caisses d'épargne, des commissaires de la dette nationale et comptes de dividende...	214,630,375	Billets...............	259,742,250
Autres dépôts.......	455,115,175	Monnaies d'or et d'argent.............	22,699,550
Billets à sept jours et autres............	11,137,250		
Total......	1,122,290,325	Total	1,122,290,325

Sur la somme totale des billets de banque en circulation, comme nous le voyons par ce bilan, 375,000,000 francs (dette de l'Etat et autres garanties) sont garantis par des valeurs de l'Etat, et 457,216,000 francs par des lingots et des espèces en or. La Banque d'Angleterre ne peut, en aucune autre façon, augmenter la circulation. Elle possède la somme totale des garanties fixées par la loi, tous les autres billets qu'elle émet doivent être représentés dans ses caisses par des espèces. C'est là le système « de fer » la ligne infranchissable, qui nous ruine, disent les adversaires de l'Acte, qui nous sauve, répondent ceux qui l'approuvent. Mais je n'ai pas ici à m'occuper de cette question. Tout ce que je prétends démontrer, c'est que notre monnaie légale en papier, nos billets de banque, ne peuvent s'obtenir que de cette façon. Si, donc, un banquier anglais garde dans sa caisse, en espèces ou en billets de la Banque d'Angleterre, une somme proportionnelle à ses engagements, il possède une quantité suffisante de monnaie légale et n'a pas besoin de s'occuper d'autre chose.

Mais ici il faut faire une distinction. Il faut observer qu'à proprement parler on ne peut comprendre dans la « réserve » d'une banque, la « monnaie légale, » ou les espèces dont cette banque a besoin pour faire ses affaires quotidiennes. Cela fait partie de son matériel au même titre que ses pupitres et ses bureaux ; ou, dans tous les cas, et quels que soient les termes que nous puissions employer, il faut avoir grand soin d'établir une ligne de démarcation entre cet argent comptant, qui se trouve dans la caisse et qui est destiné aux besoins journaliers, et le *fonds de sûreté*, comme nous pourrions appeler la réserve spéciale que possède une banque pour faire face à des demandes peu fréquentes, extraordinaires même.

Quelle est donc, en ayant soin de nous rappeler l'explication préliminaire que nous venons de donner, la somme totale de monnaie légale que possèdent nos banquiers pour faire face à leur débit? La réponse est fort remarquable et constitue la clef de notre système tout entier. On peut dire, en règle générale, qu'aucune banque à Londres ou hors de Londres, sauf la section de la Banque d'Angleterre qui fait les opérations de banque, ne possède aucune somme considérable en espèces ou en valeurs ayant cours (en dehors de ce dont elle a besoin pour ses affaires quotidiennes). Le débit de cette section, au 29 décembre 1869, se composait des articles suivants :

Dépôts publics...........................	214,630,000 fr.
Dépôts particuliers........................	455,115,000
Billets à sept jours et autres..............	11,137,000
Total............	680,882,000

contre une réserve en monnaie légale de 282,442,000 fr. (billets et monnaie d'or et d'argent). Et c'est là toute la réserve en monnaie légale que, d'après la loi, il faut nous le rappeler avec soin, possède la section de la banque de la Banque d'Angleterre, pour employer le nom absurde que nous lui donnons, c'est-à-dire la section de la Banque d'Angleterre qui fait les opérations de banque. Cette section, en effet, ne peut pas plus multiplier, ne peut pas plus fabriquer les billets de banque que toute autre banque ne peut les multiplier. Au jour que nous venons d'indiquer, la Banque d'Angleterre ne possédait dans ses coffres que 282,442,000 francs pour faire face à un débit près de trois fois aussi considérable. Elle possédait, il est vrai, des rentes et d'autres valeurs qu'elle pouvait sans doute mettre en vente, lesquelles, en admettant qu'elles soient vendues, auraient augmenté sa réserve en argent comptant; nous discuterons d'ailleurs tout à l'heure le rapport qui existe entre ces garanties et l'argent; mais la Banque d'Angleterre, *qui fait les opérations de banque*, ne possédait alors en argent comptant que la somme que nous venons d'indiquer.

Or, nous en serons amenés à dire que cette réserve

est énorme si nous considérons la position des autres banques. Aucune autre banque, en effet, ne garde dans ses coffres de somme importante outre celle dont elle a besoin pour ses affaires quotidiennes. Toutes les banques de Londres déposent à la Banque d'Angleterre leur principale réserve. C'est de beaucoup le plus commode et le plus sûr pour elles. La Banque d'Angleterre encourt donc la responsabilité de la garde de cet argent. Les mêmes raisons qui poussent un particulier à avoir un banquier, poussent aussi chaque banquier à déposer sa réserve principale chez un autre banquier, s'il peut le faire en tout repos. La garde de sommes considérables en espèces nécessite beaucoup de soins et quelques dépenses ; chacun désire donc s'épargner ces soucis s'il est possible de le faire en toute sécurité. Aussi les banquiers de Londres, ayant une confiance absolue dans la Banque d'Angleterre, chargent-ils cette Banque du soin de garder leur réserve.

Les escompteurs de Londres agissent de même. En un mot, il n'y a que certaines banques spéciales qui allouent un intérêt quotidien sur les dépôts et qui donnent des garanties pour la plus grande partie de l'argent qu'on leur confie. Mais nous n'avons pas à nous occuper ici de ces différences de détail. Les escompteurs prêtent la plus grande partie de leur argent, et déposent le reste, soit à la Banque d'Angleterre, soit chez quelque banquier de Londres. Le banquier de Londres en prête ce qu'il veut, et dépose le reste à la Banque d'Angleterre, de telle sorte qu'en fin de compte on en revient toujours à cette dernière.

Mais ceux qui déposent des sommes immenses chez

un banquier s'évitent un souci au prix d'un danger. Ils s'exposent à perdre leur argent si la banque vient à sombrer. Comme tous les banquiers déposent leur réserve dans les coffres de la Banque d'Angleterre, ils sont exposés à faire faillite, si elle venait elle-même à faire faillite. Dans un jour de difficulté, dans un moment de crise, ils ne peuvent que compter sur la bonne direction imprimée à la Banque d'Angleterre pour retrouver l'argent destiné par eux à faire face à cette difficulté et à cette crise. Et c'est là certainement courir un risque considérable. Trois fois, on a dû suspendre « l'Acte de Peel, » parce que les coffres de la Banque étaient vides. Avant que l'Acte ait été violé,

En 1847,	la réserve de la Banque	se trouvait	réduite à	40,850,000 fr.
En 1857,	—	—	—	30,550,000
En 1866,	—	—	—	75,000,000

Et très-certainement, dans ces trois occasions, la Banque d'Angleterre n'aurait pu résister à l'orage si on n'avait pas violé la loi.

Il ne faut pas s'imaginer non plus que ce danger soit peu réel, soit artificiel, ou qu'il soit le fait de la loi. Nous sommes peut-être disposés à le croire, parce que nous entendons dire que le danger a été conjuré en violant une loi; mais ce même danger était exactement le même avant que la loi n'existât. En 1825, alors que les espèces monnayées constituaient la seule monnaie légale, alors que la Banque ne formait qu'une seule section, la réserve de la Banque se trouva réduite à 25,675,000 francs, et elle fut sur le point de suspendre ses paiements.

Mais le danger que courent les banques n'est pas la

seule ou la principale conséquence de ce mode de garde de la réserve de Londres. Le principal effet produit est que la réserve est de beaucoup plus petite, relativement au débit, qu'elle ne le serait autrement. Les banquiers de Londres déposent leur réserve dans les coffres de la Banque d'Angleterre, et cette dernière dispose toujours de la plus grande partie de cette réserve. Supposons, supposition d'ailleurs très-favorable, que la Banque d'Angleterre possède en argent comptant les deux cinquièmes de son débit, c'est-à-dire qu'elle dispose de trois cinquièmes des dépôts qui lui sont faits et qu'elle garde deux cinquièmes en réserve. Si donc les dépôts faits par les banques se montent à la somme totale de 125,000,000 de francs, la Banque d'Angleterre prêtera 75,000,000 de francs sur cette somme et gardera 50,000,000 dans ses coffres. En conséquence, ces 50,000,000 constituent la seule réserve en argent comptant qui soit disponible pour faire face au débit des banquiers dépositaires. Si Lombard Street était tout à coup obligé de liquider, obligé de rembourser immédiatement tout ce qu'il doit, ces 50,000,000 de francs constitueraient la somme totale que la Banque d'Angleterre pourrait rembourser aux banques dépositaires, et, par conséquent, tout ce que ces banques, outre les sommes insignifiantes qu'elles gardent dans leurs caisses particulières, pourraient rembourser immédiatement aux personnes qui ont déposé de l'argent entre leurs mains.

Nous voyons donc que la réserve de la Banque d'Angleterre, — quelques 250,000,000 de francs en moyenne pendant ces dernières années, et autrefois beaucoup moins, — est tout ce qu'il y a d'argent disponible pour faire face au débit de Lombard Street. Si c'était là tout, nous pourrions véritablement, déjà, nous étonner de l'immense développement de notre système de crédit, ou, en termes plus simples, de l'immense total de nos dettes remboursables à vue et de la somme insignifiante en argent comptant que nous gardons pour faire face à ces remboursements si on les exige. Mais ce n'est pas tout. Lombard Street est non seulement un endroit qui devrait conserver une réserve, c'est aussi un endroit où d'autres déposent leur réserve. Tous les banquiers de province déposent leur réserve à Londres; ils ne gardent dans leurs villes de province que la quantité minimum d'argent comptant nécessaire aux transactions journalières de la ville qu'ils habitent. Une longue expérience leur a enseigné ce qu'ils doivent garder à quelques francs près, et ils ne sont pas disposés à laisser dormir des capitaux et par conséquent à perdre certains bénéfices en gardant plus d'argent qu'il ne leur en faut. Ils envoient leur argent à Londres, en placent une partie en achat de valeurs, et déposent le reste chez les banquiers et chez les escompteurs de Londres. Les banquiers écossais et les banquiers irlandais adoptent la même ligne de conduite. Toute leur réserve se trouve donc à Londres et se trouve employée comme nous venons de le dire. Par conséquent, la réserve qui se trouve dans les coffres de la Banque d'Angleterre constitue la réserve, non seulement de la Banque d'Angleterre, mais encore celle de toutes les banques de Londres, et non seulement de toutes les banques de Londres, mais encore de toutes les banques d'Angleterre, d'Ecosse et d'Irlande.

Dernièrement, notre débit s'est augmenté encore. Depuis la guerre franco-allemande, on peut dire que nous avons entre les mains la réserve de toute l'Europe. Sur le continent, le système des dépôts chez les banquiers est si peu en usage, qu'il est inutile de se préoccuper d'une réserve considérable afférente à ces dépôts; en un mot, la réserve absolument indispensable en Angleterre et en Ecosse est inutile sur le continent. Mais toutes les grandes agglomérations d'hommes ont quelquefois des paiements considérables à faire en espèces; il faut donc qu'il y ait, quelque part, un réservoir de ces espèces. Autrefois, il y en avait deux en Europe : la Banque de France et la Banque d'Angleterre. Mais, depuis que la Banque de France a suspendu ses paiements en espèces, elle ne peut plus servir de réservoir. Personne, en effet, ne peut être certain que la Banque de France lui remboursera un bon sur elle en monnaies d'or ou d'argent. En conséquence, toute la responsabilité de ces paiements internationaux en espèces est retombée sur la Banque d'Angleterre. Les étrangers, bien entendu, ne peuvent pas nous prendre *notre argent*; il faut qu'ils nous envoient, sous une forme ou sous une autre, la valeur de ce qu'ils nous enlèvent. Mais il n'est pas indispensable qu'ils nous envoient des espèces; ils peuvent envoyer de bon papier, l'escompter dans Lombard Street et emporter partie ou totalité du produit en espèces. Dire que les opérations de change se concentrent de plus en plus à Londres, c'est exprimer la même idée en autres termes. Anciennement, Paris était dans bien des cas une sorte de centre pour la liquidation européenne, mais il a cessé de l'être. Le billet de la Banque de France n'a pas été assez déprécié pour influer sur les transactions ordinaires ; mais toute dépréciation, si petite qu'elle soit, la possibilité même d'une dépréciation sans la réalité, c'est plus qu'il n'en faut pour jeter le désordre dans les opérations de change. Ces opérations sont calculées avec une telle précision que la modification d'une décimale peut suffire à changer un profit en perte. Aussi Londres est-il devenu le grand centre de liquidation des opérations de change en Europe ; autrefois, au contraire, il n'était qu'un des deux centres. Londres conservera probablement cette prééminence, car elle est dans la nature des choses. Le nombre d'effets de commerce tirés sur Londres surpasse infiniment le nombre d'effets tirés sur toute autre ville européenne ; Londres est la place qui, de toutes les places, reçoit le plus et paie le plus ; il se trouve donc être le centre naturel de toutes les liquidations. La prééminence de Paris provenait en partie de causes politiques qui n'existent plus ; celle de Londres provient, au contraire, du courant naturel du commerce, courant singulièrement stable et fort difficile à détourner.

Or, maintenant que Londres joue le rôle de liquidateur entre les pays étrangers, il assume par ce fait une nouvelle responsabilité envers eux. Quand un grand nombre de gens ont à faire des paiements dans un endroit quel qu'il soit, ils sont obligés d'y déposer de l'argent. Des dépôts considérables d'argent étranger à Londres sont actuellement devenus une nécessité pour le commerce du monde. Pendant les immenses paiements faits par la France à l'Allemagne, la somme *in transitu*, c'est-à-dire les sommes accumulées à

Londres, ont été peut-être extraordinairement considérables ; mais cette somme se maintiendra habituellement à un chiffre fort élevé. Les circonstances politiques actuelles changeront sans doute bientôt; Lombard Street aura moins d'argent appartenant aux gouvernements étrangers, mais les dépôts particuliers augmenteront de plus en plus. Car le dépôt placé entre les mains du liquidateur, dépôt nécessaire à l'apurement des comptes de commerce, tend à augmenter à mesure que ce commerce augmente lui-même.

Ces dépôts étrangers ont évidemment une nature distincte et toute particulière. Ils dépendent de la bonne opinion des étrangers ; or, cette bonne opinion peut diminuer d'intensité, se changer même en défiance. Après la panique de 1866, et surtout après la suspension de l'Acte de Peel (que beaucoup d'étrangers prennent pour une suspension des paiements en espèces), on retira de Londres une quantité considérable de fonds étrangers. Nous avons donc toute raison de prévoir que, à mesure que ces fonds étrangers augmentent en Angleterre, les chances de demandes de remboursement immédiat augmentent aussi et que les désastres provoqués par ces demandes seraient proportionnels à l'importance des dépôts.

Si ces demandes venaient à se produire, c'est à la Banque qu'il faudrait prendre les espèces nécessaires pour y faire face, car il n'y a aucune autre accumulation d'argent dans le pays. Les grands changeurs possèdent peut-être quelques fonds pour leurs besoins immédiats, mais c'est à peine si ce qu'ils ont peut entrer en ligne de compte. Si le créancier étranger est assez bon pour attendre et pour acheter les lingots à mesure qu'ils arrivent, il peut se rembourser sans provoquer aucun trouble, ni à la Banque, ni sur le marché financier. Le gouvernement allemand nous a donné récemment l'exemple de cette manière de faire; mais il ne ressentait aucune crainte. Un créancier effrayé, au contraire, ne veut pas attendre ; et s'il insiste pour un remboursement immédiat en espèces, il faut absolument qu'il s'adresse à la Banque d'Angleterre.

Au point de vue de sa sécurité, tout notre système de crédit dépend donc de la Banque d'Angleterre. La question de savoir si l'*Angleterre sera solvable ou non* dépend de la sagesse des administrateurs de cette compagnie par actions. On peut crier à l'exagération, mais c'est là l'exacte vérité. Toutes les banques dépendent de la Banque d'Angleterre, et tous les négociants dépendent de quelque banquier. Si un négociant a déposé 250,000 francs chez son banquier et qu'il ait besoin de cet argent pour faire un paiement en Allemagne, il ne pourra pas faire honneur à sa signature si son banquier ne peut le rembourser, et le banquier ne pourra pas effectuer ce remboursement si la Banque d'Angleterre se trouve embarrassée et n'a plus de réserve.

Les administrateurs de la Banque sont donc en fait, s'ils ne le sont pas en nom, de véritables commissaires chargés par le public de veiller à ce que la Banque conserve une réserve suffisante. On serait donc naturellement porté à croire que ces administrateurs comprennent bien ce devoir et s'engagent positivement à le remplir, ou que, tout au moins, leurs propres intérêts sont si absolument engagés dans ce sens qu'une promesse de leur part devient inutile. Mais, au contraire, non-seulement les administrateurs de la Banque ne s'engagent en aucune façon à remplir ce devoir, mais la plupart d'entre eux le reconnaissent à peine, et quelques-uns mêmes ont un avis tout opposé. M. Hankey, l'un des plus soigneux, l'un des plus expérimentés de ces administrateurs, dit, dans son ouvrage sur la Banque d'Angleterre, le meilleur ouvrage qui existe sur la marche pratique, sur le mode de travailler de cette banque : « Je n'ai pas l'intention de m'étendre longuement, d'entrer dans beaucoup de détails, relativement à l'administration de la Banque, tout au moins de la section de cet établissement qui se charge des opérations de banque, car les principes qui président à la direction des affaires ne diffèrent en rien, autant que je puis le savoir, des principes qui régissent toutes les banques bien administrées de Londres. » Mais comme chacun peut le voir par la publication du bilan, la Banque d'Angleterre conserve dans ses coffres une réserve en billets de banque et en espèces qui varie entre 30 et 50 pour cent de son débit, alors que les autres banques, au contraire, conservent juste ce qu'il leur faut d'espèces pour subvenir à leurs besoins de chaque jour. Une différence aussi constante indique, je le présume, que les banques ordinaires et la Banque d'Angleterre ne sont *pas* régies par les mêmes principes.

L'administration pratique de la Banque d'Angleterre, nous le savons tous, s'est considérablement améliorée, et elle ne ressemble plus en rien à celle des autres banques de Lombard Street. Les administrateurs conservent une réserve considérable ; mais, bien que la pratique se soit modifiée, la théorie est restée la même. Les administrateurs de la Banque d'Angleterre n'ont jamais, en effet, voté aucune décision définitive communiquée au public, indiquant, même de la façon la plus élastique, s'ils ont ou non l'intention de conserver toujours une réserve, quelle en sera le montant, ou par quel principe ils se laisseront guider sur cet important sujet.

La position des administrateurs de la Banque est, en vérité, fort singulière. D'un côté, l'opinion d'une grande ville, — l'opinion de tout un pays même, car la nation toute entière a beaucoup appris dans les nombreuses paniques qu'elle a traversées, — exige des administrateurs qu'ils conservent une réserve considérable. Les journaux, au nom de la nation, avertissent incessamment les administrateurs qu'ils doivent conserver cette réserve et veillent à ce qu'ils la conservent. Mais, d'un autre côté, une pression tout aussi constante, si elle est moins visible, pousse les administrateurs dans une voie tout opposée et les excite à diminuer la réserve.

Procurer aux actionnaires les plus beaux dividendes possibles, c'est là un désir naturel que ressentent tous les administrateurs. Or, plus il y a dans une banque d'argent non employé, moindre, *cœteris paribus*, doit être le dividende ; moins il y a d'argent inoccupé, plus grand doit être le dividende. A presque toutes les assemblées générales des actionnaires de la Banque d'Angleterre on soulève ce sujet. Un actionnaire se lève pour dire qu'il ne comprend pas qu'on laisse dormir tant d'argent, et pour faire entendre que le dividende devrait être plus considérable.

Et, en somme, il est facile de comprendre que les actionnaires de la Banque ne soient pas absolument satisfaits de la position qui leur est faite. Leur banque est la plus ancienne de la cité, cependant leurs profits n'augmentent pas, alors que les profits des autres banques augmentent dans des proportions rapides et considérables. En 1844, le capital de la Banque d'Angleterre rapportait 7 pour cent; et les actions étaient cotées 212; le dividende se monte actuellement à 9 pour cent, et le prix des actions est monté à 232. Mais, pendant le même laps de temps, les actions de la banque de London et Westminster, malgré une addition de 100 pour cent au capital, ont monté de 27 à 66, et le dividende de 6 pour cent à 20 pour cent. Il est tout naturel que les actionnaires de la Banque d'Angleterre n'aiment pas à voir d'autres compagnies devenir plus riches que la leur.

Le peu d'importance du dividende que donne la Banque, et la valeur par conséquent moindre des actions de cet établissement, provient, sans aucun doute, de l'importance du capital de la Banque; mais cela provient aussi, en grande partie, des sommes considérables improductives, — sommes qui ne produisent aucun intérêt, — que la section de la Banque d'Angleterre qui fait les opérations de banque, garde dans ses coffres. Nous comprendrons immédiatement la différence, si nous comparons à la Banque d'Angleterre la banque de London et Westminster, — la première des banques par actions dans l'estime publique et que l'on sait être admirablement administrée. La banque de London et Westminster ne tient en réserve que 13 pour cent des dépôts faits chez elle; la réserve de la

Banque d'Angleterre se monte à plus de 40 pour cent. Une aussi grande différence dans la manière d'entendre les affaires doit causer et cause, en effet, une grande différence dans les profits. Les actionnaires de la Banque d'Angleterre se plaignent tout naturellement de cette différence; aussi poussent-ils incessamment leurs administrateurs à diminuer, autant qu'il est possible, cette réserve improductive de façon à augmenter leurs dividendes.

Dans la plupart des banques, une crainte salutaire réagit contre le désir des actionnaires de voir réduire la réserve improductive; ils craindraient de nuire au crédit de leur banque. Mais, heureusement ou malheureusement, personne n'éprouve de crainte au sujet de la Banque d'Angleterre. Le peuple anglais, tout au moins, n'admet pas que la Banque fasse faillite, il croit presque qu'elle ne *peut pas* faire faillite. Trois fois, depuis 1844, la Banque a dû demander assistance et aurait fait faillite si elle n'avait été soutenue. En 1825, elle suspendit presque ses paiements, suspension qui se produisit en 1797. Mais, malgré tout, on a foi à la Banque, contrairement à toute expérience, et au mépris de toutes les preuves. Il n'est pas douteux que, dans ces différentes occasions, la position de la Banque, séparée ou non en deux sections, ne fut excellente sous certains rapports; elle aurait *fini* par payer tous ses créanciers et par rembourser à ses actionnaires tout le capital. Mais ce que demandent les créanciers d'une banque ce n'est pas un paiement *certain à une époque indéterminée;* ils ont besoin d'un paiement immédiat et non pas d'un paiement remis à une autre époque; ils ont besoin qu'on les paie selon ce qu'il a été convenu ; or, il a été convenu qu'on les paierait à vue, et si la banque ne le fait pas ils peuvent, par ce fait, se trouver ruinés. La Banque d'Angleterre, aux époques dont je viens de parler, n'aurait certainement pas pu faire ce paiement immédiat. Mais personne à Londres ne songe à s'inquiéter du crédit de la Banque et la Banque elle-même n'admet pas que son crédit puisse jamais se trouver en danger. Chacun a la ferme conviction que, de façon ou d'autre, la Banque sortira victorieuse des difficultés. En 1797, alors qu'il n'y avait presque plus d'argent dans ses coffres, le gouvernement ne se contenta pas de lui dire qu'elle n'était pas forcée de se dessaisir de ce qu'il lui restait, il lui intima l'ordre de ne pas le faire. Les arrêtés qu'a dû prendre le ministère, pour permettre à la Banque de violer l'Acte de Peel, ont convaincu de plus en plus le public que le gouvernement est intéressé à la sécurité de la Banque, et qu'il s'empressera de venir à son secours, si ce secours devient nécessaire. Jamais il n'est entré dans l'esprit de la Banque qu'il viendrait peut-être un jour où il faudrait se mettre en « liquidation ; » interrogez le public, et vous verrez que la plupart des Anglais pensent qu'aussi bien vaudrait procéder à la liquidation de l'Angleterre entière.

Or, puisque la Banque d'Angleterre, en tant que banque, n'éprouve pas cette appréhension perpétuelle qui fait que les autres banques tiennent des fonds en réserve, — l'appréhension du discrédit — il semblerait nécessaire que ses administrateurs fussent eux-mêmes tout spécialement intéressés à ce que cette réserve restât intacte, et qu'ils fussent tout particulièrement compétents pour remplir leurs difficiles fonctions. Mais ai-je besoin de dire que la fortune particulière des administrateurs de la banque ne se trouve pas en jeu, quelque direction qu'ils impriment à cet établissement. Ce sont de riches marchands de la Cité, et les fonds qu'ils ont à la Banque sont fort insignifiants comparativement au reste de leur fortune. Si la Banque venait à liquider, c'est à peine si la plupart d'entre eux s'en apercevraient par une diminution de revenus. Bien plus, les administrateurs de la Banque n'ont pas reçu l'éducation nécessaire pour faire un banquier ; ils ne se sont jamais occupés d'opérations de banque, et, en général, ils ne consacrent guère que leurs loisirs aux affaires de la Banque. Ce sont des négociants qui n'ont, en somme, qu'un seul but, et qui y consacrent tout leur temps, toute leur énergie, ce but c'est de gagner de l'argent dans leurs propres affaires.

Les administrateurs de la Banque ont donc un immense devoir national à remplir, et on aurait pu penser que nos principaux hommes d'Etat, à défaut du Parlement lui-même, leur aurait enjoint d'y veiller avec soin. Mais le Parlement n'a pris aucune décision dans ce sens ; à peine un homme d'Etat influent a-t-il élevé la voix. Il y a, au contraire, une foule d'autorités, à commencer par Sir Robert Peel, à finir par M. Lowe, qui soutiennent que la section de la Banque d'Angleterre qui s'occupe des opérations de banque, est tout simplement une banque comme les autres, — une compagnie analogue aux autres compagnies ; que, dans cette capacité, elle n'a pas de position particulière et aucun devoir public à remplir. Si on demandait leur avis aux neuf dixièmes des hommes d'Etat anglais, relativement à la direction à imprimer à la Banque d'Angleterre, ils répondraient que cela ne les regarde pas, que cela ne regarde pas le Parlement et que c'est à la Banque à s'arranger comme elle l'entend.

Il s'en suit donc que nous avons placé la garde exclusive de notre réserve entière dans les mains d'un seul groupe d'administrateurs qui n'ont pas reçu une éducation particulière, — qu'on pourrait appeler des banquiers « amateurs, » — qui n'ont pas plus que d'autres un intérêt spécial à ce que cette réserve ne diminue pas, — qui ne se sont pas engagés à conserver cette réserve intacte, — à qui aucun homme d'Etat, aucune autorité publique, n'a intimé l'ordre de veiller sur cette réserve, hommes d'Etat qui, au contraire, prétendent que cela ne les regarde pas, — qui sont choisis par des actionnaires dont les revenus augmenteraient si cette réserve *diminuait*, — qui ne craignent pas et qui n'ont pas lieu de craindre la ruine, en admettant même que cette réserve disparaisse entièrement.

Il faut bien admettre que cette manière de faire est tout au moins fort étrange. Mais, pour bien comprendre cette étrangeté, il faut savoir ce que signifie la conservation d'une réserve de banque nationale, et combien délicate, combien difficile est cette conservation.

II

Cette réserve, nous l'avons vu, sert à faire face aux demandes soudaines et inattendues. Si on demande aux banquiers d'un pays le remboursement de sommes beaucoup plus fortes qu'à l'habitude, ils ont alors recours à cette réserve. D'où proviennent donc ces demandes extraordinaires? Quel est le parti à tirer de cette réserve? En règle générale, ces demandes extraordinaires ont deux origines distinctes : elles peuvent venir du dehors et ont pour cause des remboursements étrangers, nécessaires pour payer des dettes étrangères considérables et extraordinaires; ou bien elles proviennent de l'intérieur même du pays, et ont pour cause une appréhension soudaine, une panique résultant de causes rationnelles ou non.

L'Angleterre est plus exposée qu'aucun pays ne l'a jamais été, à voir sa réserve de banque entamée par des demandes venant de l'étranger, non-seulement parce que dans ce moment l'Angleterre a beaucoup emprunté aux nations étrangères, mais encore, et surtout, parce qu'aucune nation n'a jamais eu un commerce extérieur aussi considérable, portant sur des objets si divers, ou ayant autant de ramifications dans le monde entier. Le commerce extérieur ordinaire d'un pays ne nécessite pas l'emploi d'argent monnayé; les exportations d'un côté égalent les importations de l'autre. Mais des importations soudaines, — comme les importations de céréales après une mauvaise récolte, — ou ce qui est beaucoup moins commun, bien qu'il y en ait des exemples, la cessation des exportations pour un article considérable, — produisent un reliquat qui doit être soldé en argent.

Or, dans un pays où la banque est développée, la « réserve de banque » est la seule source où l'on puisse trouver des sommes considérables en espèces. En Angleterre surtout, sauf quelques sommes peu importantes qu'ont entre les mains nos marchands de métaux précieux, il n'y a pas, en dehors des banques, des sommes en argent assez considérables pour qu'il faille en tenir compte ; c'est à peine, en effet, si un particulier pourrait payer une somme un peu forte en argent sans s'adresser à une banque, en admettant même qu'il essayât, pendant un mois, de se procurer cet argent. Aussi, toutes les personnes qui ont un gros paiement à faire en argent entament-elles nécessairement la réserve des banques. Mais alors qu'est-ce que « l'argent? » A l'intérieur d'un pays, l'action d'un gouvernement peut régulariser la quantité, et, par conséquent, la valeur de la circulation monétaire ; mais, en dehors des limites du pays, le gouvernement n'a plus aucune action. Le métal précieux est donc la « monnaie » du commerce international ; dans ce cas, la monnaie en papier ne peut plus s'employer, et les pièces de monnaie n'ont plus qu'une valeur équivalente à la quantité de métaux précieux qu'elles contiennent.

Ainsi donc, quand la monnaie légale d'un pays est purement métallique, tout ce qu'il importe aux banques, c'est de se pourvoir d'une quantité suffisante de cette « monnaie légale. » Mais quand la monnaie légale d'un pays consiste, partie en métal, partie en papier, il faut que la monnaie légale en papier, — le billet de banque, — puisse se convertir en espèces. Si je commençais à discuter les conditions de la convertibilité, je dépasserais les limites que je me suis posées, car je discuterais la théorie sur laquelle repose l'Acte de Peel. Je veux m'occuper seulement de la condition primaire, indispensable, pour effectuer des paiements à l'étranger, — une quantité suffisante de monnaie légale locale ; je ne peux m'occuper du second degré, —

l'échange de la monnaie légale locale contre une monnaie universellement acceptée.

Ce dont je veux m'occuper actuellement est d'ailleurs assez considérable. La Banque d'Angleterre doit conserver dans ses coffres une réserve de « monnaie légale » suffisante pour effectuer les paiements à l'étranger, si cette monnaie peut servir à ce but, ou pour acheter des métaux précieux, si la monnaie qu'elle possède ne peut servir. Les paiements à faire à l'étranger sont quelquefois fort considérables et souvent très-soudains. Le « drainage du coton, » pour employer l'expression dont on se servait ordinairement, c'est-à-dire l'envoi d'espèces en Orient pour acheter du coton aux Indes pendant la guerre civile en Amérique, a fait sortir de ce pays, pendant plusieurs années, bien des millions sterling en argent. Une mauvaise récolte enlève des millions en une seule année. La Banque d'Angleterre, pour pouvoir se procurer ces sommes considérables, a besoin d'un instrument efficace restant toujours à sa disposition.

Cet instrument, c'est l'élévation du taux de l'escompte. L'expérience prouve que, si la Banque élève le taux de l'intérêt, l'argent *afflue* dans Lombard Street, la théorie indique d'ailleurs qu'il doit en être ainsi. Pour expliquer complétement ce qu'on pourrait appeler ce phénomène, il me faudrait me plonger très-profondément dans la théorie du change, mais l'explication générale est assez simple. Les capitaux disponibles, comme toute autre marchanchise, se portent abondamment là où ils ont la plus grande valeur. Les banquiers et les capitalistes du continent envoient immédiatement leur argent à Londres, dès que le taux de l'intérêt devient tel qu'ils y trouvent un bénéfice. Tant que le crédit anglais est solide, une élévation de la valeur de l'argent dans Lombard Street amène immédiatement, au moyen d'opérations de banque, de l'argent à Lombard Street. Il se produit aussi une opération commerciale plus lente, car une élévation du taux de l'escompte réagit immédiatement sur le commerce de ce pays. Les prix tombent; par conséquent les importations diminuent et les exportations augmentent; par conséquent aussi il y a plus de chance, après une élévation du taux de l'escompte, qu'il n'y en avait avant, à ce qu'une différence en argent arrive dans ce pays.

Quiconque, que ce soit une banque ou plusieurs banques, dans un pays quel qu'il soit, détient la réserve de banque de ce pays, devrait, dès le commencement d'un état de choses peu favorable dans les changes étrangers, élever immédiatement le taux de l'escompte pour empêcher une plus ample diminution de la réserve et pour l'augmenter même par des importations de métaux précieux.

La Banque d'Angleterre, comme je le démontrerai plus loin, négligea absolument ce devoir jusque vers l'an 1860. Il est peu d'histoire plus lamentable que celle des efforts de la Banque, — si on peut donner à ses tâtonnements le nom d'efforts, — pour conserver une réserve et se préparer à faire face à des exportations de métaux précieux, entre l'année 1819 (date de la reprise des paiements en espèces par la Banque et date à laquelle aussi on peut faire remonter l'origine de notre marché financier moderne) et l'année 1857. La panique de 1857 enseigna pour la première fois la sagesse aux administrateurs de la Banque et les convertit aux bons principes. La politique actuelle de la Banque constitue une immense amélioration sur ce qu'était cette politique avant 1857 et il ne faut pas un instant confondre les deux époques. Cependant, comme je le démontrerai tout à l'heure, sa politique actuelle laisse encore beaucoup à désirer et il faudra de nombreuses discussions, de grands efforts, avant qu'elle ne devienne ce qu'elle devrait être.

Une panique intérieure est fort différente. Ces paniques proviennent d'un trouble qui s'est produit dans le crédit à l'intérieur du pays ; il est d'autant plus difficile de porter remède à ces paniques qu'elles résultent souvent de paniques extérieures ou que, tout au moins, elles s'en compliquent. Combien de fois le public ne s'est-il pas alarmé tout simplement parce que la réserve de la Banque, déjà peu importante, diminuait de jour en jour. Les deux maladies, — panique intérieure et panique extérieure, — attaquent souvent le marché financier au même moment. Que faut-il faire dans ce cas?

Contrairement à ce que l'on pourrait supposer tout d'abord, le meilleur moyen qu'ait la Banque ou qu'aient les banques qui détiennent la réserve, pour résister à une panique provenant d'un discrédit intérieur, est de prêter autant d'argent que possible. Le premier instinct de chacun est juste le contraire. Dès qu'il se produit une demande considérable sur un fonds que l'on désire conserver, il semble que le meilleur moyen de conserver ce fonds est de le cacher, de s'en procurer autant que possible et de ne s'en dessaisir que quand il est impossible de faire autrement.

Mais tous les banquiers savent que ce n'est pas là le moyen de ramener la confiance. Ce manque de confiance signifie : « la pensée que vous n'avez pas d'argent ; » or, pour dissiper cette pensée il faut, s'il est possible, prouver que vous avez de l'argent ; il faut le répandre dans le public, afin que le public sache que vous en avez. C'est avant le commencement de la panique qu'il fallait économiser et accumuler. Un bon banquier accumule, dans les temps ordinaires, la réserve dont il doit se servir dans les temps extraordinaires.

Le discrédit ne se fixe pas ordinairement d'abord sur une banque, quelle qu'elle soit, encore moins se concentre-t-il sur la banque ou sur les banques qui détiennent la principale réserve en argent. Ces banques ont presque toujours la meilleure réputation, réputation sans laquelle elles ne seraient pas ce qu'elles sont ; or, comme elles possèdent la réserve, elles paraissent au public plus solides que les autres banques. Dans le principe, une panique qui commence ne consiste qu'en une sorte de vague conversation : A. B. est-il aussi solide qu'il l'était? C. D. n'a-t-il pas perdu de l'argent ? et mille autres questions analogues. Des centaines de gens causent et des milliers de gens se disent : « Cause-t-on oui ou non de moi? Mon crédit est-il aussi bon qu'il l'était, ne diminue-t-il pas ? » Chaque jour, à mesure que la panique augmente, ces soupçons flottants deviennent plus intenses et se répandent davantage ; ils s'attachent à plus de personnes et les attaques deviennent beaucoup plus violentes. Tous les gens expérimentés essaient donc de se « renforcer, » comme on dit, pendant les premières périodes de la panique; ils empruntent de l'argent, pendant qu'ils peuvent encore le faire; ils vont chez leur banquier demander l'escompte de billets qu'en temps ordinaire ils auraient encore gardé des jours ou des semaines en portefeuille. Si le négociant est un client habituel, le banquier n'ose pas lui refuser d'escompter son papier, parce que s'il refusait on dirait, ou on pourrait dire, qu'il n'a pas d'argent et la panique pourrait tomber sur lui. Et ce ne sont pas les négociants seuls qui se préoccupent ainsi de prendre des précautions proportionnelles à leurs engagements, ce sont aussi tous ceux qui ont des engagements pécuniaires imminents. Ce sont surtout ceux qu'on pourrait appeler les marchands auxiliaires de crédit. Dans tous les systèmes de banque, une foule de petits financiers viennent se grouper autour de la banque principale ou des banques où se trouvent la réserve. Ces petits financiers surveillent les minuties du papier à escompter, étudient les garanties spéciales dont les banquiers n'ont pas le temps de s'occuper et arrivent ainsi à gagner leur vie. A mesure que les affaires augmentent sur une place, le nombre de ces auxiliaires augmente aussi. Les différents modes d'après lesquels on peut prêter de l'argent ont chacun leur particularité; les gens qui pr tiquent une seule nature de prêts peuvent donc s'entourer, grâce à leur expérience, de garanties plus grandes, et, par conséquent, prêter à meilleur compte. En temps de panique, ces financiers auxiliaires s'adressent toujours aux banquiers. En temps ordinaire, les relations entre eux sont d'ailleurs très-fréquentes. Le petit financier réescompte, en effet, chez les gros banquiers, à un taux moindre que celui qu'il a pris, les billets qu'il a déjà escomptés lui-même, et, muni à nouveau d'argent, il retourne sur le marché pour recommencer ses opérations. Son temps et son intelligence, voilà ce qui constitue son capital et il faut qu'il les mette constamment en œuvre. Mais, au commencement d'une panique, le petit financier s'alarme toujours. Son crédit n'est jamais bien solide ou bien considérable ; il craint toujours que les soupçons ne se portent sur lui et c'est souvent ce qui arrive. Aussi demande-t-il des avances à son banquier. Un grand nombre de ces petits financiers se présentent en masse chez les grands banquiers, chez ceux qui ont de l'argent, chez ceux qui détiennent la réserve. Et alors se pose devant ces banquiers la simple question : « Quel est le meilleur moyen de nous protéger? Sans aucun doute il est fort pénible de faire des avances immédiates à ces petits financiers, mais ne serait-il pas dangereux de refuser? Une panique augmente à mesure qu'elle dévore ; si elle dévore ces financiers de second ordre, nous respectera-t-elle, nous, les banquiers de premier ordre? »

Une panique est, en un mot, une espèce de névralgie, et, selon les règles de la science, il ne faut pas traiter cette maladie par la diète. Les détenteurs de la réserve en espèces doivent non seulement se servir de cette réserve pour faire face à leurs propres engagements, mais encore la prêter libéralement pour que les autres puissent faire face aux leurs. Ils doivent faire des avances aux marchands, aux petits banquiers, à « celui-ci, à celui-là, » à quiconque, en un mot, présente une garantie suffisante. Dans ces terribles temps d'alarme, une faillite en cause beaucoup d'autres, et le meilleur moyen d'empêcher ces faillites consécutives est d'arrêter la première, cause de toutes les autres. On a dit, en termes si élevés, si saisissants, que le passage en est devenu classique, comment on parvint à calmer la panique de 1825, en avançant de l'argent. « Nous prêtions, dit M. Harman au nom de la Banque d'Angleterre, par tous les moyens possibles, sans nous inquiéter s'il y avait des précédents ; nous acceptions en garantie des titres de rentes ; nous achetions des bons du Trésor ; nous faisions des avances sur des bons du Trésor ; non seulement nous escomptions, mais nous avancions des sommes considérables sur dépôt de lettres de change ; en un mot, nous prêtions de l'argent par tous les moyens possibles compatibles avec la sécurité de la Banque, et, dans la plupart des cas, nous n'étions pas bien difficiles. L'esprit public se trouvait dans un état déplorable, et nous vînmes au secours du commerce autant qu'il nous fut possible. » Après quelques jours de ce traitement, la panique s'apaisa et la cité retrouva son calme habituel.

Il ne faut pas croire que le mode de traitement qu'il convient d'appliquer à une panique soit surtout un problème de banque, c'est avant tout un problème commercial à résoudre. Tous les négociants ont des engagements ; ils ont des billets à payer, et ils ne peuvent le faire qu'en escomptant les traites qu'ils peuvent avoir sur d'autres négociants. En autres termes, tous les marchands se trouvent dans la nécessité d'emprunter de l'argent, et les grands négociants sont obligés d'emprunter beaucoup d'argent. Au plus léger symptôme d'une panique, beaucoup de négociants se mettent à emprunter plus qu'à l'ordinaire; ils songent à s'assurer les moyens de payer leurs billets qui se trouvent en circulation pendant qu'ils peuvent encore le faire. Si les banquiers accèdent aux désirs des négociants, ils se voient obligés de prêter des sommes plus considérables au moment où cela les gêne le plus; s'ils refusent d'escompter le papier des négociants, il en résulte une panique.

Il semble, au premier abord, y avoir beaucoup d'inconséquence dans tout ceci. Vous commencez par établir une certaine réserve dans une ou plusieurs banques; vous en faites une sorte de trésor suprême, où se trouve déposé et conservé le dernier argent du pays. Puis vous dites que ce trésor suprême doit être en même temps le prêteur suprême; qu'il faut puiser dans ce trésor pour faire des avances illimitées, ou tout ou moins immenses, alors que personne ne veut plus prêter un centime. Cela semble revenir à dire, d'abord qu'il faut conserver une réserve, puis qu'il ne faut pas la conserver. Il n'y a là, cependant, aucune équivoque. La suprême réserve de banque d'un pays, quel que soit l'établissement qui la conserve, n'est pas une accumulation de numéraire destinée à sortir de la circulation; elle doit servir à remplir certaines fonctions essentielles, et une de ces fonctions est de faire face aux soudaines demandes d'argent provoquées par une panique qui se produit dans le pays. Il n'y a rien de déraisonnable à ce que notre trésor suprême serve dans des cas particuliers, puisque, au contraire, nous ne le conservons que dans ce but.

Si on réduit tout cela à un principe abstrait, on en arrive à dire : un sentiment « d'alarme » est le sentiment que l'argent que possèdent certaines personnes ne suffira pas à rembourser leurs créanciers, quand ces créanciers demanderont leur remboursement. Le meilleur moyen de calmer cette alarme, s'il est possible de l'employer, est de mettre ces personnes à même de rembourser immédiatement leurs créanciers. Pour arriver à ce but, il n'est pas besoin de beaucoup d'argent. Si on n'arrête pas ainsi cette alarme, elle se convertit en une panique. Une panique est le sentiment que la plupart des gens, ou beaucoup de gens, ne paieront pas leurs créanciers. On ne peut remédier à cet état de choses qu'en mettant tous ces gens à même de payer ce qu'ils doivent, ce qui nécessite beaucoup d'argent. Or, personne n'a assez d'argent pour cela, personne n'a même le quart de ce qu'il en faut, sauf, toutefois, les détenteurs de la réserve de banque.

Il ne s'ensuit pas forcément d'ailleurs que l'assistance rendue par les banques qui détiennent la réserve ait pour effet de diminuer cette dernière. Le plus ordinairement, la panique s'étend jusqu'à la banque, ou jusqu'aux banques qui détiennent la réserve, ou presque jusqu'à elles, mais sans les toucher. Il suffit même souvent que cette banque ou ces banques supérieures s'engagent, pour ainsi dire, pour ceux qui en ont besoin. Dans notre système actuel, il suffit souvent qu'un négociant ou un banquier fasse mettre à son crédit, sur les livres de la Banque d'Angleterre, la somme qu'on lui avance; peut être n'aura-t-il pas même besoin de faire un chèque sur la Banque, ou, s'il en fait un, il est fort possible qu'un autre client le retourne à la Banque pour le faire placer à son propre crédit, où il le laisse en compte. Une augmentation de prêts en temps de panique se traduit souvent par une augmentation des responsabilités de la Banque, mais non pas par une diminution de sa réserve. Ainsi avant 1844, en 1825, par exemple, une émission de billets de banque, pour calmer une panique entièrement intérieure, ne diminua pas la réserve en espèces. Les billets sortirent, mais ne rentrèrent pas; ils furent émis comme prêt au public; le public satisfait ne voulait rien de plus; il ne les présenta jamais au remboursement; il ne demanda jamais d'or en échange. Mais l'acceptation d'une grande responsabilité pendant une alarme qui augmente, bien que n'étant pas aussi dangereuse qu'une avance égale en argent comptant, est presque aussi dangereuse. A un moment donné, on *peut* réclamer cette somme en argent comptant. Si la panique continue, on la *réclamera* et la réserve diminuera d'autant.

Il va sans dire, qu'en fin de compte, toutes les précautions peuvent être inutiles. « Dans des circonstances extraordinaires, dit Ricardo, une panique générale peut s'emparer du pays; chacun alors est désireux de s'approprier les métaux précieux comme le moyen le plus commode de réaliser et de dissimuler sa fortune, — les banques, contre une panique de cette nature, n'ont aucune espèce de sécurité *quel que soit, d'ailleurs, le système qu'elles emploient.* » La banque ou les banques qui détiennent la réserve peuvent résister un peu plus longtemps que les autres, mais, si les craintes passent certaines bornes, elles sont fatalement destinées à périr aussi. Qu'est-ce que le crédit, en somme? C'est la possibilité pour les débiteurs de se servir d'une certaine partie de l'argent que leur ont prêté leurs créanciers. Si tous ces créanciers redemandent en même temps leur argent, il est impossible de les rembourser, car la partie dont les débiteurs se sont servi est actuellement employée et ne peut se déplacer. Le crédit a ses avantages, mais il a forcément aussi des désavantages qu'il faut bien supporter; afin de réduire ces derniers autant qu'il est possible, nous devons accumuler une quantité considérable d'argent comptant toujours disponible, et, avancer libéralement cet argent en temps de panique, ou même dès qu'une alarme commence à se faire sentir.

Il est d'autant plus difficile d'imprimer une direction au marché financier que, comme nous l'avons dit, les périodes de panique intérieure et les demandes d'argent comptant venant de l'extérieur se produisent ordinairement ensemble. Les demandes venant de l'étranger vident les coffres de la Banque, et cette diminution de la réserve et l'élévation du taux de l'escompte qui en est la conséquence tendent à effrayer le marché. Les détenteurs de la réserve ont donc à traiter en même temps deux maladies contraires, l'une qui exige des remèdes violents et surtout une élévation rapide du taux de l'intérêt, l'autre un traitement émollient composé de prêts importants et immédiats.

Avant que notre expérience spécifique fût bien considérable, il ne nous était pas facile de prescrire des remèdes pour cette maladie complexe; mais nous connaissons actuellement quel mode de traitement il convient de lui appliquer. Il faut s'occuper d'abord des demandes étrangères et élever le taux de l'escompte autant qu'il peut être nécessaire, car on ne peut calmer les alarmes intérieures qu'après avoir arrêté l'exportation des métaux précieux; la banque, en effet, devient autrement de plus en plus pauvre, et cette pauvreté prolonge ou redouble les appréhensions. Dès que le taux de l'escompte a été ainsi élevé, les détenteurs de la suprême réserve de banque doivent prêter libéralement. De gros prêts à un intérêt fort élevé, voilà quel est le meilleur remède pour la plus terrible maladie qui puisse attaquer le marché financier, c'est-à-dire quand le drainage étranger vient s'ajouter au drainage intérieur. Laisser prévaloir l'opinion qu'on ne peut se procurer de l'argent, qu'on ne peut s'en procurer à aucun prix, c'est vouloir transformer l'alarme en panique, la panique en démence. Mais, bien que la règle soit évidente, il n'en faut pas moins la plus grande délicatesse, le jugement le plus fin, l'habileté la plus consommée, pour pouvoir lutter avantageusement et en temps utile contre deux maux si grands et si opposés.

Quelque difficile, quelque délicate que soit la solution d'un tel problème dans tous les pays, elle est devenue actuellement beaucoup plus difficile en Angleterre qu'elle ne l'a jamais été ou qu'elle ne l'est partout ailleurs. L'assaut qu'une panique fait soutenir à la réserve de banque suprême est proportionnel au développement du commerce d'un pays, au nombre et à l'importance des banques inférieures, — c'est-à-dire des banques qui n'ont pas de réserve en espèces, groupées autour de la banque ou des banques centrales. Sous ces deux rapports, notre organisation rend cet assaut terrible. On ne peut mettre en doute un seul instant l'immense développement de notre commerce, le nombre et l'importance des banques qui dépendent de la Banque d'Angleterre. Il y a, dans notre pays, beaucoup plus de personnes ayant de grands engagements qu'il n'y en a, ou qu'il n'y en a jamais eu, partout ailleurs. Au commencement d'une panique, toutes les personnes ayant des engagements essaient, pendant qu'il en est temps encore, de se procurer les moyens de faire face à ces engagements; comme conséquence immédiate surgit la demande de nombreux emprunts nouveaux. Loin de pouvoir satisfaire à ces demandes, les banquiers, qui n'ont pas une réserve extraordinaire entre les mains, empruntent considérablement, eux aussi, ou tout au moins ne renouvellent pas leurs prêts, — la plupart du temps ils font l'un et l'autre.

Les banquiers de Londres, autres que la Banque d'Angleterre, adoptent plusieurs moyens pour arriver à ce résultat. Ils sont probablement porteurs d'une quantité considérable de billets qui représentent une somme énorme et qu'ils ont escomptés aux courtiers; si ces billets sont payés à l'échéance, ils refusent de les remplacer et d'en escompter d'autres. Les administrateurs de la Banque de London et Westminster avaient, avant la panique de 1857, escompté pour des millions sterling de billets semblables; ils disaient, et avec beaucoup de justesse, que, si ces billets étaient payés, ils auraient entre les mains plus d'argent qu'il ne leur en faudrait pour faire face à toutes les demandes (1). Mais comment ces billets seraient-ils

(1) Voir la note B à la fin du volume.

payés ? Quelqu'un, en effet, doit prêter l'argent nécessaire pour les payer. Les négociants pris comme un tout ne pouvaient soudainement supporter le retrait d'une somme aussi considérable ; ils avaient coutume de compter sur cette somme, et, sans elle, ne pouvaient continuer leurs affaires. Encore bien moins pouvaient-ils supporter cette perte au commencement d'une panique, alors que chacun a plus besoin d'argent qu'à l'ordinaire. En thèse générale, ces billets ne pouvaient être payés que par le produit de l'escompte d'autres billets. Quand les billets, par exemple, qu'un négociant de Manchester a faits au manufacturier, arrivent à l'échéance, il ne peut, en règle générale, les payer immédiatement en argent ; il a acheté à crédit et il a vendu à crédit. Il est simplement un intermédiaire. Pour pouvoir payer ses propres billets au manufacturier, il faut qu'il escompte les billets qu'il a reçus du marchand au détail, à qui il a vendu les marchandises ; mais, si les moyens d'escompte viennent à disparaître tout à coup, il ne pourra pas les escompter. Tous nos négociants ont besoin de contracter de nouveaux emprunts pour payer de vieilles dettes. Si quelqu'un ne versait pas sur le marché l'argent que les banques, telles que celles de London et Westminster enlèvent, les billets que la banque de London et Westminster a en portefeuille ne pourraient pas être payés.

Qui doit donc verser sur le marché cet argent nouveau? Ce ne sont certes pas les escompteurs. Ils sont accoutumés à réescompter dans les banques, telles que celles de London et Westminster pour des millions de billets; s'ils voient qu'ils ne peuvent plus réescompter ces billets, ils songent immédiatement à se protéger eux-mêmes en n'escomptant plus aucun papier. Leur genre d'affaires ne leur permet pas de laisser dormir beaucoup d'argent. Ils allouent un intérêt aux dépôts que l'on fait entre leurs mains, — presque équivalent souvent à celui qu'ils peuvent prendre eux-mêmes ; comme ils n'ont qu'une réserve insignifiante, une panique se fait sentir chez eux plus rapidement que partout ailleurs. Ils arrêtent immédiatement leur opérations d'escompte ou les diminuent beaucoup. Il n'y a donc pas à penser à se procurer de l'argent chez eux, et la Banque d'Angleterre est le seul endroit où l'on puisse s'adresser.

Prenons un exemple plus simple encore : un banquier, incertain de son crédit et qui désire augmenter sa réserve, peut avoir placé de l'argent en dépôt chez un courtier. S'il désire, comme nous venons de le dire, augmenter sa réserve, il se peut qu'il réclame ce dépôt juste au moment où l'alarme commence. Mais en admettant qu'un grand nombre de personnes fassent de même et très-soudainement, il faut que le courtier emprunte pour faire face à ces remboursements immédiats. Il a d'excellents billets dans son portefeuille, mais ils ne viendront à échéance que dans quelques jours ; or, les banquiers plus ou moins alarmés réclament un payement immédiat le jour même. Le courtier doit, en conséquence, s'adresser à la Banque d'Angleterre, seul endroit où dans un tel moment on puisse se procurer de nouveaux fonds.

Il en est exactement de même si le banquier désire vendre des consolidés, ou faire rentrer de l'argent qu'il a prêté sur dépôt de consolidés. Il considère ces titres comme partie de sa réserve, et en temps ordinaire, il a parfaitement raison ; ne dit-on pas vulgairement : « On peut vendre des consolidés même un dimanche. » Quand il n'y a aucune alarme, ou si l'alarme se porte sur lui seul, il peut compter absolument sur cette réserve. Mais il n'en est plus de même en temps de panique générale. Car alors s'il désire vendre pour 12,500,000 francs de consolidés, il ne trouvera pas 12,500,000 francs de nouvel argent prêt à venir sur le marché. Tous les banquiers ordinaires éprouvent le même besoin de vendre; ils pensent tout au moins qu'ils peuvent être forcés d'en arriver là. La Banque d'Angleterre, voilà encore la seule ressource. En un temps de grande panique, on ne peut vendre les consolidés à moins que la Banque d'Angleterre ne consente à prêter de l'argent à l'acheteur, et aucun acheteur ne peut emprunter sur dépôt de consolidés, à moins que la Banque d'Angleterre ne consente à prêter cet argent.

Les choses prennent un aspect plus terrible encore, si, au lieu de se concentrer dans les grandes villes, l'alarme se répand dans le pays. En règle générale, les banquiers de la province ne gardent d'argent improductif que juste ce qu'il leur en faut pour faire face à leurs affaires quotidiennes. Ils déposent tout l'excédant chez les courtiers et dans les banques qui allouent un intérêt sur les dépôts, ou bien achètent des consolidés ou des titres de tout repos. Mais, au moment d'une panique, ils viennent à Londres pour reprendre cet argent. Et c'est seulement à la Banque d'Angleterre qu'ils peuvent se le procurer, car tous les autres établissements de Londres ont, eux aussi, besoin de leurs capitaux.

Si nous nous rappelons que les engagements de Lombard Street payables à vue sont beaucoup plus considérables que ceux de tout autre marché, et que les engagements du pays entier sont encore bien plus considérables, nous pouvons nous imaginer quelle est l'immense pression exercée sur la Banque d'Angleterre, quand Lombard Street et le pays entier viennent tout à coup s'adresser à elle pour lui demander aide et protection. Aucune autre banque n'a jamais été exposée à demandes si formidables, parce qu'aucune autre banque n'a jamais gardé dans ses caisses la réserve de banque d'une nation telle que la nation anglaise.

Il est fort curieux de voir comment la Banque d'Angleterre comprend cette immense responsabilité. Sans aucun doute, elle fait d'énormes avances pendant le cours de chaque panique. Les prêts sur les « garanties particulières » se sont élevés :

En 1847, de.......	474,075,000f	à 5[illegible]0,225,000f
En 1857, de.......	510,100,000	à 783,750,000
En 1860, de.......	462,675,000	à 836,175,000

Mais, d'un autre côté, comme nous l'avons vu, bien que la Banque fasse plus ou moins son devoir, elle ne reconnaît pas absolument qu'elle ait un devoir à remplir. Il se peut qu'on nous prévienne solennellement encore que la section de la Banque d'Angleterre qui fait les opérations de banque est une banque semblable à toutes les autres, — qu'elle n'a aucun devoir particulier à remplir en temps de panique, — qu'elle n'a alors, comme toutes les autres banques, qu'à consulter ses propres intérêts. Et il faut bien dire que la Banque est excusable, en ce sens que, jusqu'à présent, on a si peu discuté les questions de banque dans leurs rapports avec la circulation monétaire, qu'on a placé sur un terrain absolument faux le devoir de la banque en temps de panique.

On s'imagine que la Banque a quelque devoir particulier à remplir, parce que ses billets constituent une monnaie légale. Mais les billets de banque ne sont monnaie légale que dans la section d'émission et non pas dans la section qui se charge des opérations de banque, et la réunion accidentelle des deux sections dans le même édifice ne procure à la section chargée des opérations de banque aucune aide en temps de panique. La position de cette section commerciale resterait exactement ce qu'elle est aujourd'hui, d'après la loi actuelle, si l'on transportait la section chargée de l'émission à Somerset house, et qu'au lieu de billets de banque on émit des billets du gouvernement. Sans doute, la Banque d'Angleterre pouvait, autrefois, émettre autant de billets qu'elle le voulait, mais ce souvenir historique ne la rend pas plus forte, aujourd'hui que cette émission est strictement limitée. Nous devons nous occuper de ce qui est et non pas de ce qui a été.

On emploie un argument encore plus mauvais. On se figure que la Banque d'Angleterre est une sorte « d'établissement public » qui doit venir au secours de tous ceux qui peuvent en avoir besoin, parce qu'elle tient les comptes de l'Etat et qu'elle se trouve être le banquier du gouvernement. Mais la garde des fonds provenant de la perception des impôts, fonds qui attendent là qu'on les dépense, est un devoir absolument indépendant des paniques. Il se peut que les fonds appartenant au gouvernement soient en grande ou en petite quantité dans les caisses de la Banque quand la panique se présente. Il n'existe aucun rapport entre ces deux faits. L'Etat, en chargeant la Banque de garder l'argent qui lui appartient, ou en lui empruntant l'argent dont il peut avoir besoin, ne l'a pas chargée en même temps d'arrêter les paniques ou de venir au secours de qui que ce soit.

On n'a pas encore parfaitement compris la raison de tout cela. Comme nous l'avons déjà dit, — mais il est peut-être bon de le répéter, parce que c'est un point fort important et fort nouveau, — quelles que soient la banque ou les banques qui détiennent la réserve suprême d'un pays, il faut que ces banques prêtent très-libéralement cette réserve en temps de panique; car ces prêts constituent un des principaux emplois caractéristiques de la réserve de banque, et c'est là aussi le moyen qui lui permet d'atteindre le but principal en vue duquel on conserve cette réserve. Que ce soit un bien ou un mal, il n'en est pas moins vrai que la Banque d'Angleterre garde actuellement dans ses caisses notre suprême réserve de banque; elle doit donc l'employer comme nous venons de l'indiquer.

Or, bien que la Banque d'Angleterre fasse certainement des avances considérables en temps de panique, cependant, comme elle n'agit pas d'après un principe bien défini, d'après une règle de conduite invariable, il est tout naturel qu'elle ne fasse ces avances qu'en hésitant, qu'en rechignant et non sans ressentir quelques craintes. En 1847, en 1866 même, — date de la dernière panique et celle pendant laquelle la Banque a adopté la meilleure ligne de conduite, — on crut, pendant un instant, que la Banque refuserait de faire des avances sur dépôt de consolidés ou tout au moins qu'elle hésiterait à en faire. Dès que ce bruit se répandit dans la cité, dès qu'il parvint en province par le télégraphe, la panique augmenta d'intensité. En un mot, faire d'immenses avance avec cette hésitation, c'est s'exposer au danger de les faire sans en tirer aucun avantage. Ce qu'il faut absolument pour calmer une panique, c'est de répandre l'impression que, bien que l'argent puisse devenir fort cher, cependant on peut s'en procurer. Si l'on pouvait réellement faire comprendre aux gens qu'en attendant un jour ou deux ils pourront avoir de l'argent, et que la faillite générale n'est pas encore arrivée, il est plus que probable qu'ils cesseraient de courir aussi follement après leur argent. Fermez donc immédiatement la Banque en annonçant qu'elle ne prêtera pas plus qu'à l'ordinaire, ou bien alors prêtez libéralement, hardiment, et de façon que le public comprenne bien que vous avez l'intention de continuer. Mais prêter beaucoup, et en même temps ne pas inspirer au public la confiance que vous prêterez suffisamment et jusqu'au bout, c'est adopter la plus dangereuse de toutes les lignes de conduite, et, cependant, c'est là ce qu'on fait aujourd'hui.

S'il faut dire le vrai, la Banque d'Angleterre ne se laisse pas guider pour faire ces avances par les motifs qui guideraient une autre banque. Les détenteurs de la réserve de banque devraient faire toutes les avances possibles au commencement d'une panique, de crainte d'être emportés eux-mêmes par la tourmente ; ils devraient adopter ce système, non pour rendre service aux autres, mais pour se rendre service à eux-mêmes. Ils devraient comprendre que cette politique hardie est, en même temps, la seule qui offre quelque sécurité, et, par conséquent, l'adopter. Mais les administrateurs de la Banque n'éprouvent aucune crainte. Au dernier moment même, ils soutiennent que : « Quoi qu'il puisse arriver au reste du commerce anglais, ils ont le moyen de se protéger. » En 1847, en 1857 (et je crois aussi en 1866, bien qu'il n'y en ait pas de preuve imprimée), les administrateurs de la Banque ont soutenu que rien ne la menaçait, bien que la réserve fût presque complétement épuisée, et qu'elle pouvait se procurer des fonds en vendant les titres qu'elle avait entre les mains et en refusant d'escompter davantage. Mais c'est là un rêve, un rêve absolu. La Banque d'Angleterre ne pourrait vendre aucun titre, parce qu'au moment d'une grande panique, elle seule se trouve en position d'acheter. La Banque ne peut pas attendre tranquillement que les billets dont elle est porteur soient payés et remplir ainsi ses coffres, car ces billets ne seront payés qu'à une seule condition, c'est-à-dire qu'elle escompte de nouveaux billets pour une somme équivalente. Quand la réserve des banques suprêmes, — celles qui détiennent la réserve, — diminue sensiblement, on ne peut, pour l'augmenter, adopter les mêmes moyens que ceux dont se servent les banques inférieures pour augmenter la leur; car, à de tels moments, les banques inférieures comptent que les banques suprêmes escompteront plus de papier qu'à l'ordinaire et feront des avances plus considérables que celles qu'elles font d'habitude. Mais les banques suprêmes n'ont aucune arrière-garde semblable sur laquelle elles puissent s'appuyer.

Je n'aurai pas rempli mon but, si je ne suis pas arrivé à prouver que le système, qui consiste à confier toute notre réserve à un simple conseil d'administration tel que celui de la Banque, constitue une grande anomalie, un grand danger ; que, bien qu'on ait ressenti les mauvais effets de ce système, on n'a pas complétement compris quelles peuvent en être les terribles conséquences, parce que ces conséquences sont enveloppées d'arguments traditionnels et disparaissent sous la poussière d'antiques controverses.

Mais, dira t-on, qu'y aurait-il de mieux à faire? Quel autre système peut-il y avoir? Nous sommes si accoutumés à un système de banque dont une seule banque forme la clef de voûte, qu'à peine pouvons-nous concevoir qu'il en existe un autre. Mais le système naturel, — celui qui se serait produit si le gouvernement ne s'était pas mêlé de la banque, — est un système comprenant beaucoup de banques d'importance égale ou à peu près. Dans toutes les autres branches de commerce, la concurrence établit une sorte de grossière égalité entre les commerçants. Prenons la filature du coton, par exemple ; nous ne voyons aucune maison dépasser de beaucoup les autres et les dépasser surtout d'une façon permanente. Il n'y a, dans le monde du coton, aucune tendance à une monarchie, pas plus qu'il n'existe tendance semblable dans le monde de la banque, là où on l'a laissé libre. A Manchester, à Liverpool, dans l'Angleterre tout entière, il y a un grand nombre de banques; chacune d'elles possède une clientèle plus ou moins bonne ; mais aucune d'elles ne vise à une prééminence quelconque ; il en est de même en Ecosse. Nous pouvons observer le même phénomène dans le monde nouveau des banques par actions en dehors de la Banque d'Angleterre. Une ou deux d'entre elles s'assurent, pendant un certain laps de temps, une meilleure clientèle, de plus brillantes affaires que les autres, mais aucune d'elles ne possède une influence prépondérante et permanente ; aucune d'elles ne se place si fort au-dessus des autres, que les autres lui confient volontairement le soin de garder leur réserve. Une république composée de concurrents plus ou moins importants, selon les affaires, telle est la constitution de toutes les branches de commerce si on l'abandonne à lui-même, telle est la constitution de cette branche de commerce qu'on appelle la banque. Une monarchie dans un commerce quel qu'il soit est la preuve de quelque avantage anormal et de quelque intervention extérieure.

On va me demander immédiatement : proposez-vous une révolution ? proposez-vous d'abandonner le système basé sur une réserve unique, pour créer un système basé sur des réserves complexes ? Ce à quoi je réponds carrément que je ne propose rien de semblable, car ce serait puéril, je le sais. Le crédit, en matière d'affaires, ressemble beaucoup à la loyauté en matière de gouvernement. Il faut prendre ce qui existe et en tirer le meilleur parti possible. Un théoricien peut facilement élaborer un plan de gouvernement dans lequel on se passera de la reine Victoria. Il peut établir en théorie que, puisque chacun sait, puisque chacun admet, que la Chambre des Communes est le vrai souverain, tout autre souverain est superflu; mais, dans la pratique, nous n'en sommes pas encore arrivés au temps où il vaille même la peine d'examiner la valeur de ces arguments. Des millions d'êtres humains obéissent loyalement à la reine Victoria, sans douter, sans raisonner un seul instant. Si ces millions d'individus commencent à discuter, il ne sera pas facile de les amener à obéir à la reine Victoria ou à qui que ce soit. Il n'existe aucun argument efficace pour convaincre les gens qui auraient besoin d'être convaincus. Or, il existe aussi aujourd'hui un immense système de crédit dont le pivot, dont la base, se trouve être la Banque d'Angleterre. Le peuple anglais, les étrangers eux-mêmes, ont en ce système une confiance absolue. Tout banquier sait bien que, s'il lui faut *prouver* qu'il est digne de crédit, son crédit disparaît instantanément, quelque excellents que puissent d'ailleurs être ses arguments. Ce que nous possédons, au contraire, n'a besoin d'aucune preuve. L'édifice entier repose sur une confiance instinctive, engendrée par de longues années, par un usage constant. Pour rien au monde le peuple anglais ne voudrait supprimer la Banque d'Angleterre; et, si quelque calamité la faisait disparaître, il faudrait des générations avant qu'on reposât la même confiance dans un équivalent quel qu'il soit. Si quelque miracle apportait dans Lombard Street un système tout fait, tout agencé, fondé sur des réserves nombreuses, on l'y regarderait comme une monstruosité : personne ne le comprendrait, personne ne voudrait s'y fier. Le crédit est une puissance qui peut croître, mais qu'on ne saurait construire de toutes pièces. Ceux qui vivent sous un grand, sous un solide système de crédit, doivent se rappeler que, s'ils détruisent ce système, ils n'en verront jamais d'autre ; car il faudra des années et encore des années pour lui donner un successeur.

C'est pour cela que je ne demande pas que nous en revenions au système naturel de la banque, c'est-à-dire au système basé sur de nombreuses réserves. Je m'exposerais à un ridicule inutile si je faisais cette proposition. Je ne peux pas proposer davantage que nous adoptions l'expédient si simple, si juste, qu'ont adopté les Français pour tourner la difficulté. En France, toutes les banques reposent sur la Banque de France, plus qu'en Angleterre peut-être les banques ne reposent sur la Banque d'Angleterre. La Banque de France conserve dans ses caisses la suprême réserve de banque, et y conserve aussi la réserve de la circulation monétaire. Mais l'Etat ne confie pas le soin de veiller sur cette réserve à un conseil de marchands administrateurs choisis par les actionnaires. La nation elle-même, — représentée par le pouvoir exécutif, — choisit le gouverneur et le sous-gouverneur de la Banque de France. Ces officiers ont auprès d'eux, il est vrai, un conseil de *régents* ou administrateurs choisis par les actionnaires ; mais le gouverneur ne suit les avis de ce conseil qu'autant que cela lui plaît ; chargé de veiller à l'intérêt national, il peut, s'il le veut, dédaigner les murmures des régents. La conservation de l'unique réserve de banque constituant une fonction nationale, on peut soutenir qu'il est au moins plausible que le gouvernement choisisse les fonctionnaires chargés de ce soin. Sans doute cette intervention toute politique est contraire au véritable principe économique que « la banque est un commerce et rien qu'un commerce. » Mais le gouvernement a oublié cette doctrine le jour où, au moyen de priviléges et de monopoles, il a donné à une banque une influence prépondérante sur toutes les autres, et établi ainsi le système d'une réserve unique. Or, ce système existe et un Français, avec son esprit logique, soutient, avec assez de raison, que l'Etat doit le surveiller et lui donner l'impulsion ; mais un plan semblable serait impossible en Angleterre. Nous n'avons pas été dressés à nous inquiéter des déductions logiques de nos institutions, ou plutôt nous avons été dressés à nous en mettre fort peu en peine. Or, le résultat pratique, le seul point dont nous nous inquiétions, ne serait pas excellent dans ce cas. Le gouverneur de la Banque deviendrait un grand fonctionnaire parlementaire, peut-être serait-il membre du cabinet et il resterait à son poste ou devrait le quitter, selon qu'une majorité de rencontre ou la force des partis en déciderait. Un commerce qui exige, avant tout, une stabilité particulière et des connaissances acquises spéciales, aurait à sa tête un gouverneur exposé à changer constamment et ne connaissant rien à la banque. En un mot, un négociant anglais considérerait ce plan comme absurde ; il ne consentirait même pas à l'examiner, parce qu'il lui semblerait que cela n'en vaut pas la peine. Que lui importe que ce système produise de bons résultats en France et qu'en théorie il soit basé sur des arguments spécieux.

Tout changement de cette nature se trouvant écarté, je ne puis proposer que trois remèdes à l'état de choses actuel.

1° Il faut qu'il soit bien convenu entre la Banque et le public que la Banque, puisqu'elle détient notre suprême réserve de banque, reconnaît les obligations que cela lui impose et qu'elle promette d'agir de manière à satisfaire à ces obligations ; — c'est-à-dire qu'au moment de demandes considérables venant de l'étranger elle adoptera les moyens nécessaires pour augmenter cette réserve et que, en temps de panique intérieure, elle prêtera cette réserve aussi libéralement, aussi facilement que l'ordonnent les principes les plus simples.

Cela paraît s'écarter beaucoup du plan adopté en France, mais, en réalité, c'est s'en écarter fort peu. Nous pouvons souvent effectuer en Angleterre, par la pression indirecte de l'opinion publique, ce qui, dans les autres pays, ne peut s'obtenir que par la pression directe du gouvernement. Le cas qui nous occupe en est un excellent exemple. Les administrateurs de la Banque craignent beaucoup l'opinion publique ; personne peut-être n'est plus sensible qu'eux aux critiques de la presse, ce qui d'ailleurs est tout naturel. Il est vrai que nos hommes d'Etat ont à en supporter bien d'autres, mais ils sont ordinairement habitués depuis longtemps aux violentes critiques. S'ils s'en inquiètent encore (et quelques-uns s'affectent de ces critiques après de longues années d'expérience beaucoup plus qu'on ne le croit), ils s'en inquiètent moins qu'au commencement et en sont arrivés à regarder les critiques comme un irritant incessant et inévitable dont ils ne pourront jamais se débarrasser. Mais un administrateur de banque ne s'est jamais trouvé à semblable école et n'a pas eu le temps de s'endurcir. Ses fonctions à la Banque n'occupent qu'une petite partie de son temps ; tout le reste de sa vie (à moins qu'il ne soit membre du Parlement) se passe dans son comptoir ou dans sa fabrique. Il n'est pas exposé aux vives critiques du public et il n'a pas contracté l'habitude de ne pas s'en inquiéter. Il désire, par-dessus tout, que tout aille bien pendant les deux années qu'il aura à passer à son tour comme gouverneur de la Banque. Il s'irrite même des objections qu'on peut lui faire relativement aux principes qui le guident et toute censure personnelle un peu vive le jette hors des gonds. Je ne suis pas absolument convaincu d'ailleurs que cette sensibilité soit utile aujourd'hui. La position exacte de la Banque d'Angleterre relativement au marché financier n'étant pas parfaitement définie, le gouverneur de la Banque ne peut en appeler à aucune règle. Il redoute toujours qu'on ne dise quelque chose; mais comme il ne sait pas sur quoi se portera ce quelque chose, la crainte qu'il éprouve n'est pas un guide pour lui. Si, au contraire, on adoptait un principe fondamental, si on reconnaissait une fois pour toutes que la Banque a la charge de notre seule réserve de banque et doit manipuler cette réserve selon les principes admis, alors un gouverneur de la Banque pourrait s'appuyer sur ces principes. Il saurait sur quoi on peut le critiquer. Guidé par un code, il aurait le moyen de se défendre; et, dans ce cas, nous pouvons être certains que les hommes vieillis dans les affaires ne s'écarteraient pas de ce code. Actuellement, le conseil d'administration de la Banque n'est responsable qu'à demi vis-à-vis de la nation. Je voudrais que cette responsabilité fût absolue et basée sur des principes exactement déterminés.

2° Il faudrait améliorer le gouvernement de la banque ; nous nous expliquerons tout à l'heure sur les moyens à employer pour obtenir cette amélioration. Il faudrait diminuer l'élément « amateur » pour augmenter l'élément possédant des connaissances solides ; il faudrait enfin assurer plus de constance à cette administration.

3° Les deux propositions précédentes ont pour but de rendre la Banque d'Angleterre aussi forte que possible, mais il n'en faudrait pas moins examiner les autres parties de notre système de crédit et essayer de réduire autant que possible la pression qui s'exerce sur la Banque. L'institution centrale étant nécessairement assez faible, nous devrions avoir soin de réduire, autant que faire se peut, toutes les tensions trop violentes.

Mais, pour expliquer la portée de ces propositions, pour faire bien comprendre un grand nombre des arguments dont nous nous sommes servi, il faut étudier plus en détail les parties qui composent Lombard Street et la curieuse combinaison de circonstances qui l'ont amené à revêtir la forme qu'il a aujourd'hui.

CHAPITRE III

ORIGINE DE LOMBARD STREET ET CAUSE DE SA FORME ACTUELLE.

I

Au siècle dernier, un des délassements littéraires favoris consistait à faire des « conjectures historiques, » pour employer l'expression d'alors. On se plaçait sur le terrain des probabilités, puis on construisait de toutes pièces l'esquisse de l'origine possible des choses existantes. Si on appliquait aujourd'hui à la banque des recherches spéculatives de ce genre, une idée toute simple, toute naturelle, frapperait d'abord l'écrivain, c'est que les grands systèmes de banque, basés sur les dépôts, se sont développés dès le commencement du monde, de même que nous les voyons commencer et croître aujourd'hui dans toutes les grandes colonies anglaises. Dès qu'une de ces nouvelles sociétés devient assez riche pour avoir beaucoup d'argent et assez compacte pour pouvoir placer cet argent dans des banques, elle adopte immédiatement ce système de dépôts. Les colons anglais n'aiment pas à courir le risque de garder leur argent chez eux ; ils désirent, en outre, que cet argent leur rapporte quelque chose. Ils emportent de la mère-patrie l'idée et l'habitude de la banque; aussi, dès qu'ils le peuvent, mettent-ils cette idée à exécution dans leur nouvelle patrie. La conjecture historique nous répondrait donc, très-probablement, que partout la banque a commencé dans ces conditions. Mais il est bien rare que ces conjectures aient jamais quelque valeur, car elles reposent sur une base erronée. Ne prennent-elles pas, en effet, pour point de départ, le principe que ce qui fonctionne le mieux, une fois établi, est ce qui a dû être le plus facile à établir, et que ce qui semble le plus simple, quand on y est habitué, a dû être aussi le plus facilement appréciable quand on n'y était pas accoutumé. Or, c'est exactement le contraire qui est vrai. La plupart des choses qui paraissent fort simples et qui fonctionnent admirablement bien, quand elles sont fermement établies, sont précisément celles qu'il est le plus difficile de faire pénétrer chez ceux qui ne les connaissent pas et qu'il est souvent assez difficile de leur expliquer. La banque, basée sur des dépôts, peut se classer au nombre de ces choses si simples. Son essence consiste à ce qu'un grand nombre de personnes se mettent d'accord pour reposer leur confiance en quelques personnes ou en une seule personne. La banque ne serait pas une profession profitable, si les banquiers n'étaient pas en petit nombre et les déposants en nombre comparativement immense. Mais il est toujours fort difficile d'amener un grand nombre de personnes à suivre exactement la même règle de conduite, et rien qu'une nécessité absolue ne peut les porter tout à coup à commencer à en agir ainsi. Or, aucune nécessité absolue n'existe en matière de banque. Prenons, aujourd'hui même, une ville de province en France, et nous n'y trouverons pas un système de banque analogue au nôtre. On n'y connaît pas les chèques, et un compte-courant chez un banquier est chose excessivement rare. On a une caisse chez soi et on y enferme son argent. Quelquefois on dépose entre les mains du banquier le montant de longues économies, en attendant un placement solide ; mais l'argent comptant, l'argent nécessaire aux dépenses de chaque jour, on le garde à la maison. On préfère ne pas s'en séparer, et un banquier qui se lancerait dans de grandes dépenses pour en assurer la garde autrement ne ferait certes pas ses frais. Si on établissait dans une ville de province, en France, une succursale semblable à celles que la *Banque nationale des provinces* ouvre de toutes parts dans les villes de province en Angleterre, on n'aurait aucun succès. On ne pourrait pas, en effet, décider un assez grand nombre de Français à y déposer leur argent. Il en est de même dans tous les pays qui ne sont pas peuplés par des habitants de souche anglaise, bien qu'à des degrés divers cependant. Il est fort difficile de commencer la banque fondée sur des dépôts, parce que les gens n'aiment pas à se séparer de leur argent, qu'ils n'aiment pas surtout à s'en séparer sans garantie, et, plus encore, par ce qu'ils ne peuvent pas se décider tous, et immédiatement, à avoir confiance dans une seule personne à qui ils doivent confier cet argent sans garantie et sans emploi visible. L'histoire hypothétique, qui explique le passé par ce qu'il y a de plus simple, de plus ordinaire, dans le présent, est donc absolument fausse en matière de banque comme en toutes autres choses.

L'histoire réelle est toute différente. Ce sont des

adaptations, plutôt que des créations ou des fondations, qui viennent répondre à de nouveaux besoins. On a créé quelque chose pour répondre à un besoin pressant, et ce quelque chose sert bientôt à des besoins moins pressants ou même à de nouvelles commodités. Sous ce rapport, le gouvernement politique, — la plus vieille institution qui soit au monde, — a été le plus exploité. Au commencement de l'histoire, nous voyons le gouvernement faire tout ce que la société désire, empêcher tout ce que la société *ne* désire *pas*. Comment commence aujourd'hui le commerce dans un endroit nouveau? C'est d'abord une boutique qui contient les objets de première nécessité, et qui, graduellement, en vient à contenir, pêle-mêle, tous les objets qui répondent à une commodité. Il en a été exactement de même pour la banque. Les premières banques n'ont pas été fondées en vue de créer des banques de dépôt, ou rien qui ressemblât à ce système. Un besoin beaucoup plus pressant a présidé à leur création, et, une fois fondées, ces banques, ou des banques analogues, se sont conformées à nos habitudes et à nos besoins modernes.

Les premières banques de l'Italie, pays d'où nous vient le mot, étaient des compagnies financières. La Banque de Saint-Georges, à Gênes, et les autres banques fondées sur le même modèle, n'ont été d'abord que des compagnies destinées à prêter ou à procurer de l'argent au gouvernement des villes dans lesquelles elles se trouvaient. A presque toutes les époques, le besoin d'argent est un des besoins les plus pressants des gouvernements; or, ce besoin a été rarement plus urgent que chez les tumultueuses républiques italiennes du moyen-âge. Longtemps après leur établissement, ces banques ont commencé à se livrer à ce que nous appelons les opérations de banque; mais dans le principe, elles n'en avaient pas la moindre idée. Les grandes banques du Nord de l'Europe doivent leur origine à un besoin encore plus curieux. Qui donc s'aviserait de croire encore aujourd'hui que le but principal d'une banque est de fournir de bonnes monnaies? et, cependant, partout où ce besoin se fait sentir il n'en est pas de plus urgent, de plus vif pour le commerce. Adam Smith décrit si admirablement ce besoin qu'il serait absurde de ne pas lui emprunter ce passage :

« La circulation monétaire d'un grand Etat, tel que la France ou l'Angleterre, consiste d'ordinaire presque exclusivement en ses propres monnaies. Or, si, à quelque époque que ce soit, ces monnaies se trouvent amenées au-dessous de leur valeur réelle par suite d'usure, de rognure ou de tout autre motif, l'Etat, par un moyen bien simple, la refonte, rétablit facilement le titre légal de ces monnaies. Au contraire, la circulation monétaire d'un petit Etat, tel que Gênes ou Hambourg, ne peut guère se composer uniquement des monnaies de cet Etat; elle se compose, dans une grande mesure, des monnaies de tous les Etats voisins avec lesquels ses habitants ont des rapports constants. Ce petit Etat ne pourra donc pas toujours réformer la circulation par la simple refonte de ses monnaies. Si on paie avec cette monnaie des lettres de change étrangères, la valeur incertaine des espèces monnayées employées pour effectuer ce paiement doit toujours rendre le change très-contraire à cet Etat, ses monnaies étant toujours nécessairement évaluées au-dessous de leur valeur dans tous les pays étrangers.

« Dès que ces petits Etats commencèrent à s'occuper des intérêts du commerce, ils ordonnèrent assez fréquemment, afin de remédier aux inconvénients qui résultaient pour leurs marchands de cet échange désavantageux, que les lettres de change étrangères d'une certaine valeur fussent payées, non pas avec la monnaie courante ordinaire, mais au moyen d'un bon sur une certaine banque, ou au moyen d'un transfert sur les livres de cette banque établie sous le patronage et sous la garantie de l'Etat. Cette banque devait, elle, effectuer ses paiements en monnaie de bon aloi, pesant le poids légal des pièces formant la circulation monétaire officielle de l'Etat. C'est là la pensée qui semble avoir présidé à la fondation des banques de Venise, de Gênes, d'Amsterdam, de Hambourg et de Nuremberg, bien que quelques-unes d'entre elles aient pu répondre plus tard à des besoins plus pressants. L'argent émis par ces banques, ayant plus de valeur que les monnaies communes du pays, faisait nécessairement prime ; cette prime s'élevait ou s'abaissait selon qu'on pensait que les monnaies communes étaient plus ou moins inférieures aux monnaies types de l'Etat. L'agio de la Banque de Hambourg, par exemple, qui se monte, dit-on, en moyenne à 14 pour 100, représente la différence qu'on suppose exister entre les monnaies type de l'Etat et les monnaies rognées, usées, ayant diminué de valeur, que jettent dans Hambourg tous les Etats voisins.

« Avant 1609, l'immense quantité de monnaies étrangères usées et rognées que le commerce considérable d'Amsterdam faisait abonder dans cette ville de toutes les parties de l'Europe, réduisit d'environ 9 pour cent la valeur de ses monnaies ayant cours, comparativement à la valeur de la monnaie qui sortait de la Banque. Dès que ces pièces nouvelles paraissaient sur le marché, on les exportait ou on les fondait, comme il arrive toujours en semblable circonstance. Les marchands, tout en ayant leurs caisses pleines de monnaies communes, ne parvenaient pas toujours à trouver une quantité suffisante de bonne monnaie pour payer leurs lettres de change. Aussi la valeur de ces effets, en dépit des nombreux règlements faits pour parer à cet état de choses, devint-elle extrêmement incertaine.

« Pour remédier à ces inconvénients, on établit une banque en 1609 avec la garantie de la ville. Cette banque recevait les monnaies étrangères et les monnaies légères et usées du pays pour ce qu'elles valaient intrinsèquement en argent type du pays, en en déduisant seulement un tant pour cent extrêmement faible pour les dépenses de monnayage et les autres dépenses de manipulation. La banque ouvrait alors un crédit sur ses livres pour ce qui restait après cette légère déduction. Ce crédit s'appelait monnaie de banque ; et comme il représentait exactement de l'argent tel qu'il sortait de l'Hôtel de la Monnaie, il avait toujours exactement la même valeur et avait plus de valeur intrinsèque que la monnaie courante du pays. On ordonna en même temps que tous les billets de la valeur de six cents guilders et au-dessus, tirés sur Amsterdam ou négociés sur cette ville, seraient payés en monnaie de banque, ce qui écarta immédiatement toutes les incertitudes relatives à la valeur de ces billets. En conséquence de ce règlement, tous les marchands furent obligés d'avoir un compte à la Banque, afin de payer les lettres de change venant de l'étranger, ce qui occasionna nécessairement une certaine demande d'argent de la banque (1). »

Les premières banques avaient en outre à remplir une fonction importante : les remises d'argent; les banques actuelles conservent encore cette fonction, bien qu'elle soit devenue très-secondaire à leur principale utilité. Quiconque a un paiement à faire à une grande distance dépose son argent dans une banque; celle-ci ayant des relations avec d'autres banques l'envoie là où il est besoin. Dès que les lettres de change circulent en quantité considérable, ces remises constituent un besoin très-pressant. Ces billets, en effet, doivent se payer en un lieu commode pour le vendeur des marchandises en échange desquelles l'acheteur les a souscrits, peut-être dans la grande ville où se trouve le magasin du vendeur. Mais cette ville peut se trouver à une grande distance de celle qu'habite le marchand au détail qui a acheté ces marchandises pour les revendre à ses clients. La remise immédiate, régulière de l'argent, pour le but que nous venons d'indiquer et pour une foule d'autres transactions, est une des premières nécessités du commerce; ces remises constituèrent donc un des plus pressants devoirs des premières banques.

Tels sont, en partie, les devoirs qu'eurent à remplir

(1) Smith : *Wealth of Nations*, liv. IV, chap. III. Digression sur les Banques de dépôt, etc.

les banques qui devinrent plus tard banques de dépôts, selon le sens que nous, Anglais, nous appliquons à ce terme. En remplissant ces devoirs, les banques se procurèrent le crédit qui leur permit plus tard de vivre comme banques de dépôts. La confiance qu'on avait en elles pour certaines affaires s'étendit à un autre genre d'affaires beaucoup plus important, quoique dans le principe le besoin s'en fit moins sentir. Mais peu de personnes ressentent les besoins que nous venons d'indiquer, et peu de personnes par conséquent apprennent à connaître la banque. Aussi la véritable fonction primaire que la banque de dépôt ait eu à remplir fut-elle beaucoup plus populaire, et c'est seulement après qu'elle eut fait ces affaires populaires que son nom se répandit de toutes parts avec une grande rapidité. Cette fonction, c'est l'émission du papier monnaie. Avant d'aller plus loin, je désire faire observer que je ne veux pas dépasser les limites que je me suis tracées et que je n'ai pas l'intention de discuter la question du papier monnaie. Sous quelle forme peut-on émettre le meilleur papier monnaie dans un pays? C'est là une question de théorie économique dont je n'ai pas à m'occuper ici; je me contente de raconter une histoire qu'on ne peut mettre en doute, je ne veux pas discuter choses à propos desquelles on se querelle à chaque mot. Or, partie de cette histoire authentique nous enseigne que le meilleur moyen de répandre la banque dans un pays est de permettre au banquier l'émission de petites coupures en papier, coupures destinées à suppléer aux espèces. Cette permission équivaut à un subside donné à chaque banquier, subside qui lui permet de continuer les affaires de banque jusqu'à ce que les gens soient disposés à venir faire des dépôts chez lui. L'Ecosse est le pays où la banque de dépôts est le plus répandue, et dans ce pays tous les profits originels proviennent de la circulation des billets de banque. La circulation des billets de banque est actuellement partie fort infime du débit des banques écossaises, mais ce fut autrefois leur principale affaire et la source de tous leurs profits. On a publié dernièrement un livre curieux qui nous a permis de nous rendre un compte exact de ces modifications. La Banque de Dundee, aujourd'hui amalgamée avec la Banque royale d'Ecosse, fut fondée en 1763. Avant de disparaître, il y a huit ou neuf ans, elle recevait des dépôts considérables ; mais, pendant les premières vingt-cinq années de son existence, elle ne reçut aucun dépôt. Les billets de banque qu'elle émettait, quelques affaires d'envoi d'argent la faisaient vivre. Ce ne fut qu'en 1792, près de trente ans après sa fondation, qu'elle commença à recevoir des dépôts. Mais à partir de cette époque, ils s'augmentèrent très-rapidement (1). L'histoire de la banque, en Angleterre, est analogue, bien que nous n'ayons aucun document positif qui nous permette de remonter aussi loin dans l'histoire de nos banques de province. Mais il est probable que, jusqu'en 1830 ou à peu près, la circulation des billets de banque constituait le principal profit des banques, et que, pendant bien des années, même après cette époque, on ne considéra les dépôts que comme chose de peu

(1) Voir l'Appendice, note C.

d'importance; aussi, presque toutes les prétendues discussions sur la banque tournèrent-elles toujours sur les questions de circulation. Nous vivons encore au milieu des *débris* de cette controverse, car, ainsi que je l'ai déjà si souvent fait remarquer, le sentiment général, quand on vient à parler de l'organisation de Lombard Street, se reporte immédiatement à la circulation du papier monnaie et à l'acte de 1844 qui règlemente aujourd'hui cette circulation. On en est encore là en France. La grande enquête faite dans ce pays, en 1865, s'occupa presque uniquement de questions de circulation, et la banque n'y occupa qu'un rang absolument secondaire. Les bilans de la Banque de France nous indiquent d'ailleurs immédiatement la cause de ce fait. Le dernier bilan hebdomadaire publié avant la guerre avec la Prusse prouve que la circulation de la Banque de France se montait à 1,481,100,000 francs, alors que les dépôts particuliers ne se montaient qu'à 428,175,000 francs. Aujourd'hui les dépôts particuliers se montent à peu près à la même somme, et la circulation s'élève à 2,800,000,000 de francs. Ce qui prouve combien il est difficile qu'un système de banque prenne racine et s'établisse avec la force et la vigueur que ce système a acquis en Angleterre.

L'Allemagne nous enseigne la même leçon. Les comptes, publiés avant la guerre, dans l'Allemagne du Nord, indiquent que la circulation des billets des banques d'émission se montait à 996,875,000 francs, et les dépôts à 161,800,000 francs; aujourd'hui la circulation atteint le chiffre de 1,500,000,000 de francs, et les dépôts le chiffre de 200,000,000 de francs. Il serait oiseux de multiplier les exemples.

Pourquoi l'émission de billets de banque précède-t-elle ordinairement l'usage de faire des dépôts dans les banques? La raison en est toute simple : c'est une habitude beaucoup plus facile à établir. Le banquier, la personne, en somme, qui y trouve un bénéfice, peut jouer un rôle actif pour émettre ses billets de banque; il peut se servir de ces « promesses de payer » pour faire des prêts, pour solder des gages, pour rembourser ses dettes. Mais, dès qu'il s'agit d'obtenir des dépôts, son rôle devient tout passif. L'émission dépend de lui, les dépôts dépendent de la confiance des autres. Pour le public, le changement est aussi beaucoup plus facile. Pour qu'une grande masse de dépôts vienne s'accumuler chez un banquier, il faut qu'un grand nombre de personnes conviennent de faire quelque chose. Pour établir, au contraire, une circulation de billets de banque, il suffit qu'un grand nombre de personnes *ne fassent rien*. Le public reçoit les billets du banquier dans le cours ordinaire des affaires, et il suffit, pour que la circulation s'établisse, que le public, quand il a des paiements à faire à ce banquier, ne les fasse pas exclusivement au moyen de ces billets. Si le public se contente d'un rôle passif, la circulation du papier s'établit immédiatement. Le banquier se charge de l'émission, ce qui ne nécessite aucun effort de la part du public; bien au contraire, il faut que le public fasse un effort pour se débarrasser des billets de banque une fois qu'ils sont en circulation. Mais le banquier ne peut pas commencer l'organisation des dépôts; il faut pour cela un effort spontané et continu du public. L'émission du papier monnaie est, par conséquent, le prélude naturel des dépôts chez les banquiers.

Il est fort simple d'expliquer aussi comment il se fait que l'émission de billets de banque par un banquier lui attire des dépôts. Quand un particulier commence à posséder une grande quantité de billets de banque, il s'aperçoit bientôt qu'il repose une grande confiance dans le banquier, et qu'en retour de cette confiance il ne reçoit rien. Il court le risque de perdre ses billets de banque, il court le risque de se les voir voler tout comme s'il amassait des espèces chez lui. Il ne courrait pas plus de risques de pertes par la faillite de la banque, s'il déposait ses billets dans les coffres de cette banque, et il se débarrasserait tout au moins des risques que l'on court toujours quand on garde de l'argent chez soi. Il faut beaucoup de temps, sans doute, pour qu'un raisonnement aussi simple pénètre dans la cervelle de gens sans éducation. Le désir de *voir* son argent est si intense chez la plupart des gens, qu'on continue, pendant quelque temps, à accumuler les billets de banque ; quelques personnes accumulent pendant un temps considérable. Mais le bon sens finit par l'emporter ; alors, la circulation des billets de banque diminue et les dépôts d'argent augmentent chez le banquier. Le billet de banque sert d'annonce perpétuelle au crédit du banquier, puisque le public accepte ce billet et l'a toujours entre les mains, et le banquier vit sur le crédit qu'il s'est ainsi procuré, nombre d'années après que l'émission du billet de banque a cessé de constituer pour lui une affaire importante.

L'efficacité de cette annonce est proportionnelle à la diffusion du droit d'émission. Quand il existe un monopole, comme celui de la Banque de France, l'idée de banque se répand difficilement dans un pays, l'annonce de la banque se fait très-lentement. Aujourd'hui même la Banque de France, qui, d'après la loi, devrait, je crois, avoir une succursale dans chaque département, n'a encore que soixante succursales sur quatre-vingt-six. D'un autre côté, les banques suisses font une rapide propagande, car il y a une ou plusieurs banques dans chaque canton. Nous avons vu que le débit de la Banque de France se décompose ainsi :

Billets..................	2,800,000,000 fr.
Dépôts..................	375,000,000

Le débit des banques suisses, au contraire, se décompose ainsi qu'il suit :

Billets..................	19,025,000 fr.
Dépôts..................	117,725,000 (1).

Une banque centrale, en effet, administrée dans la capitale, et qui ouvre une succursale dans la province, a bien moins de moyens de prêter de l'argent en toute sécurité qu'une banque dont les propriétaires appartiennent à ce district et en connaissent admirablement les hommes et les choses. L'émission des billets de banque commence ordinairement par des prêts ; il n'y a alors, en effet, aucun dépôt à rembourser. Mais la grande masse des prêts dans un pays agricole ne se montent qu'à des sommes insignifiantes ; il y a peu de billets à escompter ; les emprunteurs ne sont pas fort riches, leur réputation est toute locale ; la valeur des propriétés qu'ils peuvent donner en garantie dépend

(1) Totaux au 31 décembre 1865. Voir Max Wirth, *Grundzüge der National Oekonomie*, Dritter Band, p. 491.

des changements locaux et des circonstances locales. Un banquier qui vit dans le pays, qui y a toujours vécu, dont l'esprit est plein de l'histoire du pays et des changements qui s'y sont produits, peut arriver à prêter beaucoup d'argent sans courir de trop grands risques. Mais il n'en est pas ainsi d'un agent envoyé par une administration centrale. Les gens les plus tarés viendront lui emprunter de l'argent; tous les coquins, dont le crédit est depuis longtemps épuisé, chercheront à spéculer sur son ignorance. Il a la plus grande difficulté à établir la circulation de la banque qu'il représente, parce qu'il ne possède pas les connaissances locales qui, seules, pourraient lui permettre d'établir cette circulation sans courir de trop grands risques.

L'émission des billets de banque, tel est donc le prélude nécessaire à un système considérable de banques de dépôts. Jusqu'à présent, c'est la seule introduction que l'histoire du passé nous indique. Aucune nation n'est encore arrivée à créer un grand système de banques de dépôts, sans passer d'abord par la phase préliminaire de l'émission des billets de banque; or, cette émission de billets ne se fait rapidement, ne se fait d'une façon efficace, que par des gens qui résident depuis longtemps dans le pays et qui le connaissent bien.

C'est là ce qui explique comment il se fait que les banques de dépôts existent dans si peu de pays. Ces émissions de billets de banque, émissions que nous venons de décrire, ne sont possibles que dans un pays qui n'est pas sujet à l'invasion et où il n'y a pas de de révolution à craindre. Pendant une invasion, les banques qui émettent des billets doivent forcément suspendre leurs paiements; il est certain, en effet, qu'en temps d'invasion ou qu'en temps de révolution les demandes de remboursement immédiat afflueront. Au milieu de ces immenses commotions civiles, la nation se démoralise, chacun ne pense plus qu'à soi, chacun aussi veut se munir d'argent comptant en bonnes espèces. Ces espèces, en effet, garderont toute leur valeur, qu'il y ait invasion ou non, révolution ou non. La valeur des billets de banque, au contraire, dépend de la solvabilité du banquier; or, cette solvabilité peut devenir illusoire si l'ennemi n'est pas repoussé, si la révolution ne se calme pas.

Or, à peine y a-t-il sur le continent un pays qui, jusqu'à présent et depuis un temps considérable, n'ait eu à craindre ni invasion, ni révolution. En Hollande et en Allemagne, où il semblerait que l'émission des billets de banque et la création des banques de dépôts fussent tout aussi naturelles qu'en Angleterre et en Ecosse, — on ne s'est jamais senti en pleine sécurité quant à la possibilité d'une guerre étrangère. L'appréhension de l'invasion étrangère a pénétré profondément dans l'esprit de chacun; aussi les hommes d'affaires de ces pays auraient-ils considéré comme une folie de ne pas tenir compte d'éventualités, qui se sont si souvent produites dans leur histoire, et dont ils ont, peut-être, été eux-mêmes les témoins.

La France avant 1789 faisait, il est vrai, exception à cette règle. Pendant une longue période, sous l'ancien régime, elle fut à l'abri des invasions sérieuses et on ne pensait guère à des révolutions. On croyait alors que son gouvernement était absolument stable et tout puissant; il était en état de résister aux ennemis du dehors et le *prestige* sur lequel il reposait semblait trop considérable pour qu'il ait à craindre les ennemis de l'intérieur. Mais il y avait un revers à la médaille : ce n'était pas un gouvernement honnête et il avait tout justement choisi le terrain de l'émission des billets de banque pour exposer sa malhonnêteté au grand jour. Le régent, à l'époque de Law, avait confié le monopole de l'émission des billets à une banque véreuse, et, pour payer les dettes de la nation, avait employé du papier sans valeur. Le gouvernement, en un mot, s'était procuré de l'argent en créant un mécanisme qui devait amener la ruine du plus grand nombre. Le résultat fut terrible chez un peuple aussi craintif que le sont les Français en matière d'argent. Pendant bien des années il devint impossible d'essayer en France l'émission de billets de banque ou la création de banques de dépôt. On se souvenait encore du désastre de Law à l'époque où Turgot voulut fonder la *Caisse d'escompte*, et ce vif souvenir rendit presque impossible la création d'établissements plus sages.

Voilà la raison pour laquelle Lombard Street existe ; voilà pourquoi l'Angleterre est un immense marché financier et pourquoi les autres pays de l'Europe ne sont, en comparaison, que de petits marchés. En Anglerre et en Ecosse le système des banques d'émission s'est répandu dans tous les recoins du pays ; les économies du pays sont venues s'accumuler dans ces banques qui, à leur tour, les ont envoyées à Londres. Aucun autre pays n'a vu se développer un système analogue ; aussi l'argent abonde-t-il à Londres en quantité telle qu'on ne peut lui comparer, sous ce rapport, aucune autre ville du continent.

II

Lombard Street est une monarchie; forme qu'il doit aussi à l'émission des billets. Macaulay a raconté l'origine et la création de la Banque d'Angleterre. Un écrivain ordinaire fait preuve de peu de sagesse en répétant ce qu'un autre a dit déjà en termes si éloquents; ce serait inutile, d'ailleurs, car les ouvrages de notre grand historien se trouvent dans les mains de tous les lecteurs; je me contenterai donc de rappeler les principaux traits de cette curieuse histoire.

De toutes les institutions qui sont au monde, la Banque d'Angleterre est probablement aujourd'hui celle qui a le moins de rapports avec les partis politiques et avec la finance proprement dite. A son origine, au contraire, elle était non-seulement une simple compagnie financière, mais encore elle appartenait au parti Whig. Elle fut fondée par un gouvernement whig parce que ce gouvernement avait un terrible besoin d'argent et la « Cité » adopta la banque et la soutint, parce qu'à cette époque la « Cité » appartenait au parti Whig. Voici l'histoire en deux mots. Le gouvernement de Charles II (sous le ministère dit de la Cabale) avait détruit presqu'entièrement le crédit de l'Etat. Il s'était rendu coupable d'une de ces fraudes monstrueuses qui sont en même temps des fautes grossières. Les orfèvres, qui faisaient alors sur une petite échelle ce que nous appelons aujourd'hui les opérations de banque, avaient l'habitude de déposer leurs fonds dans l'Echiquier ou trésor public ; dépôts qui se faisaient avec la sanction et sous la garantie de l'Etat. Dans un grand nombre de pays européens, le crédit de l'Etat était de beaucoup supérieur au crédit de qui que ce fût, aussi s'en était-on servi pour baser sur lui les commencements de la banque. Le crédit de l'Etat avait joué ce même rôle en Angleterre ; et, malgré la guerre civile, malgré plusieurs révolutions, on reposait une confiance absolue dans l'honnêteté du gouvernement anglais. Il était réservé à Charles II de prouver que cette confiance était mal placée. Il ferma l'Echiquier, ne voulut payer personne, et les orfèvres se trouvèrent ruinés.

Le crédit des Stuarts ne se releva jamais du coup que lui avait porté ce vol monstrueux ; le gouvernement créé par la révolution de 1688 ne devait guère s'attendre, d'ailleurs, à ce qu'on lui confiât plus d'argent qu'on n'en avait confié à son prédécesseur. En règle générale, l'argent n'a pas confiance dans un gouvernement sorti d'une révolution. Ce gouvernement, en effet, repose sur un acte de violence, ce que les capitalistes craignent instinctivement ; ils éprouvent, en outre, une appréhension bien naturelle, ils se disent que ce qu'une révolution a fait, une autre révolution peut le défaire. En 1694, le crédit du gouvernement de Guillaume III était si peu solide à Londres qu'il se trouvait dans l'impossibilité d'emprunter une somme un peu considérable, ce qui le gênait d'autant plus que la guerre avec la France l'avait réduit aux embarras financiers les plus extrêmes. Ce gouvernement imagina enfin un plan destiné à le sortir de ces embarras. « Ce plan, dit Macaulay, consistait à emprunter 1,200,000 livres sterling au taux de 8 pour 100, taux fort modéré pour l'époque. » Afin de décider les souscripteurs à avancer promptement leur argent à un taux si peu favorable, on leur promit de les incorporer sous le nom de Gouverneur et Compagnie de la Banque d'Angleterre. Le gouvernement délivra les lettres patentes d'incorporation et eut ses 1,200,000 livres sterling.

Le crédit de la Banque rendit dans bien des occasions d'immenses services au pays. Sans la banque, il eut été impossible d'emprunter notre dette nationale ; or, si nous n'avions pû emprunter cet argent, nous aurions succombé dans la guerre avec la France et nous aurions été obligé de reprendre Jacques II. L'existence de cette dette devint, en outre, pendant bien des années, la raison principale pour laquelle les classes commerçantes ne voulurent jamais entendre parler du « Prétendant » et ne voulurent jamais qu'on touchât à l'acte du Parlement qui avait fondé la nouvelle monarchie. Les ouvrages de l'époque nous présentent toujours le « rentier » comme l'ennemi acharné du souverain « légitime » parce qu'il craignait que ce souverain ne répudiât la dette contractée par ceux qui l'avaient détrôné, dette employée à le combattre lui et ses alliés. Pendant un temps considérable la Banque d'Angleterre devint le centre du libéralisme de Londres et, sous ce rapport, rendit d'inestimables services à l'état. En récompense de ces importants services, la Banque d'Angleterre reçut du gouvernement, soit dans le principe, soit peu après, trois priviléges très-considérables.

1° La Banque d'Angleterre avait la garde exclusive des fonds du gouvernement. Dans le principe, comme je viens de le dire, la banque fit crédit au gouvernement, mais plus tard elle profita du crédit de ce même gouvernement. Les hommes ont une tendance naturelle à suivre l'exemple du gouvernement qui les régit. Le gouvernement constitue l'entité la plus considérable, la plus importante, la plus apparente, que connaisse la grande masse d'un peuple quel qu'il soit; on se figure qu'il doit savoir mieux que qui que ce soit, aussi, jusqu'à preuve du contraire, est-on tout disposé à penser que le gouvernement a raison et s'efforce-t-on de suivre son exemple. En matière d'argent, surtout, un homme peut se dire avec raison : « Si le gouvernement juge à propos de confier à la Banque d'Angleterre les fonds de la nation, je ne cours aucun risque en confiant à la même banque mes fonds à moi, qui, en comparaison de ceux là, ne sont absolument rien. »

2° Jusque tout récemment la Banque d'Angleterre avait, dans notre pays, le monopole de la responsabilité limitée. La loi du pays ne reconnaît pas ce principe. Il ne peut s'établir que par une Charte royale ou par une loi spéciale ; or, on ne permit à aucune banque *réelle* (je ne compte pas les projets absurdes tels que la banque foncière de Chamberlayne) de s'établir comme compagnie à responsabilité limitée que pendant ces dernières années. Il y avait même bien des gens qui admettaient que ce système, excellent pour la Banque d'Angleterre, ne vaudrait rien pour aucune autre banque. Je me rappelle avoir entendu la conversation d'un négociant distingué de la Cité de Londres qui représentait parfaitement les idées ayant cours alors. Il s'élevait contre les banques à responsabilité limitée, quand quelqu'un lui dit : « Mais que pensez-vous alors de la Banque d'Angleterre, et pourquoi y déposez-vous votre argent? » « Oh ! c'est là une exception, répliqua-t-il. » Et, sans doute, c'était-là une exception qui eut la plus grande importance pour la Banque d'Angléterre, car elle détermina un grand nombre de négociants prudents, soigneux, à devenir administrateurs de la banque, ce qu'ils n'eussent certainement pas fait, pas plus pour celle-là que pour toute autre, si leur responsabilité n'avait pas été limitée au nombre de leurs actions, et s'ils eussent été exposés, par conséquent, à perdre *toute* leur fortune.

3° La Banque d'Angleterre avait le privilége d'être la seule compagnie *par actions* à qui il fut permis d'émettre des billets de banque. Les banquiers particuliers de Londres firent des émissions de papier monnaie jusque vers le milieu du siècle dernier, mais aucune compagnie par actions n'avait le droit d'en faire autant. La clause explicative de l'Acte de 1742 sonne curieusement à nos oreilles modernes. « Et pour qu'aucun doute ne s'élève relativement au privilége et au pouvoir de FAIRE SEULS LA BANQUE conféré audit gouverneur et à ladite compagnie, — c'est-à-dire à la Banque d'Angleterre ; — et aussi relativement à la création d'une autre banque ou d'autres banques par le Parlement, ou pour empêcher d'autres personnes de faire la banque pendant la durée dudit privilége conféré au gouverneur et à la compagnie de la Banque d'Angleterre, ainsi qu'il vient d'être dit ; nous ordonnons et déclarons, en outre, par les présentes, que la vraie portée, que la vraie signification de cet Acte est qu'aucune autre banque ne sera créée, établie ou permise par le Parlement, et qu'il ne sera pas légal à aucun corps politique ou à aucune corporation, quelle qu'elle soit, créée ou à créer, ou à aucunes autres personnes quelles qu'elles soient, associées ou devant s'associer au nombre de plus de six, dans cette partie de la Grande-Bretagne appelée l'Angleterre, d'emprunter, de devoir ou de prendre en dépôt quelque somme d'argent que ce soit en échange de billets de banque payables à vue ou payables à moins de six mois, pendant la durée du privilége conféré audit gouverneur et à ladite compagnie, qui sont par les présentes déclarés être et rester une corporation avec le privilége exclusif de faire la banque, comme il a été dit. » Ces mots nous semblent, à nous autres modernes, signifier beaucoup plus qu'ils ne signifiaient réellement. Le terme « faire la banque » ne s'appliquait alors qu'à l'émission des billets et à la réception d'argent contre des billets payables à vue. On ne connaissait pas alors, sur une grande échelle, et on n'appelait pas faire la banque notre système actuel de dépôts en échange desquels on ne donne ni billets, ni promesses de payer. Mais la portée de cet Acte n'en était pas moins importante. Il finit par donner à la Banque d'Angleterre le monopole de l'émission des billets de banque dans la capitale. La Banque d'Angleterre, à cette époque, n'avait pas de succursales; elle ne s'occupa donc pas de l'émission des billets en province. Mais à Londres même la terrible concurrence qu'elle était à même de faire la rendit complétement prépondérante. Aucune autre compagnie ne pouvait émettre des billets de banque, et les banquiers particuliers durent céder et cessèrent bientôt de le faire. Jusqu'en 1844, les banquiers particuliers de Londres *auraient pu* émettre des billets de banque s'ils l'avaient voulu ; mais il y a près de cent ans que la concurrence de la Banque d'Angleterre les força de renoncer à ce privilége, et cette banque a depuis si longtemps, dans la pratique, le monopole de l'émission, qu'on croit ordinairement qu'elle a toujours possédé ce monopole légal.

L'effet pratique de la clause que je viens de citer fut plus considérable encore. On crut, en effet, qu'elle faisait de la Banque d'Angleterre la seule compagnie par actions qui pût recevoir des dépôts, aussi bien que la seule compagnie qui pût émettre des billets. On attribuait au terme : « privilége exclusif de faire la banque » le sens naturel le plus moderne, et on pensait qu'il avait pour résultat d'empêcher toute autre compagnie de faire nos opérations de banque actuelles. Dès qu'on eut permis les banques par actions en province, on commença à se demander pourquoi il n'y en aurait pas aussi à Londres. On s'aperçut alors que les mots que je viens de citer défendent seulement l'émission de papier négociable, mais ne défendent pas la réception de dépôts, quand on ne remet en échange aucun papier négociable. C'est sur cette interprétation que se fondèrent la banque de London et Westminster, et toutes nos autres banques par actions. Mais, jusqu'à leur création, la Banque d'Angleterre resta la seule compagnie qui eut, non seulement le privilége exclusif de l'émission des billets de banque, mais aussi celui de recevoir les dépôts. C'était donc, en effet, la seule compagnie qui, à Londres, pût se livrer aux opérations de banque.

Il est tout naturel que la Banque d'Angleterre, douée de tant de priviléges, ait défié toute concurrence. Elle devint inévitablement à Londres la banque par excellence ; tous les autres banquiers se groupèrent autour d'elle et déposèrent leur réserve dans ses coffres. Ainsi, notre système de réserve unique n'est pas le résultat d'une fondation et ne provient pas de causes déterminées ; il n'est que la conséquence graduelle de bien des événements singuliers et de l'accumulation de priviléges légaux entre les mains d'une seule banque, priviléges qui ont aujourd'hui disparu et que personne ne défendrait actuellement.

CHAPITRE IV

LA POSITION DU CHANCELIER DE L'ÉCHIQUIER RELATIVEMENT AU MARCHÉ FINANCIER.

Rien de plus vrai en théorie que ce principe économique : la banque est un commerce et rien qu'un commerce. Rien de plus facile à établir, au moyen de preuves nombreuses, que cet autre principe : tout gouvernement qui se mêle d'un commerce quel qu'il soit nuit à ce commerce. Ce qu'un gouvernement peut faire de mieux, sans contredit, pour le marché financier, est de le laisser s'arranger comme il l'entend.

Mais l'Etat ne peut observer fidèlement ce principe qu'à une seule condition : il faut qu'il garde lui-même son argent. Il arrive nécessairement que le gouvernement possède quelquefois d'immenses sommes en espèces. Il se trouve être de beaucoup la plus riche corporation du pays ; ses revenus annuels, payables en numéraire, dépassent de beaucoup les revenus de toute autre personne et de toute autre corporation. Si un gouvernement se met à déposer dans une banque cet immense revenu, à mesure qu'il arrive entre ses mains, il va sans dire qu'il devient immédiatement plus intéressé que qui que ce soit à la prospérité de cette banque. Le gouvernement, en effet, ne peut pas payer l'intérêt de sa dette si la banque ne peut pas rembourser les dépôts publics quand cet intérêt se trouve dû ; il ne pourrait pas payer ses salaires, il ne pourrait pas faire face à ses nombreuses dépenses, si cette banque venait à faire faillite à quelque époque que ce soit. Un gouvernement moderne ressemble à un homme fort riche, accablé de dettes considérables qu'il ne peut pas parvenir à payer ; son crédit fait partie de sa prospérité, de son existence même, et si son banquier venait à faire faillite quand une de ses dettes devient exigible, il se trouverait dans un immense embarras.

Un autre banquier, dira-t-on, pourrait alors se charger du compte de l'Etat. Cet autre banquier pourrait avancer, ce qui se fait si souvent en cas de faillites de banques, ce dont le gouvernement a besoin, de façon à s'assurer à l'avenir cette riche clientèle. Mais ce remède a un immense désavantage, c'est qu'il fait défaut au moment même où on en a le plus besoin.

Dans une panique, au moment où tout crédit disparaît, il serait probablement impossible de trouver un banquier. L'ancien banquier, qui a entre les mains les dépôts du gouvernement, ne peut rembourser ces dépôts ; or, aucun banquier, dans un moment de crise, ne pourra trouver les cent vingt-cinq ou les cent cinquante millions de francs dont un gouvernement, tel que le nôtre, a besoin pour faire face à certaines échéances. Si donc un ministre des finances, après avoir confié son argent à une banque, veut s'en tenir aux stricts principes et annonce que, dans tous les cas, il laissera le marché financier faire comme il l'entend, il se pourrait fort bien que, dans *un cas*, le marché financier s'occupât un beau jour de ce ministre des finances et que celui-ci se trouvât insolvable.

Dans l'enfance de la banque, il vaut beaucoup mieux, sans doute, qu'un gouvernement garde son propre argent. S'il n'y a pas de banques auxquelles il puisse se fier, il ne faut pas qu'il semble compter sur elles. Encore moins faut-il qu'il en favorise une et qu'il lui donne, en lui confiant les fonds du gouvernement, une déplorable suprématie sur toutes les autres. L'habileté du financier, à une époque semblable, est d'égaliser la recette des impôts et les dépenses ; il doit prendre bien soin qu'il n'y ait pas plus d'argent inutile dans les coffres du gouvernement qu'il n'y en a d'ordinaire et qu'il n'en faut pour subvenir à ses besoins quotidiens. Si la somme totale, dormant ainsi dans le Trésor, n'excède pas de beaucoup la moyenne ordinaire, le mal causé est insignifiant ; ce mal ne consiste, après tout, qu'en une perte d'intérêts sur une certaine somme d'argent, ce qui ne constitue pas un fardeau bien lourd pour toute la nation, et ne se traduit que par une addition minime à faire aux impôts. Semblable mal n'est rien, si on le compare à celui qui résulterait de la perte de l'argent nécessaire aux dépenses inévitables, en confiant cet argent à une mauvaise banque, ou s'il fallait, pour le recouvrer, identifier le crédit national avec cette mauvaise banque, et arriver de cette façon à la soutenir et à la perpétuer. Aussi longtemps que le marché financier n'offre pas des conditions de sécurité absolue, le gouvernement d'un pays fait donc beaucoup mieux d'abandonner ce marché à lui-même et de garder son argent par devers lui. Si les banques sont mauvaises, elles resteront mauvaises, et deviendront probablement pires encore si le gouvernement les soutient et les encourage. On peut établir, d'ailleurs, en règle absolue, que donner aide et secours à une mauvaise banque existante est le plus sûr moyen d'empêcher la formation d'une meilleure banque.

Quand le commerce de la banque commence à être mieux compris, quand le système de banque offre toutes les garanties désirables, le gouvernement peut commencer à prêter graduellement et surtout à prêter les sommes extraordinaires qui, même avec le système financier le mieux réglé, s'accumulent quelquefois dans le Trésor public.

Avec un système naturel de banques, le gouvernement aurait toutes sortes de facilités. Il y aurait alors beaucoup de banques qui garderaient leur propre réserve ; chacune d'elles garderait avec soin une réserve suffisante, parce que sa propre existence, son propre crédit en dépendrait ; le risque que courrait le gouvernement à avoir un banquier se trouverait donc réduit à un minimum. Il pourrait choisir entre beaucoup de banquiers et ne se trouverait pas restreint à un seul.

Son mode d'action serait alors fort simple ; il n'aurait qu'à régler sa conduite sur celle des autres corporations publiques du pays. La commission métropolitaine des travaux publics, qui reçoit beaucoup d'argent à Londres, a un compte-courant à la banque de London et Westminster ; cette banque dépose des consolidés comme garantie de l'argent qu'elle a entre les mains. Le chancelier de l'Echiquier trouverait facilement des garanties semblables. Si, comme c'est probable, le compte de l'Etat était trop considérable pour qu'on puisse le confier à une seule banque, les dépôts publics pourraient se diviser entre plusieurs. Chacune de celles-ci donnerait des garanties, et tout l'argent public serait représenté par des titres. Si, à quelque temps que ce soit, le gouvernement se trouvait à la tête de sommes plus considérables qu'à l'ordinaire, il pourrait exiger des garanties plus considérables et se faire payer des intérêts sur les sommes déposées. Un prêteur de sommes si considérables, et dont la clientèle a une telle importance, peut imposer ses propres conditions. Plus que tout autre il pourrait se faire garantir ses dépôts.

Si, d'un autre côté, le chancelier de l'Echiquier se présentait comme emprunteur, ce qui arrive quelquefois, il aurait toutes les facilités possibles pour trouver ce dont il aurait besoin. Le gouvernement anglais a un si bon crédit qu'il pourrait emprunter à meilleur compte que qui que ce soit. Il aurait même beaucoup plus de facilités pour le faire qu'il n'en a à présent, car, d'après nos lois actuelles, le chancelier de l'Echiquier, sauf en vertu d'un vote du Parlement, ne peut pas emprunter sur le marché. Il ne peut emprunter qu'à la Banque d'Angleterre en donnant des bons sur le Trésor. Avec un système naturel de banque, il se trouverait en présence de plusieurs établissements de crédit, qui tous chercheraient à lui prêter de l'argent, et il serait à même de choisir celui qui lui ferait les meilleures conditions. Avec notre système artificiel, au contraire, forcé qu'il est de s'en tenir à une seule banque, il doit en passer par les conditions qu'elle impose.

Si, contrairement à toutes les probabilités, une débâcle se produisait, le gouvernement pourrait reprendre son argent aux banquiers; le fait s'est produit en Amérique. Il pourrait, il est vrai, donner aide et secours, prêter des bons du Trésor, ou engager autrement son crédit pour conjurer l'orage; mais dès que, la panique aurait disparu, il pourrait laisser de côté les banques qui se seraient mal conduites; et ce serait là une véritable punition pour elles. Il va sans dire qu'il se créerait immédiatement des banques nouvelles, plus solides, qui chercheraient à éviter les fautes qu'auraient commises les anciennes. De même que dans tous les commerces naturels, tout ce qui est vieux et pourri périrait pour se trouver remplacé par des établissements nouveaux et solides. L'Etat surveillerait ces nouvelles banques et ne leur accorderait sa confiance que quand elles auraient prouvé, par leur sage administration, qu'elles en sont dignes. La clientèle de l'Etat deviendrait, en un mot, la récompense de la prudence et de la sagesse ; le retrait de cette clientèle serait la punition d'une folie coupable.

Avec un bon système de banque, il est probable qu'une débâcle générale n'arriverait jamais, sauf toutefois en cas d'invasion ou de révolution. Supposons un grand nombre de banques. Chacune d'elles comprendrait, sans doute, qu'il importe à son crédit de conserver une bonne réserve et en conserverait probablement une ; si une banque ne conservait pas de réserve, les critiques constantes dont elle serait l'objet lui feraient bientôt perdre sa position et elle finirait par disparaître. Ces banques traiteraient libéralement, généreusement, une panique dès qu'elle se produirait ; elles avanceraient hardiment, largement, leur réserve, car chaque banque individuelle craindrait que les soupçons ne se fixent sur elle, et comprendrait qu'à de telles époques il faut faire montre de son argent, si on veut faire croire qu'on a la force de résister à toutes les demandes. Un système tel que celui que nous venons de décrire réduirait à un minimum les risques qu'engendrent de nombreux dépôts. Or, c'est là le moyen à employer si l'on veut déposer l'argent national dans les banques sans courir de trop grands dangers.

Mais ce système se trouve être presque exactement le contraire de celui que la loi et les circonstances nous ont créé en Angleterre. Le gouvernement anglais, loin de se tenir en dehors du marché financier jusqu'à ce qu'il ait pu acquérir la preuve que ce marché était assez solide, y entra dans son propre intérêt dès le commencement et alors que le crédit était à peine constitué. Afin de pouvoir plus facilement contracter des emprunts, il déposa son propre argent dans une seule banque, en lui laissant tout le profit de ce dépôt, outre qu'il lui donnait de nombreux priviléges ; aussi notre gouvernement se trouve-t-il pratiquement solidaire de cette banque. Il ne peut se désintéresser de la marche du marché financier, parce qu'il a déposé beaucoup d'argent sur ce marché, et qu'il ne pourrait faire face à ses engagements s'il venait à perdre cet argent.

Aucun homme d'état anglais, d'ailleurs, ne proposerait de liquider la Banque d'Angleterre. Un théoricien pourrait jeter idée semblable sur le papier, mais aucun gouvernement responsable ne s'y arrêterait un instant. On n'a jamais pensé à rien de semblable au milieu des crises les plus terribles, au moment où la Banque conduisait le plus maladroitement ses affaires ; on n'y a même pas pensé en 1825 quand ses coffres étaient absolument vides ; on n'y a pas pensé en 1837 quand elle dut implorer l'aide de la Banque de France. Des traditions irrésistibles obligèrent le gouvernement anglais à placer son argent sur le marché et à le déposer dans cette Banque particulière.

Or, ce système peut avoir des conséquences fort graves et qu'il est facile d'indiquer :

1° Parce que créé au moyen de l'aide de l'Etat, il est, plus qu'un système naturel, exposé à avoir besoin de l'aide de l'Etat.

2° Parce que, système à réserve *unique*, il réduit l'argent comptant disponible du marché financier à une somme moindre que tout autre système et rend, par conséquent, ce marché très-délicat. L'accumulation des espèces destinées à faire face aux engagements étant peu considérable, toute erreur faite dans l'administration de cette réserve a des conséquences plus graves.

3° Parce que notre réserve *unique*, par la nécessité même de sa nature, se trouve placée entre les mains d'*un seul conseil d'administration*; nous sommes donc à la merci de ce seul conseil d'administration, et nous ne pouvons pas, comme dans la plupart des autres commerces, faire une moyenne de la sagesse et de la folie, de la prudence et de l'imprudence d'un grand nombre de concurrents.

Enfin. Parce que ce conseil d'administration, comme tous les autres conseils analogues, se trouve placé en face d'actionnaires qui le pressent de leur procurer de beaux dividendes et par conséquent de conserver une réserve insignifiante, alors que l'intérêt public exige impérieusement que cette réserve soit considérable.

Ces quatre inconvénients sont inhérents à notre système, mais il y en a, en outre, un autre qui se présente accidentellement. Le gouvernement anglais a non seulement créé ce singulier système, mais il se mit à l'endommager et à lui faire le plus de tort possible dans l'opinion publique. On peut dire que, pendant plus d'un siècle après sa création (sauf quelques erreurs accidentelles), la Banque d'Angleterre se conduisit en somme avec beaucoup de sagesse. Si nous en jugeons d'après ce qui se passe aujourd'hui, elle faisait peu d'affaires, mais la plupart du temps elle les faisait avec réserve et avec prudence. En 1696, elle s'était trouvée fort embarrassée et s'était même vue obligée de refuser le remboursement de quelques-uns de ses billets. Pendant une longue période, elle eut la crainte salutaire de l'opinion publique, et la nécessité où elle se trouvait de garder la confiance du public la rendait prudente. Mais le gouvernement anglais lui enleva ces craintes. En 1797, M. Pitt craignit de ne pouvoir se procurer des espèces en quantité suffisante pour effectuer des paiements à l'étranger, parce que la réserve de la Banque avait considérablement diminué; il ordonna donc à la Banque de cesser ses paiements en espèces. Ce faisant, il détruisit cette appréhension de l'opinion publique, qui est le meilleur préservatif de toutes les banques.

Pour cette raison, la période pendant laquelle la Banque d'Angleterre ne remboursa pas ses billets en or, — la période qui s'étend de 1797 à 1819, — s'appelle toujours la période de *restriction* de la Banque. Comme la Banque, pendant cette période, n'exécuta pas, et que la loi ne la força pas à exécuter son contrat qui l'oblige à rembourser ses billets en espèces, il semblerait plutôt qu'on aurait dû appeler cette époque la période de licence. Mais le mot « restriction » était parfaitement trouvé et représentait admirablement la politique de 1797. M. Pitt ne se borna pas à dire que la Banque d'Angleterre pouvait, si elle le voulait, ne pas rembourser ses billets en espèces; il alla plus loin, il le lui défendit absolument.

En conséquence, de 1797 à 1844 (époque à laquelle commence un nouveau régime), les administrateurs de la Banque n'exercèrent jamais la prudence nécessaire. Ils semblent, au plus profond de leur pensée, considérer que la Banque d'Angleterre est en quelque sorte ensorcelée, et que, contrairement aux banques ordinaires, elle n'a à s'inquiéter de rien. Ce sentiment est d'ailleurs tout naturel. Une banque d'émission qui n'est pas obligée de rembourser ses billets en espèces possède un véritable charme; elle peut prêter ce qu'elle veut, émettre ce qu'elle veut, sans craindre qu'il lui en arrive mal et sans aucun autre frein que ses propres désirs. Pendant près d'un quart de siècle, ce fut la position de la Banque d'Angleterre, car, pendant toute cette période, elle ne pouvait courir aucun danger. Mais, naturellement aussi, la conséquence de cet état de choses fut la démoralisation de l'esprit public. Depuis 1797, le public a toujours compté que l'aide du gouvernement était assuré à la Banque si cette aide devenait nécessaire. Je ne puis discuter en détail la suspension de l'acte de 1844 en 1847, en 1857 et en 1866, mais, sans contredit, une des conséquences de ces suspensions a été de confirmer le public dans la pensée que le gouvernement viendra toujours au secours de la Banque dès qu'elle se trouvera en danger. Or, c'est là une sorte de prévision qui tend à se justifier et à causer ce qu'elle prévoit.

Quelle est donc, au résumé, la position du chancecelier de l'Echiquier relativement à notre marché financier? C'est celle d'un homme qui y apporte des sommes considérables, qui a créé ce marché et qui l'a démoralisé. Il ne peut donc ni s'en désintéresser, ni décliner toute responsabilité à se sujet. Il lui faut arranger ses opérations financières de façon à ne pas augmenter les paniques, mais bien au contraire de façon à les calmer. Il lui faut aider la Banque d'Angleterre à remplir ses devoirs et avoir soin de ne jamais la contrecarrer.

Son rôle peut être fort efficace. C'est lui qui, en matière de finances, exprime naturellement l'opinion publique de l'Angleterre. Or, nous désirons que la Banque d'Angleterre se laisse guider par cette opinion. Avec un système naturel de banque, nous aurions compté sur l'intérêt personnel, mais l'Etat est intervenu; nous devons donc nous appuyer sur l'opinion. L'approbation du public est la récompense des administrateurs de la Banque, le blâme du public la plus forte punition qui puisse les atteindre. Il est donc extrêmement important que le ministre des finances ait l'autorité nécessaire pour donner un poids considérable à l'expression de cette approbation ou de ce blâme.

CHAPITRE V

COMMENT SE RÈGLE LA VALEUR DE L'ARGENT DANS LOMBARD STREET

Bien des gens se figurent que la Banque d'Angleterre a quelque pouvoir, qui lui appartient en propre, pour fixer la valeur de l'argent. On voit la Banque d'Angleterre modifier de temps en temps le taux minimum de l'escompte, les autres banques suivre plus ou moins son exemple et demander aussi cher qu'elle demande; or, on n'est pas sans s'étonner quelque peu qu'il en soit ainsi. « L'argent, » disent les économistes, « est une marchandise, rien qu'une marchandise. » Comment se fait-il donc, se demande-t-on, que la valeur de l'argent se fixe d'une si singulière façon et que le cours de cette marchandise ne s'établisse pas comme celui de toutes les autres marchandises ?

Si l'on prend la peine de réfléchir un peu, on comprend que les choses sont bien simples. L'offre et la demande règlent la valeur de l'argent comme celle de toutes les autres marchandises ; la forme que revêtent l'offre et la demande varie seulement du tout au tout. Quand il s'agit de toutes les autres marchandises, les grands négociants fixent leurs propres prix ; ils essaient de vendre à meilleur marché que leurs concurrents ce qui tend à abaisser les prix ; ils essaient de tirer autant que possible de l'acheteur, et cela maintient les prix. C'est le marchandage, comme dit Adam Smith, qui finit par fixer le prix sur le marché. C'est là, sans contredit, le moyen le plus simple et le plus naturel de traiter les affaires, mais ce n'est certes pas le seul moyen. Si les circonstances s'y prêtent, on peut en adopter un autre. Un seul grand détenteur, surtout s'il est de beaucoup le plus grand détenteur, peut faire ses prix, et les autres négociants sont à même de se demander s'ils vendront meilleur marché que lui ou s'ils vendront plus cher. Le détenteur considérable d'un article quel qu'il soit peut, pendant quelque temps, régler absolument la valeur de cet article, s'il indique le prix minimum auquel il veut vendre, et s'en tient opiniâtrement à ce prix. Or, c'est ainsi que la valeur de l'argent se règle dans Lombard Street. La Banque d'Angleterre était autrefois le principal marchand d'argent et est encore aujourd'hui un des plus importants. Elle indique le prix minimum auquel elle cédera sa marchandise, et cette indication permet, la plupart du temps, aux autres marchands d'obtenir le même prix ou quelque chose de fort approchant.

La raison en est facile à comprendre. En temps ordinaire, il n'y a pas assez d'argent dans Lombard Street pour escompter tous les billets qui y affluent sans qu'il soit nécessaire de demander de l'argent à la Banque d'Angleterre. Dès que la Banque a fixé le taux de son escompte, beaucoup de gens qui ont des billets à escompter s'enquièrent de toutes parts pour tâcher de les faire escompter meilleur marché qu'à la Banque. Mais il est fort rare qu'on puisse trouver un taux moindre, car, s'il en était ainsi, tout le monde quitterait la Banque, et le marché extérieur aurait à escompter plus de billets qu'il ne lui serait possible.

En pratique, lorsque la Banque s'aperçoit que les choses prennent cette tournure et que, par conséquent, les affaires diminuent beaucoup, elle abaisse le taux de son escompte pour s'assurer une partie des affaires et pour employer une quotité convenable de ses dépôts. En Hollande, dans les ventes aux enchères, le vendeur avait l'habitude de fixer un prix *maximum* qu'il abaissait graduellement jusqu'à ce qu'il ait trouvé un acheteur. La valeur de l'argent se fixe d'une façon presque analogue dans Lombard Street, seulement, le prix maximum n'est pas celui de tous les vendeurs, mais c'est tout au moins celui du principal vendeur, à qui tôt ou tard il faut toujours finir par demander partie de sa marchandise.

On se figure assez ordinairement que la Banque

d'Angleterre exerce une influence toute puissante sur le marché financier et peut fixer le taux de l'escompte comme il lui convient. C'est là une erreur qui a son origine dans les souvenirs d'avant 1844, alors que la Banque pouvait mettre en circulation autant de billets qu'elle le désirait. Mais, à cette époque même, cette opinion était erronée. Une banque, qui possède le monopole de l'émission des billets, exerce certainement une influence soudaine considérable sur le marché financier, mais cette influence n'est pas permanente. Elle peut, sans doute, peser sur le taux de l'escompte à un moment donné, mais elle ne peut pas peser sur le taux moyen. En effet, toute réduction momentanée dans le prix de l'argent, réduction causée par le caprice d'une banque, tend en elle-même à produire une *élévation* immédiate et égale du prix de l'argent, de telle sorte qu'en moyenne ce prix ne se trouve pas modifié.

Voici ce qui se passe. Si une banque, ayant le monopole de l'émission des billets, prête tout à coup, supposons 50,000,000 de francs de plus qu'à l'ordinaire, elle provoque, en ce faisant, une augmentation de commerce et une élévation des prix. Les personnes à qui on a prêté ces 50,000,000 n'ont pas emprunté cet argent pour le mettre sous clef; elles l'ont emprunté pour s'en servir, c'est-à-dire pour essayer de faire des achats; or, ces essais d'achat, — cette nouvelle demande, — tendent à faire monter les prix. Cette élévation des prix a trois conséquences. Premièrement : chacun a besoin d'emprunter de l'argent. L'argent, en effet, n'a plus la même puissance d'achat qu'il avait précédemment, aussi les négociants ont-ils besoin de plus d'argent pour faire les mêmes affaires. Si, par exemple, les actions de chemins de fer se cotent cette année 10 pour 100 plus cher que l'année dernière, un spéculateur, qui emprunte de l'argent pour faire ses opérations, doit emprunter cette année 10 pour 100 de plus que l'année dernière; en conséquence, on demande à faire plus d'emprunts. Secondement : c'est là une demande *efficace;* car l'augmentation de la valeur des actions de chemins de fer permet, à ceux qui les possèdent, d'emprunter, s'ils le désirent, une somme plus considérable sur ces actions. Dans la pratique, en effet, on prête sur les actions partie du prix auquel elles peuvent se vendre sur le marché; or, si cette valeur vénale augmente, l'emprunt qu'on peut contracter, en les déposant en garantie, augmente aussi. Ainsi donc, toute réduction artificielle dans la valeur de l'argent produit une demande plus considérable et replace ainsi cette valeur à son niveau naturel. Tous les hommes d'affaires savent parfaitement par expérience que, si on stimule le marché, les embarras se produisent bientôt; les hommes entreprenants sont, en effet, si confiants que, dès que les conditions deviennent plus faciles, ils se figurent toujours que les facilités sont beaucoup plus grandes qu'elles ne le sont réellement, et ils spéculent jusqu'à ce qu'ils aient des besoins trop grands pour qu'il soit possible d'y subvenir.

Ces deux causes font que les prêts soudains consentis par la banque qui met les billets en circulation, s'ils abaissent temporairement la valeur de l'argent, ne l'abaissent cependant pas d'une façon permanente, parce que ces prêts portent en eux leur propre contrepartie. Et cela arrive que les billets aient ou non cours forcé. Pendant la période du cours forcé, de 1797 à 1819, la Banque d'Angleterre ne fut pas plus à même de contrôler absolument le marché financier qu'elle ne le pût après 1819, alors qu'elle était forcée de rembourser ses billets en or à présentation. Mais dès que le cours forcé n'existe plus, il se produit un *troisième* effet qui agit dans la même direction que les deux autres et qui agit plus rapidement. Une élévation des prix, restreinte à un seul pays, tend à augmenter les importations, parce que les négociants étrangers obtiennent une valeur plus grande dans ce pays pour leurs marchandises; les exportations diminuent en même temps, parce qu'un marchand, qui se serait assuré un profit en achetant des marchandises avant l'élévation des prix pour les revendre à l'extérieur, verra par suite de cette élévation son profit diminuer considérablement, s'il ne disparaît pas tout à fait. Cette augmentation des importations augmente le débit de ce pays, et la diminution des exportations diminue la proportion de ce débit qui se solde ordinairement par les échanges. Il se trouve, en conséquence, un solde plus considérable à payer en espèces ; l'accumulation des métaux précieux dans la ou les banques, qui détiennent la réserve, tend à diminuer, et elles sont obligées d'élever le taux de l'intérêt pour arrêter l'exportation des métaux précieux. Or, les embarras ainsi produits sont souvent plus grands, mais au moins toujours égaux, au relâchement qu'on avait provoqué.

Il n'y a donc aucune raison de croire, et c'est là cependant une croyance communément répandue, que des causes différentes de celles qui régularisent la valeur des autres marchandises interviennent pour régulariser la valeur de l'argent, ou que la Banque d'Angleterre exerce dans ce cas un véritable despotisme. Elle exerce l'influence d'un grand détenteur d'argent et rien de plus. Anciennement même, alors que son pouvoir monétaire était plus grand et ses rivaux plus faibles, elle n'exerçait aucun contrôle absolu; la Banque d'Anglelerre, en un mot, n'est qu'un grand négociant qui offre sa marchandise, qui a une immense influence sur les autres marchands, mais qui n'a pas le pouvoir de les contraindre à obéir à ses ordres.

Mais bien que la valeur de l'argent ne se fixe pas d'une façon exceptionnelle, il y a néanmoins dans cette régularisation quelque chose de particulier, tout comme il arrive, d'ailleurs, à propos de bien des articles. L'argent est une marchandise sujette à de nombreuses fluctuations de valeur, et un léger excès ou une légère diminution en quantité amène aisément ces fluctuations. L'argent est, jusqu'à un certain point, un objet de première nécessité. Si un marchand a à faire honneur demain à sa signature, il faut qu'il trouve de l'argent aujourd'hui, et cela à n'importe quel prix. C'est cet urgent besoin de la part de tous les marchands, qui fait monter si rapidement, si follement, la valeur de l'argent en temps de panique. D'un autre côté, l'argent devient facilement une « drogue » sur le marché, pour employer l'expression vulgaire, et il afflue bien vite en quantité trop considérable. Il y a une limite au nombre des effets acceptés, et ce nombre ne peut pas s'accroître rapidement; si la somme d'argent qui recherche ces garanties est plus considérable que celle qu'elles représentent, la valeur de l'argent diminue bientôt. On peut souvent entendre dire sur le marché qu'il est impossible de se procurer du papier, — de bon papier, bien entendu, — et quand on l'entend dire, on peut être sûr que la valeur de l'argent est très-minime.

Si l'argent se trouvait entre les mains de ses propriétaires ou entre les mains de banquiers qui n'auraient à allouer aucun intérêt sur les dépôts qui leur sont confiés, il se pourrait que la valeur de l'argent ne baissât pas si vite. L'argent, pour se servir de la phrase qu'on emploie ordinairement sur le marché, serait en bonnes mains. Les propriétaires ne se trouveraient pas dans la nécessité d'employer tout leur argent; ils préféreraient, sans doute, employer partie à un taux d'intérêt assez élevé, plutôt que d'employer le tout à un taux fort réduit. Mais, dans Lombard Street, l'argent se trouve principalement entre les mains de gens qui sont forcés d'allouer un intérêt, aussi doivent-ils l'employer entièrement ou en employer la plus grande partie, car ayant beaucoup à payer en intérêts d'un côté, ils se trouveront ruinés s'ils ne s'arrangent pas de façon à faire de grands profits de l'autre côté. Ces banquiers s'inquiètent peu du taux de l'intérêt qu'on leur donne en leur empruntant leur argent, car ils peuvent réduire l'intérêt qu'ils allouent sur les dépôts qu'ils ont entre les mains, proportionnellement à l'intérêt qui leur est alloué. Le point essentiel pour eux est de placer cet argent à un intérêt quelconque. Si, en effet, comme cela arrive dans Lombard Street, vous avez entre les mains des millions appartenant à d'autres, sur lesquels millions vous avez à payer un intérêt, la simple arithmétique vous dira que vous vous ruinerez bientôt si vous ne vous servez pas de ces millions, en admettant même que l'intérêt que vous allouez soit fort minime.

Les fluctuations de la valeur de l'argent sont donc beaucoup plus considérables que celles de la valeur de la plupart des autres marchandises. Par moment chacun s'efforce d'en emprunter, autrefois[1] chacun s'efforce d'en prêter, aussi le prix de cette marchandise s'élève-t-il et s'abaisse-t-il constamment.

Ces considérations nous mettent à même d'estimer à sa juste valeur la responsabilité qui incombe à la Banque d'Angleterre, étant donné notre système de banque, et la responsabilité qui, dans tous les systèmes, incombe à la banque ou aux banques qui détiennent la réserve en espèces ou la réserve en papier monnaie remboursable en espèces. Ces banques ne peuvent en aucune façon contrôler la valeur permanente de l'argent, mais elles ont un contrôle absolu sur sa valeur momentanée. Elles ne peuvent modifier la valeur moyenne, mais elles causent les déviations de la moyenne. Si les banques prépondérantes administrent mal, le taux de l'intérêt sera tantôt excessivement élevé, tantôt excessivement bas : il se produira d'abord une excitation pernicieuse, plus tard une débâcle terrible. Si, au contraire, les banques administrent bien, le taux de l'intérêt ne s'écartera guère de la moyenne ; ce taux ne montera jamais si haut et ne tombera jamais si bas. La valeur de l'argent sera alors aussi calme que puisse être quoi que ce soit, et, comme conséquence, le commerce participera proba-

(1), d'autres fois....

blement à ce calme, ou, tout au moins, un des principaux éléments qui causent les crises commerciales périodiques aura disparu.

CHAPITRE VI

COMMENT IL SE FAIT QUE LOMBARD STREET EST QUELQUEFOIS FORT CALME ET QUELQUEFOIS FORT AGITÉ.

Tout événement soudain, de nature à causer des demandes considérables d'argent en numéraire, peut produire et tend à produire une panique dans un pays où l'argent est, en somme, assez rare, et où, au contraire, les dettes remboursables à vue sont fort considérables. Dans un pays tel que celui-là, un immense crédit repose sur une forte petite réserve en espèces; or, une diminution considérable, inattendue, de cette réserve, peut facilement entamer, détruire même, si non le tout, au moins la plus grande partie de ce crédit. Ces événements accidentels affectent les formes les plus variées : une mauvaise récolte, la crainte d'une invasion étrangère, la faillite soudaine d'une grande maison en qui chacun avait confiance; ces événements et bien d'autres analogues ont, en effet, causé des demandes soudaines d'argent. Quelques écrivains ont essayé de faire une classification des paniques selon la nature des accidents particuliers qui les produisent. Mais qu'importent après tout ces classifications? Qu'avons-nous à gagner à les numéroter, pour ainsi dire? Il y a peu de différence dans l'effet que produit sur notre système de crédit tel ou tel accident. Nous devons donc nous préparer à tous les accidents et nous préparer à tous de la même manière, — en conservant une réserve considérable en numéraire.

Mais il est fort important de faire remarquer que notre organisation industrielle ne se trouve pas seulement exposée à des accidents extérieurs irréguliers, mais aussi à des changements réguliers internes ; que ces changements rendent notre système de crédit beaucoup plus délicat à certaines époques qu'à certaines autres, et que le retour périodique de ces époques délicates a fait imaginer que les paniques obéissent à une règle permanente, et que tous les dix ans, ou à peu près, nous devons en avoir une.

Au premier abord, quand on commence à étudier ce sujet, on se trouve tout déconcerté. On entend parler sans cesse « d'époques florissantes » et « d'époques mauvaises ; » ce par quoi on veut dire qu'aux époques « florissantes » la grande majorité des négociants est satisfaite des affaires, et qu'aux époques « mauvaises » la grande majorité est mécontente. Il est tout naturel de se demander, en premier lieu, pourquoi tout le monde ou presque tout le monde se trouve satisfait au même instant? Comment se fait-il qu'il y ait de grandes vagues industrielles dont le flux répand de toutes parts d'immenses profits, dont le reflux se signale de tous côtés par un manque de profits ou par des pertes?

Nos ouvrages ordinaires sur l'économie politique ne répondent guère clairement à cette importante question. Ces ouvrages ne nous indiquent pas, en effet, sur quel fonds se prélèvent ces immenses profits généraux qui se répandent partout lors des époques florissantes; ils ne nous indiquent pas non plus pourquoi ce fonds ne peut pas servir au même usage pendant les époques mauvaises.

L'économie politique, telle qu'on l'a conçue jusqu'à présent, n'attribue pas un rôle suffisant au *temps* comme élément des opérations commerciales. Or, dès que la division du travail s'est établie dans une société, deux principes acquièrent immédiatement une grande importance, et le temps est l'essence même de ces principes. Quels sont-ils?

1° Les marchandises étant produites en vue d'échanges, il importe que ces échanges aient lieu le plus rapidement possible.

2° L'occupation principale d'un fabricant est de produire ce dont les autres ont besoin et non ce dont il a besoin lui-même; il importe donc qu'il puisse toujours trouver sans effort, sans délai et sans incertitude, d'autres personnes qui ont besoin de ce qu'il fabrique.

Ces principes sont évidents en eux-mêmes. Tout le monde admettra, en effet, qu'il est important que toutes les marchandises mises en vente trouvent un acquéreur aussitôt que possible, et que tout homme qui désire travailler trouve un emploi dès qu'il est prêt à le remplir. Evidemment aussi, dès que la « division du travail » se trouve effectivement établie, une grave difficulté surgit à l'encontre de ces deux principes. A fabrique un article dont il croit que B a besoin, mais il peut se tromper, et B peut ne pas en avoir besoin. A peut désirer fabriquer ce dont B a besoin et être à même d'entreprendre cette fabrication, mais il se peut qu'il ne puisse trouver B ; — il se peut qu'il ne se doute même pas de son existence.

La vérité générale de ces principes saute aux yeux, mais ce qu'on comprend moins, c'est l'immense magnitude de leurs effets. Pris ensemble, ils causent toute la différence entre les temps de commerce actif et de grande prospérité et les temps de commerce languissant et de grande adversité, en tant, toutefois, que cette prospérité et que cette adversité sont choses réelles et non illusoires. Ces principes une fois satisfaits, chacun sait pour qui il doit travailler, ce qu'il a à faire, et il peut se procurer immédiatement en échange ce dont il a besoin. Il n'y a alors, dans toute la société, ni travail perdu, ni capital inactif, et, en conséquence, on produit tout ce qu'il est possible de produire, l'efficacité de l'industrie humaine s'augmente, et les deux sortes de producteurs, — les capitalistes et les travailleurs, — se trouvent beaucoup plus riches qu'à l'ordinaire, parce que la somme totale de ce qu'ils ont à se partager est aussi beaucoup plus considérable qu'à l'ordinaire.

Les grandes industries sont d'ailleurs, en quelque sorte, solidaires les unes des autres. Aucune grande industrie ne peut souffrir sans que les autres industries souffrent aussi ; cette souffrance devient plus intense, si c'est un groupe d'industries qui vient à souffrir. Toute industrie prospère achète et consomme les produits, sinon de toutes les autres industries, au moins très-certainement d'un grand nombre d'entre elles. Or, si l'industrie A vient à manquer, ou si elle se trouve fort embarrassée, les industries B, C, D, qui avaient coutume de lui vendre, ne trouveront pas d'acheteurs pour les produits qu'elles avaient fabriqués pour subvenir aux besoins de A; elles devront donc rester inactives jusqu'à ce que l'industrie A se remette, parce que, à défaut de A, il ne se trouve personne pour acheter les marchandises qu'elles fabriquent. Or, comme l'industrie B achète à C, D, etc., l'adversité de B retombe sur C, D, etc., et comme ces dernières achètent à E, F, etc., ces effets désastreux se propagent dans toute l'industrie. Dans une certaine mesure, cet effet se répercute. Z souffre des achats moindres de A, B, C, et, par conséquent, gagne moins d'argent; en conséquence aussi, il ne peut dépenser autant pour acheter les marchandises de A, B, C, de telle sorte que ceux-ci gagnent aussi moins d'argent. Au milieu de tout cela, l'argent n'est qu'un instrument. Les mêmes effets se produiraient dans un commerce d'échanges, si un état d'échanges sur une très-large échelle n'était pas pratiquement impossible, à cause du temps et des peines qu'il exigerait. La cause fondamentale de ces effets, comme nous l'avons expliqué, est que, dans un système où chacun dépend du travail des autres, la perte qu'éprouve l'un se multiplie et se répand sur tous; or, cette expansion et cette multiplication se produisent d'autant plus rapidement que le système de la division du travail était précédemment plus parfait, et que le mode d'échanges est plus délicat et plus efficace. Or, il faut un *temps* considérable avant que tout l'effet d'une dépression se produise dans une seule branche de commerce. Avant d'être absolument complet, il faut que cet effet se propage et se répercute dans un grand nombre d'industries. Aussi les courtes dépressions n'ont-elles que des conséquences à peine sensibles; elles ont disparu avant que nous n'ayons pu juger de leurs effets. C'est donc seulement dans les dépressions considérables et continues que la cause agit assez longtemps pour produire des effets sensibles.

Les dépressions de l'agriculture sont de toutes les dépressions celles qui, le plus ordinairement, affectent toutes les autres branches du commerce de la façon la plus importante. Quand l'agriculture du monde souffre, les aliments augmentent de prix. Or, comme il est impossible de diminuer, dans une grande proportion, la quantité des objets de première nécessité que consomme un peuple, le prix additionnel qu'il faut dépenser pour se procurer ces objets de première nécessité est autant de retiré à ce qu'on avait coutume d'appliquer à l'achat d'autres objets. Une élévation du prix du blé affecte plus ou moins toutes les industries A, B, C, D jusqu'à Z, et affecte plus considérablement encore les grandes industries, c'est-à-dire celles qui produisent les objets que les classes ouvrières consomment le plus en temps ordinaire. Le commerce des vêtements ressent immédiatement la différence, et, dans ce pays, le commerce des boissons (source considérable du revenu anglais) la ressent presque aussitôt. C'est surtout après deux ou trois mauvaises récoltes successives, alors que le blé est cher depuis longtemps, que chaque industrie se trouve appauvrie, et que chacune en s'appauvrissant appauvrit aussi les autres. Toutes les branches de commerce souffrent, parce que les acheteurs diminuent, et, en conséquence, il y a beaucoup de capitaux inactifs, beaucoup de travail improductif, et la production se trouve arrêtée.

Il faut deux ou trois ans pour que cet effet se produise complètement; il faut aussi deux ou trois ans pour s'en remettre. Si le blé reste pendant longtemps à bas prix, les classes ouvrières peuvent dépenser beaucoup d'argent pour satisfaire leurs autres besoins ou leurs autres fantaisies. Les producteurs de ces articles deviennent prospères et peuvent, eux aussi, dépenser plus d'argent en achats; ils le dépensent, et cela crée dans la classe à laquelle ils achètent une prospérité qui se fait sentir dans toute la société. Toute la machine industrielle se trouve alors portée à un maximun d'énergie, de même que dans l'autre cas elle était presque tombée à un minimum.

Une grande calamité, survenant à une grande industrie quelle qu'elle soit, tendra à produire le même effet; mais la position bonne ou mauvaise des industries qui dépensent beaucoup d'argent en gages offre une importance beaucoup plus considérable que celle de toutes les autres, parce que les effets de cette position réagissent beaucoup plus promptement sur une grande masse d'acheteurs. En principe, s'il y avait une division parfaite du travail, toutes les industries, sans exception, devraient être prospères pour que chacun d'elles le soit. Ainsi donc, loin qu'il soit naturel que le commerce se développe d'une façon constante, régulière, égale, la théorie et la pratique nous indiquent, sans qu'il soit nécessaire d'aller plus loin, qu'il doit y avoir nécessairement des périodes de rapide dilatation, et aussi inévitablement des périodes de contraction et de stagnation.

Et ce n'est pas là le seul élément qui se modifie dans les sociétés industrielles modernes. Le crédit, c'est-à-dire la disposition qu'éprouve un homme à avoir confiance en un autre, est sujet à de singuliers changements. En Angleterre, après une grande calamité, chacun soupçonne son voisin; dès qu'on a oublié cette calamité, on est disposé à avoir confiance dans tout le monde. On a longuement discuté sur le continent pour savoir s'il fallait ou non donner au crédit le nom de « capital; » en Angleterre, le peu d'attention qu'on faisait autrefois aux abstractions économiques a complétement disparu, et personne ne prête la moindre attention à de semblables raffinements. Le point pratique matériel est que le crédit est « additif, » pour employer le langage de M. Chevalier, c'est-à-dire que le crédit est plus efficace aux époques où il a un pouvoir productif plus considérable, et qu'il l'est moins alors que ce pouvoir productif diminue. Or, ce sont les deux principes que nous venons d'expliquer qui donnent au crédit cette influence plus ou moins grande. Quand le crédit est bon, les marchandises restent en magasin moins longtemps que quand il est mauvais; les ventes se font plus rapidement; les intermédiaires trouvent facilement à emprunter pour augmenter leurs affaires; aussi une bien plus grande quantité de marchandises passe-t-elle vite et facilement des mains du producteur aux mains du consommateur.

Ces deux causes variables sont des causes de réelle prospérité. Elles augmentent le commerce et la production, et sont, par conséquent, la source de bénéfices réels, sauf quand, par erreur, on produit l'article dont on n'a pas besoin, sauf quand, par erreur aussi, on fait un crédit mal placé, et qu'un homme, qui ne peut rien produire de ce dont on a besoin, s'empare du produit du travail des autres avec l'idée peu fondée que lui aussi deviendra producteur. Il y a, en outre, une autre cause variable qui produit bien plus de prospérité apparente que de prospérité réelle, et dont les effets dans la vie pratique se confondent la plupart du temps avec ceux des causes que nous venons d'indiquer.

Nous ne nous rappelons pas assez dans nos spéculations ordinaires que l'idée de l'intérêt à allouer à l'argent est une idée raffinée et non pas une idée universelle. Cette idée est si peu universelle que la grande majorité des personnes économes dans la plupart des pays la rejetteraient. Dans la plupart des pays, les économies se conservent sous forme d'argent caché. En Asie, en Afrique, dans l'Amérique du Sud, dans une grande partie de l'Europe même, bien des gens thésaurisent, et ils s'effraieraient rien qu'à la pensée de se séparer de leur trésor. Un Anglais, — un Anglais moderne tout au moins, — établit comme premier principe qu'il doit pouvoir « placer son argent dans une affaire offrant une complète sécurité avec un intérêt de 5 pour 100 de son capital ; » mais la plupart des gens, dans un grand nombre de pays, ne veulent « placer leur argent » nulle part. Pour eux, rien ne présente les conditions de sécurité nécessaires ; il faut bien avouer que dans la plupart des pays, grâce à un mauvais gouvernement et à une industrie en retard, aucun placement, ou presque aucun, n'offre de sécurité réelle. Dans la plupart des pays, on se contente de perdre l'intérêt; mais dans les pays plus avancés, il y a quelquefois plus d'économies qui cherchent un placement qu'il n'y a d'affaires pour les employer ; à d'autres époques, au contraire, l'argent fait défaut. Lord Macaulay a admirablement décrit une de ces périodes d'abondance. « Pendant l'intervalle qui s'est écoulé entre la Restauration et la Révolution, dit-il, la richesse de la nation s'était rapidement augmentée. Des milliers de négociants s'apercevaient, en faisant leur inventaire à Noël, qu'après avoir pourvu aux dépenses du ménage sur les revenus de l'année, il leur restait encore un surplus. Comment employer ce surplus? C'était là pour beaucoup une question qui ne laissait pas que d'être assez difficile à résoudre. A notre époque, placer un tel surplus à un intérêt d'un peu plus de 3 pour 100, en achetant la meilleure garantie qui soit au monde, est l'affaire de quelques minutes. Mais au XVIIe siècle, un avocat, un médecin, un négociant retiré des affaires, qui avait mis de côté quelques milliers de livres sterling, et qui désirait les placer sûrement et de façon profitable, se trouvait souvent fort embarrassé. Trois générations plus tôt, un homme, qui avait gagné de l'argent dans une profession quelle qu'elle soit, achetait ordinairement de la terre ou plaçait son argent sur hypothèques. Mais le nombre des acres de terre du royaume n'avait pas augmenté; or, bien que la valeur de ces terres fut devenue considérablement plus grande, cette valeur supérieure n'avait cependant que peu augmenté proportionnellement à la quantité des capitaux qui cherchaient un placement. Beaucoup de gens, en outre, désiraient placer leur argent de façon telle qu'ils pussent le reprendre quand et comment ils le désiraient, et recherchaient quelque espèce de propriété plus facile à vendre qu'un champ ou une maison. Un capitaliste pouvait, sans doute, prêter son argent à la grosse ou se contenter d'une garantie personnelle, mais, en ce faisant, il courait grand risque de perdre intérêt et capital. Il y avait bien quelques compagnies par actions, parmi lesquelles la Compagnie des Indes orientales occupait la première place, mais la demande pour les actions de ces compagnies était de beaucoup plus considérable que l'offre. Qui, en somme, réclama si vivement la création d'une nouvelle Compagnie des Indes orientales? Les gens qui ne parvenaient pas à placer leur argent à intérêt, tout en ayant une bonne garantie. Cette difficulté était même si grande que la pratique de thésauriser était devenue commune. On raconte que le père de Pope, le poète, qui, marchand dans la cité, avait quitté les affaires à peu près à l'époque de la révolution, emporta dans la province un coffre-fort contenant près de 20,000 livres sterling; il en retirait de temps en temps ce qui était nécessaire aux dépenses de sa maison. Il est fort probable que ce n'est pas là un cas isolé. A présent, au contraire, la quantité des espèces mises de côté par les particuliers est si peu considérable, que si ces espèces entraient tout à coup dans la circulation, on s'en apercevrait à peine. Mais, au commencement du règne de Guillaume III, les plus grands écrivains sur l'économie politique avaient l'opinion unanime qu'une masse très-considérable d'or et d'argent se trouvait enfouie dans des tiroirs secrets ou dans des cachettes.

L'effet naturel de cet état de choses fut qu'une foule de promoteurs, les uns ingénieux, les autres absurdes, les uns honnêtes, les autres véritables brigands, s'empressèrent de mettre au jour de nouveaux projets, afin de trouver un emploi à ce capital flottant. Ce fut vers l'an 1688 qu'on entendit, pour la première fois, à Londres, le mot agioteur. En quatre ans, on fonda une foule de compagnies qui, toutes, promettaient imperturbablement des bénéfices considérables à leurs actionnaires : compagnie d'assurances, compagnie pour la fabrication du papier, compagnie pour la fabrication des rubans de taffetas, compagnie pour la pêche des perles, compagnie pour la fabrication des bouteilles de verre, compagnie pour la fabrication de l'alun, compagnie pour les houillères de Blythe, compagnie pour la fabrication des lames de sabre. On fonda une compagnie pour la fabrication des tapisseries; elle devait fournir bientôt de jolies tentures pour les salons des classes moyennes et pour les chambres à coucher des hautes classes. Il y eut une compagnie des cuivres qui se proposait d'explorer les mines de l'Angleterre, et qui faisait espérer que ces mines seraient aussi riches que celles du Potosi. Il y eut une compagnie des plongeurs qui se proposait d'aller chercher, au fond de la mer, les richesses enfouies dans les vaisseaux naufragés, et qui annonçait qu'elle avait fait fabriquer une quantité de machines extraordinaires ressemblant à de véritables cuirasses. Au devant du casque, on voyait un immense œil de verre semblable à l'œil d'un cyclope ; du sommet partait un tuyau destiné à admettre l'air. On démontrait les opérations sur la Tamise. De beaux messieurs et de belles dames, invités à venir assister aux essais, commençaient par faire un excellent déjeûner, puis s'amusaient beaucoup à voir les plongeurs, revêtus de leur armure, descendre dans l'eau, puis remonter chargés de vieilles ferrailles et de débris de toutes sortes. Il y eut une compagnie des pêcheries de Terre-Neuve qui devait chasser de l'Océan septentrional les baleiniers hollandais. Il y eut une compagnie de tanneurs qui promettait de fournir des cuirs bien supérieurs à tous ceux de la Russie et de la Turquie. Il se forma, sous le titre pompeux de compagnie royale des académies, une société qui entreprit de donner à bas prix une éducation libérale aux jeunes gens. Cette société annonçait, en termes ronflants, que les administrateurs de la compagnie royale des académies s'étaient assurés les services des professeurs les plus distingués dans toutes les branches de la science, et qu'ils étaient sur le point d'émettre vingt mille billets à vingt shillings chacun. Il y aurait une loterie, — deux mille lots ; les heureux gagnants devaient apprendre, aux frais de la compagnie, le latin, le grec, l'hébreu, le français, l'espagnol, les sections coniques, la trigonométrie, le blason, la vernissure en laque, les fortifications, la tenue des livres et l'art de jouer le théorbe.

On avait complétement oublié cette panique quand lord Macaulay en a rappelé le souvenir. Mais, en somme, lors de l'époque de la compagnie de la mer du Sud, époque dont le souvenir est encore vivace dans l'esprit de tous, la forme fut exactement la même, bien qu'un peu plus extravagante. A cette époque, on forma des compagnies pour les objets suivants : Compagnie pour repêcher les navires perdus sur la côte irlandaise, — compagnie d'assurance pour les chevaux et les bestiaux (deux millions sterling), — compagnie d'assurance pour les pertes provenant du fait des domestiques, — compagnie pour fabriquer de l'eau douce avec de l'eau de mer, — compagnie pour bâtir des hospices pour les bâtards, — compagnie pour construire une flotte destinée à combattre les pirates, — compagnie pour fabriquer de l'huile avec les graines du tournesol, — compagnie pour améliorer les boissons spiritueuses, — compagnie pour assurer la paie des matelots, — compagnie pour extraire l'argent des minerais de plomb, — compagnie pour transformer le mercure en un beau métal malléable, — compagnie pour fabriquer le fer au moyen de la houille, — compagnie destinée à l'importation d'un grand nombre d'ânes d'Espagne, — compagnie pour l'exploitation de la chevelure humaine, — compagnie pour l'engraissage des cochons, — compagnie pour exploiter le mouvement perpétuel. Mais la plus étrange de toutes, fut peut-être une compagnie créée « dans un but qui sera indiqué quand le temps sera venu. » Chaque souscripteur devait déposer deux guinées pour s'assurer la possession d'une action de cent guinées, qu'on lui remettrait en lui révélant la nature des opérations de la compagnie. Cette offre était si tentante, qu'on souscrivit mille actions dans la même matinée, et le promoteur partit dans l'après-midi avec les cinquante et quelques mille francs qu'il avait encaissés. En 1825, on vit se renouveler des spéculations presque aussi folles, et, un peu avant 1866, on fonda des compagnies de nature semblable, quoique pas tout-à-fait aussi extravagantes. Le fait est que les gens qui ont gagné beaucoup d'argent, ne pouvant plus se procurer en quantité suffisante les valeurs où ils placent ordinairement leurs économies, se jettent à corps perdu sur tout ce qui semble promettre de beaux bénéfices; puis, dès qu'ils s'aperçoivent qu'ils peuvent vendre ces promesses de titres avec un grand bénéfice, ils se jettent sur eux de plus en plus. Le premier désir qu'on ait éprouvé, c'est de placer son argent de façon à ce qu'il rapporte un gros intérêt : mais c'est là un désir qui devient bientôt secondaire. On ne pense plus qu'à réaliser des gains considérables en vendant le principal qui devait produire cet intérêt. Aussi longtemps qu'on peut effectuer ces ventes, la fièvre continue; dès qu'elles deviennent impossibles, la débâcle commence.

Tant que les économies restent entre les mains de leurs propriétaires, ce jeu hasardeux, sur des entreprises spéculatives, est presque le seul effet que produise un excès d'accumulation d'argent sur les placements sérieux. Le commerce général du pays s'en ressent peu. Les propriétaires de ces économies sont trop dispersés, trop éloignés du marché, pour influencer la majorité des transactions commerciales. Mais dès que ces économies arrivent entre les mains des banquiers, l'effet produit est bien plus considérable. Les banquiers, en effet, sont les voisins immédiats des négociants; ils sont toujours prêts à avancer de l'argent sur de bonnes garanties commerciales; ils désirent même prêter, sur ces garanties, une grande partie des fonds qu'on leur a confiés. Aussi, dès que la quantité d'argent qu'on leur confie prend des proportions plus grandes qu'à l'ordinaire, et surtout si cet état de choses dure longtemps, le commerce général du pays se modifie graduellement. Les banquiers se montrent de plus en plus disposés à prêter de l'argent aux négociants, et, en conséquence, leur en prêtent davantage; en conséquence, aussi, on fait plus d'affaires, on recherche davantage les marchandises, et les prix s'élèvent de plus en plus.

L'élévation des prix se fait plus vivement sentir lorsque le crédit est bon et va toujours s'améliorant. Ce sont, en général, les ventes en gros qui déterminent le prix d'un article. Le marchand au détail ajoute ordinairement un tant pour cent aux prix en gros; ce tant pour cent n'est pas, bien entendu, toujours le même, mais cependant il varie peu. On peut presque toujours dire quel est, au détail, le prix d'un article quand on en connaît le prix en gros. Or, les ventes en gros ne se soldent pas ordinairement avec de l'argent comptant, elles se soldent au moyen de billets. Le billet a à courir plus ou moins longtemps, selon la coutume particulière à la branche de commerce. Ce sont quelquefois des billets à six semaines, à deux ou à trois mois, mais ce sont toujours des billets. Les époques où le crédit est bon sont les époques où les billets d'un grand nombre de négociants s'escomptent facilement; les époques où le crédit est mauvais sont celles où on ne consent à escompter que les billets d'un petit nombre de négociants et ceux-là même difficilement. Aux époques de bon crédit, il y a un grand nombre de gros acheteurs; aux époques de mauvais crédit, un petit nombre de faibles acheteurs; par conséquent, pendant les années où le crédit va s'améliorant, les prix s'élèvent s'il n'y a pas d'autres causes de trouble, et pendant les années, au contraire, où le crédit devient de plus en plus mauvais, les prix tombent.

Voilà, en somme, ce qui signifie le dicton : « John Bull peut résister à bien des choses, mais il ne peut pas résister à un intérêt de deux pour cent; » ce qui veut dire que le plus grand effet des trois grandes causes que nous avons indiquées se fait tout particulièrement ressentir en Angleterre. Dans notre pays et dans notre pays presque seul, on dépose dans les banques le surplus des économies sur les placements; ici, et ici seulement, on se sert de ces dépôts, de façon telle que le commerce s'en trouve affecté; ici, et ici seulement, les prix se ressentent beaucoup de cet état de choses. Dans ces circonstances, un taux d'intérêt extrêmement bas équivaut à une dépréciation totale des métaux précieux. Dans son ouvrage sur les effets produits par les grandes découvertes de l'or, le professeur Jevons a prouvé et, autant que je le sache, a été le premier à prouver la nécessité qu'il y a d'éliminer ces changements temporaires dans la valeur de l'or, avant de pouvoir juger de la dépréciation permanente. Il a prouvé que dans les années qui ont immédiatement précédé 1847 et 1857, il y a eu une élévation générale des prix, et une chute considérable des prix pendant les années qui ont suivi. On pourrait prouver qu'il en a été exactement de même pendant les années qui ont précédé et suivi 1866, *mutatis mutandis*.

Nous assistons actuellement à des changements encore plus remarquables. Ces changements ont été analysés dans l'*Economist* du 30 décembre, dans un article que je vais reproduire en entier :

« *Grande élévation du prix des marchandises.*

« Chacun sait probablement que le commerce de l'Angleterre se trouve dans une période de grande activité. Tous les critériums ordinaires l'indiquent : l'état des perceptions du Trésor, les chiffres que donne le Clearing-House des banquiers, les relevés des importations et des exportations, tout concorde pour nous permettre de l'affirmer. Mais bien peu de personnes ont, je crois, considéré un des traits les plus remarquables de l'époque actuelle, ou se sont suffisamment demandé quelles en sont les conséquences. Ce trait particulier est la grande élévation de prix qu'ont subie tous les principaux articles dans le courant de l'année dernière. On trouvera à la fin de cet article une liste des marchandises comprenant les principaux articles qui se trouvent dans le commerce, et on verra que l'élévation des prix, bien qu'elle ne soit pas universelle, bien qu'elle ne soit pas uniforme, n'en est pas moins frappante et très-générale.

« Voici quelques-uns des cas les plus remarquables :

		JANVIER.	DÉCEMBRE.
Laines : moutons de présalé........	Par charge.	325f »	543f 75
Coton : ordinaire Upland..........	Par livre.	» 72 1/2	» 87 1/2
— fil n° 40, etc................	—	1 40	1 50
Fer : en barre anglais.............	Par tonne.	178 10	221 85
— fonte en gueuse n° 1 Clyde.......	—	66 55	95 »
Plomb..........................	—	459 50	478 10
Etain	—	3,425 »	3,925 »
Cuivre : feuilles..................	—	1,887 50	2,375 »
Blé (moyenne de la *Gazette*). Par quarter (hect. 2,097).		65 »	69 55

« Dans tous les autres articles, il y a, presque sans exception, une tendance à la hausse plutôt qu'une tendance à la baisse.

« Cette élévation générale des prix doit provenir, soit d'une diminution dans les quantités apportées sur le marché, soit des demandes plus considérables. Dans quelques cas, il y a certainement eu diminution. Ainsi, par exemple, pour la laine, la diminution du nombre des moutons élevés en Angleterre a eu une grande influence sur les prix :

En 1869, le nombre des moutons en Angleterre s'élevait à	29,538,000
En 1871, — — — —	27,133,000
Diminution...........	2,405,000

Soit 8.1 pour 100.

« Des causes semblables ont pu influer sur quelques autres articles. Mais si l'on considère la masse totale des marchandises amenées sur le marché, et les quantités importées nous offrent un terme de comparaison facile, on voit que ces quantités n'ont pas diminué, mais qu'elles ont, au contraire, augmenté. Les relevés du ministère du commerce le prouvent de la façon la plus absolue, et on trouvera plus bas un tableau comprenant les articles les plus importants. L'élévation des prix doit donc provenir d'une demande plus considérable, et la première question qui se présente est celle-ci : A quoi est due cette demande plus considérable?

« Nous croyons qu'elle résulte de la combinaison de trois causes : le bon marché de l'argent, le bon marché du blé, les facilités du crédit. Quant à la première de ces causes, on peut dire, à première vue, qu'une augmentation si générale des prix doit provenir d'une dépréciation des métaux précieux. On a certainement, dans bien des controverses, cité des exemples moins frappants pour prouver cette dépréciation. Or il y a évidemment une diminution dans la *valeur* de l'argent, bien que cette diminution ne soit pas générale et permanente, mais seulement locale et temporaire. Les métaux précieux ont cette particularité que leur valeur dépend, pendant des périodes extrêmement longues, de la quantité présente sur le marché. A la longue, c'est le prix auquel on peut les amener sur le marché qui, comme pour tous les autres articles, détermine leur valeur. Mais, dès qu'il s'agit d'époques temporaires, on s'aperçoit que c'est l'offre existant sur le marché qui régit leur valeur, et cette offre, dans ce pays, est un élément extrêmement variable. Après une crise commerciale, — 1866, par exemple, — deux faits se produisent : tout d'abord nous réclamons l'argent qu'on nous doit à l'étranger, et nous nous faisons payer ces dettes non pas en marchandises, mais en espèces. C'est pour cette raison principalement, et sans nous occuper des causes secondaires, que l'encaisse en numéraire de la Banque d'Angleterre, qui se montait à 328,900,000 francs en mai 1866, s'était élevé à 485,325,000 francs en janvier 1867, ce qui constitue une augmentation de plus de 150,000,000 de francs. Puis vient une seconde cause qui tend à agir dans la même direction. Pendant une période de dépression, les économies du pays augmentent beaucoup plus rapidement qu'on ne peut arriver à les placer avantageusement. Une personne qui a fait des économies ne sait qu'en faire. Or, une économie nouvelle non employée constitue de l'argent additionnel. Jusqu'au moment de son placement ou de son emploi, une économie existe seulement sous la forme d'argent; un fermier, qui a vendu son blé et qui a réalisé 2,500 francs de bénéfices nets, possède ces 2,500 francs en argent, ou en papier qui représente de l'argent, et il les garde jusqu'à ce qu'il en puisse faire un emploi avantageux. Très-probablement il le place dans une banque, ce qui permet à cette dernière de faire plus d'affaires. Si on dépose dans une banque 75,000,000 de francs en espèces et que cette banque n'ait à garder en réserve que 25,000,000 de francs, cela met en liberté 50,000,000 de francs, ce qui équivaut pour l'instant à une augmentation égale en espèces. En principe, on peut établir que toutes les nouvelles économies non employées nécessitent *soit un stock plus considérable de métaux précieux; soit un accroissement de l'efficacité des opérations de banque opérations qui permettent d'économiser ces métaux.* En autres termes, toutes les fois que notre industrie nationale fait des profits sans placer ces profits, nous accumulons de l'or et nous augmentons l'efficacité de notre or. Si donc, une période semblable où on économise suit de près une crise, à l'issue de laquelle on a diminué les crédits étrangers et fait rentrer les créances étrangères, l'augmentation de la quantité effective d'or dans le pays est extrêmement considérable. Le vieil argent rappelé de l'étranger et le nouvel argent représentant les nouvelles économies coopèrent l'un avec l'autre. Leur tendance naturelle est de causer une élévation générale des prix, ou, ce qui revient au même, une diminution de la valeur effective de l'argent.

Il n'y a, dans ce que nous venons de faire remarquer, rien de spécial à l'histoire récente du marché financier. Des événements semblables se sont produits et après la panique de 1847 et après celle de 1857. Mais il y a une autre cause analogue à celles que nous avons déjà indiquées, et qui, elle aussi, agit dans la même direction. Cette cause, c'est la grande quantité d'argent appartenant aux étrangers, et surtout aux gouvernements étrangers, qui se trouve aujourd'hui à Londres. Il est probable qu'aucun gouvernement n'a jamais possédé autant de numéraire qu'en possède actuellement le gouvernement allemand. En thèse générale, nous avons vu se passer deux choses : pendant la guerre franco-allemande, l'Angleterre s'est trouvée être l'asile le plus sûr pour l'argent étranger, ce qui a contribué à rendre l'argent meilleur marché ici qu'il n'en eût été autrement. Après la guerre, l'Angleterre s'est trouvée être le lieu le plus commode pour y effectuer les paiements et le lieu le plus commode pour déposer de l'argent, ce qui a encore contribué à abaisser le prix de l'argent. Une cause politique, pour l'efficacité de laquelle il n'y a pas de précédent, est donc venue s'ajouter à des causes commerciales dont on avait déjà eu de nombreuses occasions de constater l'effet.

« Mais, bien que l'abondance de l'argent soit nécessaire à l'élévation des prix, bien que cette abondance ait une tendance naturelle à produire cet effet, elle n'est pas en elle-même une cause suffisante. Dans les cas qui nous occupent, il faut, pour abaisser les prix, non seulement de l'argent additionnel, mais aussi un moyen satisfaisant d'employer cet argent additionnel. Cela devient évident si on se rappelle d'où provient cet argent. Il provient des économies du peuple, et ne trouvera d'emploi que le jour où les possesseurs actuels pourront le placer de la façon la plus convenable à leurs désirs. On ne l'emploiera pas en simples dépenses, car un tel emploi serait contraire à la nature même de cet argent. Il faut qu'il se produise des demandes de nature nouvelle, pour servir de débouché à cet argent nouveau, où cet argent ne tendra pas à surélever les prix. Il dormira dans les banques, comme nous avons pu le constater si souvent. Et nous nous retrouverons encore en présence de ce phénomène si commun, un commerce inactif à une époque où l'argent est extrêmement bon marché.

« Dans le cas actuel, la demande s'est produite de la façon la plus efficace qu'il y ait. En 1867 et pendant la première moitié de 1868, le blé a été fort cher, comme le prouvent les chiffres suivants :

Prix moyen du blé d'après la GAZETTE.

Décembre 1866	62f 80	Octobre 1867	70f 60
Janvier 1867	64 15	Novembre	74 25
Février	63 50	Décembre	71 65
Mars	62 20	Janvier 1868	75 30
Avril	64 35	Février	78 75
Mai	68 30	Mars	78 75
Juin	69 15	Avril	79 05
Juillet	68 75	Mai	79 65
Août	72 05	Juin	72 35
Septembre	65 80	Juillet	69 25

« Depuis cette époque, le prix du blé est tombé, et

il a été très-bon marché pendant toute l'année 1869 et toute l'année 1870. Or, l'influence de ce bon marché est fort considérable sur toutes les branches de l'industrie. Quand les aliments ne sont pas très-coûteux, les classes ouvrières n'ont pas à dépenser beaucoup d'argent pour se procurer ces aliments, et il leur en reste plus, par conséquent, pour tous leurs autres besoins. Aussi se produit-il une augmentation continue des demandes dans presque toutes les autres branches de commerce. Cette demande croissante cause presque toujours une grande augmentation dans ce qu'on pourrait appeler le commerce des machines, c'est-à-dire dans les branches de commerce qui s'occupent des machines et des outils employés par plusieurs industries, et dans celles qui s'occupent des matériaux propres à la fabrication de ces machines et de ces outils.

« Prenons, par exemple, le commerce du fer :

	TONNES.	TONNES.
En 1869, nous avons exporté....	2,568,000	5,284,000
En 1870, — —	2,716,000	
En 1867, — —	1,882,000	3,826,000
En 1868, — —	1,944,000	
Augmentation.......		1,458,000

« C'est-à-dire que le bon marché du blé faisant sentir son influence dans le monde entier, il s'est produit des demandes pour une grande quantité d'articles divers ; le fer, sous l'une ou l'autre des nombreuses formes qu'il revêt, participe plus que quoi que ce soit à la fabrication de ces marchandises, et, en conséquence, l'exportation du fer augmente. L'effet produit ne s'arrête pas là. L'élan donné à la manufacture du fer fait gagner de l'argent à tous ceux qui s'occupent de ce grand commerce; ils ont plus d'argent à dépenser, et, en le dépensant, ils encouragent d'autres branches de l'industrie qui, à leur tour, propagent la demande ; ils reçoivent de l'argent et encouragent des industries qui semblent ne pas dépendre d'eux.

« Il est vrai d'ajouter que le blé n'a pas été aussi bon marché cette année. Mais, en admettant même qu'il ait été plus cher qu'il ne l'a été, cette cherté n'arrêterait pas immédiatement le grand commerce que le bon marché précédent a créé. La balle, si on peut s'exprimer ainsi, a commencé à rouler en 1869 et en 1870, et alors s'est produit une augmentation considérable des demandes pour certains articles, augmentation qui s'est propagée dans toutes les branches du commerce. Une persistance des prix élevés produirait l'effet contraire, les demandes s'arrêteraient pour certains articles et l'effet se propagerait dans toutes les branches de commerce. Mais une petite élévation de prix telle que celle de cette année n'a pas d'effet perceptible.

« Quand le bon marché du blé vient s'ajouter au bon marché de l'argent, toutes les conditions d'une élévation générale des prix se trouvent remplies. Il se produit un nouveau débouché qui permet à l'argent de se placer. Les billets deviennent plus nombreux et plus importants, et au moyen des banques et des maisons d'escompte, les économies du pays se placent sur ce papier. Il se produit ainsi un nouveau besoin, un argent nouveau se présente pour satisfaire à ce besoin, et, comme conséquence naturelle, les prix s'élèvent généralement, comme les chiffres que nous avons cités suffisent à le démontrer.

« Le retour du crédit a aussi contribué à cette élévation des prix. Le crédit, et c'est là un point qu'il est inutile d'expliquer en détail, contribue beaucoup à faciliter les achats, et contribue, par conséquent, beaucoup aussi à une élévation des prix. Depuis 1866, le crédit s'est remis graduellement, bien que très-lentement, du choc qu'il avait éprouvé, et il est aujourd'hui probablement aussi bon qu'il est raisonnable ou convenable qu'il soit. On a confiance aujourd'hui dans tous les gens qui le méritent, et on n'aperçoit pas de signes de ces emportements qui poussent à se fier à des maisons qui ne méritent aucune confiance. »

Je viens d'indiquer le cours le plus ordinaire des choses. Les banquiers n'emploient pas à des opérations nouvelles le surplus du capital disponible qui se trouve entre leurs mains ; ils prêtent presque toujours ce surplus à un commerce déjà florissant. Cette infusion de capital nouveau développe encore davantage ce commerce particulier, et le développement qu'il prend augmente et stimule les affaires dans les autres branches de l'industrie. Le capital peut rester longtemps improductif tant que l'industrie est à l'état stagnant ; en effet, les garanties commerciales, que les banquiers expérimentés reconnaissent comme bonnes, n'augmentent pas, et les banquiers ne veulent ni inventer d'autres garanties ni en prendre de mauvaises.

Dans la plupart des grandes périodes où l'industrie est florissante, on voit agir simultanément les trois grandes causes, — des capitaux disponibles en quantité considérable, un excellent crédit, des bénéfices allant toujours croissant, bénéfices provenant du travail et du capital mieux employés. Bien que chacune de ces causes puisse agir séparément, il y a cependant une raison permanente qui les pousse à agir de concert; car, après une période de dépression, elles tendent à croître simultanément. Pendant ces périodes de dépression, le crédit est mauvais, l'industrie peu active ; très-ordinairement, les denrées atteignent des prix fort élevés, et c'est cette cherté même qui a produit la dépression commerciale. Qu'il y ait eu ou non une quantité exagérée de capitaux disponibles au commencement de cette période de dépression, les capitaux abondent bientôt. Les gens économes mettent de côté une partie de leur revenu aussi bien pendant les époques mauvaises que pendant les époques florissantes; les gens même qui ont un revenu fixe ou un revenu qui varie peu sont plus à même de faire des économies pendant une période de dépression commerciale, parce que le prix de tous les articles est moins élevé. Quand le commerce est calme, il ne se produit pas de nouvelles garanties où l'on puisse placer les économies faites, aussi voit-on affluer bientôt un excès de capitaux disponibles. Un an ou deux après une crise, le crédit s'améliore ordinairement à mesure que le souvenir des désastres, qui au moment de la crise avaient endommagé le commerce, tend de plus en plus à s'affaiblir. Les aliments retombent à leur prix ordinaire ou quelque grande industrie fait, pour quelque cause temporaire, un pas immense en avant. A ce moment donc, les trois causes qui, comme nous l'avons expliqué, développent considérablement le commerce, se combinent pour le développer simultanément.

Un résultat certain se produit alors, un accroissement considérable de la prospérité nationale ; on dirait que la baguette d'un magicien pousse le pays en avant. Mais une partie seulement de cette prospérité repose sur des bases solides. En tant que la prospérité repose sur une plus grande quantité de production d'articles utiles, — en tant qu'elle repose sur la rapidité plus grande avec laquelle les marchandises de toutes sortes parviennent entre les mains de ceux qui en ont besoin, — la base est solide. L'industrie humaine est alors plus efficace ; il y a, par conséquent, plus de profits à diviser entre l'espèce humaine. Mais cette prospérité est imaginaire si elle repose sur une élévation générale des prix. Une élévation générale des prix n'est qu'une élévation nominale ; quel que soit le profit que le marchand retire de l'article qu'il a à vendre, il le reperd sur les articles qu'il a à acheter, de telle sorte qu'il en est exactement au même point où il en était. Les seuls effets réels d'une élévation générale des prix sont donc les suivants : d'abord, elle gêne les gens à revenus fixes qui ont à souffrir comme acheteurs et qui ne font aucune espèce de profits pour compenser ces pertes ; secondement, elle procure un extra profit au capital employé avant que l'élévation ne se soit produite, car dans ce cas, les vendeurs réalisent un gain sans perte équivalente comme acheteurs ; troisièmement, ce gain sur le capital fixe est plus considérable dans ce qu'on peut appeler les « outils » industriels, tels que le charbon de terre et le fer. Toutes les industries ont besoin du charbon de terre et du fer, et dès qu'il se produit une élévation générale des prix, ces articles montent beaucoup plus que tous les autres. Chacun en a besoin; la production ne peut pas s'augmenter rapidement, et, par conséquent, leur prix monte très-vite. Mais l'élévation générale des prix ne constitue pas un bénéfice pour le pays pris dans son ensemble; c'est tout simplement un changement de nomenclature pour une valeur relative identique des mêmes marchandises. Néanmoins, chacun est porté à se féliciter ; on croit devenir plus riche, bien qu'en réalité on ne le soit pas. Et comme l'élévation ne se produit pas au même moment sur tous les articles, mais se propage graduellement, ceux qui profitent d'abord de l'élévation réalisent réellement des profits, et comme, dans le principe, chacun croit réaliser des bénéfices à mesure que l'article dont il s'occupe participe à l'élévation des prix, une gaieté et une confiance de bon aloi débordent sur toute la place.

Réelle, cette prospérité est précaire; fictive, elle est transitoire. La production plus grande, cause de la prospérité réelle, dépend du travail complet de toute l'organisation industrielle, c'est-à-dire de tous les capitalistes et de tous les ouvriers; la prospérité, causée par ce travail complet, cesse avec lui. Mais une grande infortune survenant à une industrie considérable quelle qu'elle soit peut arrêter ce travail complet. Cet arrêt crée des difficultés aux industries qui dépendent de celle-là, et, comme nous l'avons déjà expliqué, cet effet se fait sentir à travers toute la société, pour revenir frapper son point de départ d'un nouveau temps d'arrêt. Or, toutes les industries sont sujettes à de graves fluctuations, et la plus importante de toutes, l'industrie des denrées alimentaires, aux fluctuations les plus graves et les plus soudaines, car elle dépend des vicissitudes des saisons. Une seule récolte mauvaise dans le monde entier, une succession de deux ou trois mauvaises récoltes, même en Angleterre seulement, suffit pour élever le prix du blé dans une proportion considérable et pour maintenir ces prix élevés pendant longtemps. Or, une grande élévation du prix du blé, si cette cherté continue, détruit immédiatement toute la partie réelle de la prospérité extraordinaire des temps florissants qui ont précédé cette élévation. Le travail complet de toute la machine industrielle se change en un travail incomplet; la production, au lieu d'être plus considérable qu'à l'ordinaire, devient moindre que de coutume; au lieu d'un dividende moyen plus considérable à distribuer entre les producteurs, ce dividende tombe immédiatement au-dessous de la moyenne.

Quant à la prospérité apparente causée par une abondance extraordinaire des capitaux disponibles et une élévation conséquente des prix, elle est non-seulement exposée à la réaction, mais la réaction l'atteindra sûrement. Les mêmes causes qui ont engendré cette prospérité engendreront, après avoir opéré un peu plus longtemps, une adversité équivalente. La marche des choses est bien simple : l'abondance des capitaux disponibles cause une élévation des prix ; cette élévation des prix nécessite plus de capitaux pour qu'on puisse se livrer aux mêmes opérations. Si les prix sont élevés, on ne pourra pas, avec un million par exemple, acheter autant de marchandises que si les prix sont bas ; ce million n'aura pas autant de pouvoir dans les affaires; il faut donc plus d'argent, avec des prix élevés, pour produire la même quantité d'échange des mêmes marchandises. En supposant même que le commerce soit resté stationnaire, il faudrait un capital plus considérable pour le continuer, après une élévation des prix, qu'il n'en aurait fallu auparavant. Mais, dans ce cas, le commerce *ne* reste *pas* stationnaire; il a certainement augmenté dans une certaine mesure, et très-probablement dans une grande proportion. Le « capital disponible, » dont l'emploi a causé l'élévation des prix, lui a permis d'augmenter. Ce capital disponible restait inactif dans les banques, quand tout à coup une industrie est devenue prospère; alors, on a prêté ce capital à cette industrie pour lui permettre de se développer plus encore; le développement de cette industrie a causé d'autres développements secondaires; ces développements secondaires ont permis l'emploi d'une plus grande quantité de capitaux; cet emploi a causé un développement tertiaire du commerce, et ainsi de suite dans toute la société.

En conséquence, si, pendant longtemps, le taux de l'intérêt a été fort minime, il faut presque toujours s'attendre à une élévation rapide de ce taux. Le capital reste inactif jusqu'à ce que l'on ait découvert la branche favorable d'industrie; jusque là, c'est à peine si on peut en employer une partie. Mais, dès qu'on a découvert l'industrie favorable, dès que les prix commencent à s'élever, la demande des capitaux devient très-active. La plupart du temps, il faut que les négociants continuent le cours régulier de leur commerce; s'ils ne peuvent le faire sans emprunter un capital supérieur de 10 pour 100 à celui qu'ils emploient ordinairement, il faut qu'ils empruntent ces 10 pour 100 de plus. Très-souvent ils ont pris des engagements qu'il leur faut remplir, et, s'il en est ainsi, le taux de l'intérêt qu'ils ont à supporter leur importe comparativement peu. Ils empruntent ce qui leur est nécessaire pour faire face à leurs engagements, quelle que soit la somme qu'ils aient à payer pour cela, car ils aimeraient mieux s'exposer à tous les sacrifices que de ne pas faire honneur à leur signature. Même, dans des cas moins extrêmes, les négociants ont un capital fixe qu'ils ne peuvent laisser inactif sans encourir des pertes considérables : un personnel qu'il leur importe de conserver, une clientèle qu'ils ne veulent perdre à aucun prix. Pour satisfaire à tous ces besoins, ils empruntent, et, quand les prix sont élevés, la plupart des négociants sont tout particulièrement désireux d'emprunter, parce que l'élévation du prix de l'article dont ils s'occupent leur fait voir, ou leur fait supposer, des occasions particulières de profit. Des emprunts considérables suivent donc de bien près cette extension nouvelle du commerce, et le taux de l'intérêt s'élève immédiatement et d'ordinaire s'élève rapidement.

Cela arrive d'autant plus sûrement que, comme nous l'avons démontré, Lombard Street est un marché fort sensible. Les banquiers et les escompteurs ont entre les mains des sommes considérables sur lesquelles ils allouent un intérêt ; or, il faut qu'ils emploient cet argent sous peine de se ruiner. Ils aiment mieux réduire le taux qu'ils demandent à l'emprunteur, et, pour compenser toute perte qui pourrait en résulter pour eux, réduire en même temps le taux de l'intérêt qu'ils allouent, que de tenir fort élevé le taux de l'escompte et s'exposer ainsi à ne pas employer tout l'argent qu'ils ont entre les mains, car employer tout l'argent sur lequel ils ont à payer un intérêt est pour eux une question de vie ou de mort. Un excès de capitaux, si minime qu'il soit, a donc pour résultat de faire baisser beaucoup le taux de l'escompte. Mais si ce taux peu élevé de l'escompte cause ou aide à causer un développement considérable du commerce, l'élévation du taux de l'escompte viendra certainement bientôt et sera quelquefois assez violente. Les opérations commerciales se chiffrent par des centaines de millions, alors qu'on peut chiffrer par des millions le montant des capitaux disponibles. Une augmentation considérable des emprunts faits par le commerce anglais change presque toujours l'excès du capital disponible en une insuffisance fort grande. Cette insuffisance produit dans le commerce une adversité, ou une soi-disant adversité, exactement de la même manière que l'excès qui existait auparavant avait produit une prospérité ou une soi-disant prospérité. C'est alors que les prix baissent; cette baisse se répand dans toute la société, elle produit une diminution de l'activité et une diminution des profits, — une contraction pénible au lieu de l'expansion si heureuse de la période antécédente.

Le changement est d'ordinaire d'autant plus rapide qu'il se produit presque toujours quelque accident au commencement de cette période de déclin. Le commerce aura été extraordinairement heureux si, pendant la période de l'élévation des prix, il n'a pas commis quelque faute grossière. Cette élévation excite naturellement les gens confiants et ardents; ils s'imaginent que la prospérité actuelle durera toujours et qu'elle n'est guère même que le commencement d'une prospérité plus grande encore. Ils s'exagèrent absolument la demande qui peut exister pour l'objet qu'ils vendent ou qu'ils fabriquent. Tous, selon la position qu'ils occupent, — les plus habiles et les plus capables bien plus que les autres, — fabriquent beaucoup plus qu'ils ne devraient le faire et commencent des opérations bien au-dessus de leurs moyens. Chaque grande crise révèle les spéculations excessives de bien des maisons que personne n'aurait soupçonnées d'abord, maisons qui, d'ailleurs, ne s'adonnaient pas ordinairement à ces spéculations ou qui ne les avaient jamais poussées bien loin avant de se laisser tenter par l'élévation continuelle des prix, avant de se laisser entraîner par la fièvre qui règne de toutes parts.

Les choses prennent ordinairement un aspect plus déplorable encore, parce qu'à presque toutes les époques de grande excitation commerciale, il se produit un mélange de cette vieille manie plus simple, la manie des placements. Bien que l'argent des gens économes se trouve entre les mains des banques, et bien qu'en offrant un intérêt ces banques s'assurent la disposition d'une grande partie de cet argent, elles n'ont pas cependant la disposition du tout ou même de la plus grande partie. Les propriétaires de cet argent peuvent employer le tout et l'emploient presque toujours; ils s'en servent pour spéculer sur des actions sans valeur, tout comme ils l'ont fait à l'époque de la compagnie des

Mers du Sud, alors qu'il n'y avait pas de banques, tout comme ils le feraient encore en Angleterre si les banques venaient à disparaître. La fièvre de 1825 et celle de 1866 nous en offrent des exemples frappants; dans ces cas, on a vu dans une grande mesure, comme dans la plupart des cas analogues plus modernes dans une moindre mesure, le délire de l'ancienne fièvre du jeu venir s'ajouter à la folie plus douce et plus moderne d'opérations commerciales exagérées. Au commencement même de la crise, on découvre que les jetons qui servaient à marquer les points au jeu, c'est-à-dire que les actions des compagnies créées pour soutenir la fièvre, n'ont aucune espèce de valeur; elles disparaissent toutes, mais une grande partie du crédit disparaît avec elles.

Il se trouve aussi que les bons temps où les prix sont fort élevés sont presque toujours favorables à la fraude. Les gens sont d'autant plus crédules qu'ils sont plus heureux; quand on vient de gagner beaucoup d'argent, quand on est persuadé qu'on va en gagner beaucoup encore, on se laisse bien facilement duper. On peut faire croire au public tout ce que l'on voudra pendant un certain laps de temps, et, longtemps avant la découverte de la vérité, les fripons les plus adroits et par conséquent les plus dangereux ont eu soin de se placer géographiquement ou légalement hors de l'atteinte de toute punition. Mais le mal qu'ils ont fait va s'accroissant, car il contribue considérablement à amoindrir le crédit.

Nous cesserons donc d'être surpris que Lombard Street soit soumis à ce que l'on pourrait appeler des cycles, maintenant que nous comprenons qu'il est soumis à de terribles alternatives produites par des causes contraires. Les paniques soudaines devraient aussi cesser de nous étonner. Pendant la période de la réaction et de l'adversité, aux derniers moments même de la période de prospérité, le système entier est fort délicat. L'essence particulière de notre système de banque repose sur une confiance d'homme à homme, dont jusqu'à présent on n'a vu aucun autre exemple; quand des causes cachées affaiblissent beaucoup cette confiance, un petit accident peut lui porter un coup terrible, et un grand accident l'anéantir presque pendant un instant.

Maintenant que nous comprenons les vicissitudes inévitables auxquelles se trouve exposé Lombard Street, nous pouvons aussi comprendre l'importance suprême qu'il y a à conserver une réserve de banque considérable. C'est de cette circonstance, plus que de toute autre, que dépend la durée ou l'intensité des époques mauvaises. Si la réserve est considérable, sa grandeur même soutient le crédit; si elle est minime, sa diminution cause les appréhensions les plus graves. Nous nous faisons donc une idée d'autant plus grande de la responsabilité de ceux à qui incombe le devoir de garder cette réserve que nous en comprenons mieux l'importance.

CHAPITRE VII

ADMINISTRATION DE LA RÉSERVE PAR LA BANQUE.

I

Les chapitres précédents nous mettent à même d'apprécier, dans une certaine mesure, l'importance des devoirs que la Banque d'Angleterre a à remplir relativement à sa réserve de banque.

Si nous nous demandons comment la banque a rempli cet impérieux devoir, trois faits nous frappent tout d'abord : 1° la banque, comme nous l'avons déjà dit, n'a jamais reconnu ce devoir par un acte qui la lie, pas même par une décision officielle, et quelques-uns de ses administrateurs ne veulent pas le reconnaître ; 2° chose plus remarquable encore, le Parlement n'a jamais pris de résolution pour imposer ce devoir à la Banque, et, autant que je puis le savoir, aucune commission parlementaire, aucun discours d'homme d'État responsable ne l'a jamais invité à le faire ; 3° ce qui est plus remarquable encore, nos plus hautes autorités ont souvent distinctement affirmé : que la section de la Banque d'Angleterre, qui fait les opérations de banque, n'a aucun devoir public à remplir ; que pour les opérations de banque, elle est, à tous égards, une banque par actions comme toutes les autres banques; que ses administrateurs ne doivent avoir qu'un souci, l'intérêt des actionnaires et les dividendes qu'ils leur distribuent; qu'ils sont libres de l'administrer comme les administrateurs d'autres compagnies, celle de la banque de London et Westminster, ou celle de la banque de l'Union, par exemple, administrent la leur.

Il semble, tout d'abord, fort étrange que, se trouvant en face d'une responsabilité aussi grave, on n'ait jamais songé à l'imposer ou, tout au moins, à la faire reconnaître, que bien plus on tolère qu'on la repousse entièrement; mais voici l'explication de ce fait. Nous vivons au milieu des débris d'antiques controverses et nous parlons encore leur langage, bien que nous ayons à nous occuper de pensées toutes différentes, de faits tous différents. Pendant plus de cinquante ans, — de 1793 jusqu'en 1844, — il y a eu une vive controverse relativement aux devoirs publics d'une banque. Les uns disaient que cette banque devait être « l'administrateur » de la circulation fiduciaire, et, sous ce rapport, en attendaient toute sorte de bien; les autres soutenaient qu'elle faisait beaucoup de mal; d'autres enfin prétendaient qu'elle ne pouvait faire ni bien, ni mal. Mais, pendant toute cette période, la discussion fut incessante et extrêmement vive. L'acte de 1844 mit fin à cette discussion. D'après cet acte, la circulation se dirige elle-même, le système entier agit automatiquement. Très-certainement, la banque ne règle plus la circulation; on ne peut même dire qu'elle y prenne une part quelconque. Or, comme la seule raison pour laquelle on avait l'habitude de penser qu'on était en droit d'imposer une responsabilité à une banque a certainement disparu, on en est tout naturellement, mais peut-être un peu légèrement, arrivé à la conclusion que la Banque n'a plus aucune responsabilité.

Les remarques des administrateurs de la Banque, relativement à la panique de 1866, nous indiquent mieux que quoi que ce soit la complète incertitude qui règne encore sur l'étendue de la responsabilité que prétend encourir la Banque d'Angleterre. On se rappelle que la panique de cette année 1866, contrairement à tous les précédents, se produisit au printemps; elle donna lieu à une discussion fort remarquable au sein de l'Assemblée générale des actionnaires de la Banque, à leur réunion du mois de septembre suivant. On trouvera toute cette discussion à l'appendice (1). Mais voici comment l'*Economist* en relevait les points les plus importants :

« *Grande importance de la dernière Assemblée générale des actionnaires de la Banque d'Angleterre.*

« La dernière Assemblée générale des actionnaires de la Banque d'Angleterre offre une importance toute particulière. A quoi bon, aujourd'hui, faire une enquête au sujet de la dernière crise? Elle ne servirait à rien. Une commission parlementaire, dans le courant de l'année prochaine, n'obtiendrait aucun résultat utile, à moins que quelque événement grave ne se produise dans l'intervalle; ce serait une simple perte de temps. Les négociants ressentent de vives

(1) Voir note D, à l'appendice.

émotions ; mais ils ont la mémoire fort courte, et, au mois de février prochain, ils se soucieront aussi peu des événements qui se sont passés au mois de mai dernier qu'ils se soucient aujourd'hui des événements qui se sont passés au mois d'octobre 1864. Une enquête *pro formâ*, alors que les témoins appelés traiteront superficiellement l'affaire, alors que l'on sait que cela ne conduira à rien, offre plus de dangers que le manque absolu d'enquête. Dans ces circonstances, les exposés officiels des administrateurs de la Banque sont les seuls exposés authentiques que nous puissions avoir sur la ligne de conduite que ces administrateurs ont observé dans le passé, sur celle qu'ils comptent suivre dans l'avenir. Or, si nous examinons avec soin ce qui s'est passé à la dernière Assemblée générale, nous y trouvons matière aux réflexions les plus graves.

« On peut dire que l'Assemblée des actionnaires a admis et reconnu le fait que la Banque d'Angleterre détient la seule réserve de banque qui existe dans le pays. Nous ne confondons plus aujourd'hui cette question avec celle de la circulation fiduciaire, pas plus qu'avec la question de savoir s'il convient qu'une ou plusieurs banques émette le papier monnaie. Nous n'entendons pas parler de la réserve relative à la circulation, mais de la réserve de banque, — la réserve destinée au remboursement des dépôts, et non pas la réserve destinée au remboursement des billets de banque. Souvent, dans ces colonnes, nous avons insisté sur ce point que la Banque d'Angleterre détient la seule réserve réelle, — la seule masse disponible d'espèces qui se trouve dans ce pays ; mais tout le monde ne partage pas cette opinion. De graves autotorités ne veulent pas l'admettre. Ce n'est pas cependant qu'elles s'élèvent formellement, explicitement contre cette opinion. Si, en effet, on exprimait une opinion semblable, il faudrait indiquer quelque accumulation considérable d'espèces disponibles outre celles qui se trouvent à la Banque, et on ne peut découvrir nulle part accumulation semblable. Aussi a-t-on essayé de faire des distinctions ; on a prétendu que soutenir la doctrine que la Banque d'Angleterre détient la seule réserve de banque qui se trouve dans le pays, c'est « fausser la question, » l'exagérer et s'exposer à des erreurs.

« Or, il ressort des débats de la dernière Assemblée que ce fait a été admis. Ecoutons, en effet, le gouverneur de la Banque d'Angleterre :

« Dans le cours de ces quelques derniers mois, les ressources de la Banque d'Angleterre et de toutes les banques de Londres se sont trouvées exposées à un assaut formidable, et je suis heureux d'ajouter que cette banque et toutes les autres ont pu honorablement traverser cette terrible période. Le commerce de la banque est un commerce tout particulier, en ce qu'il repose si considérablement sur le crédit que le moindre soupçon suffit pour emporter la moisson d'une année entière, si je puis m'exprimer ainsi. Mais la façon dont les banques de Londres ont pu faire face aux demandes qui leur ont été faites pendant la plus grande partie des six derniers mois est une preuve satisfaisante de l'excellence des principes qui président à la conduite de leurs affaires. La Banque d'Angleterre a fait tout son possible pour calmer la crise, et ses efforts ont été couronnés de succès. Nous n'avons pas failli à notre devoir. Quand l'orage s'est abattu sur nous, pendant la fatale matinée où l'on a appris la faillite de la maison Overend Gurney et Cie, notre position était aussi excellente, aussi solide que peut l'être celle d'un établissement de banque, et ce jour-là et pendant la semaine suivante, nous avons fait des avances se montant à un chiffre presque incroyable. Je crois que personne n'eut osé prédire, quelques heures même à l'avance, à quelle somme énorme se monteraient ces avances. Il n'est pas extraordinaire que, dans cet état de choses, une certaine alarme se soit emparée de l'esprit public, et que ceux qui avaient besoin des secours de la Banque d'Angleterre se soient adressés au Chancelier de l'Echiquier, afin de demander pour nous au gouvernement l'autorisation d'émettre des billets de banque au-delà de la quotité fixée par la loi, au cas où nous viendrions à penser que cette mesure fut indispensable. Mais il fallait agir avant d'avoir cette autorisation, et avant peut-être que le Chancelier de l'Echiquier ait quitté son lit, nous avions déjà avancé une moitié de notre réserve qui se trouva certainement alors réduite à un chiffre que nous ne pouvions pas considérer sans amertume. Mais nous ne pouvions pas non plus nous laisser aller un instant à la pensée de déserter le devoir qui nous était imposé, c'est-à-dire de venir au secours des banques, et, autant que je le sache, aucune demande légitime n'a été repoussée par la Banque d'Angleterre. Quiconque est venu à nous avec des garanties suffisantes a été libéralement écouté, et si, dans quelques cas, nous n'avons pas pu faire des avances aussi considérables que celles qu'on nous demandait, quiconque, je le répète, nous a présenté des garanties suffisantes, a obtenu des secours.

« Or, n'est-ce pas dire très-distinctement qu'il est inutile aux autres banques du pays de garder par devers elles une réserve de banque, — une somme disponible en espèces, — en or et en billets de banque qui leur permette de faire face à une panique soudaine. N'est-ce pas reconnaître que la Banque d'Angleterre a le « devoir » de soutenir les autres banques ? N'est-ce pas indiquer que la réserve de la Banque d'Angleterre est à leur service aussi bien qu'au sien propre ? »

« Selon nous, ce langage est fort juste, et le Gouverneur de la Banque d'Angleterre ne pouvait guère rendre au public un service plus important que celui de s'exprimer en termes si clairs et si nets. Il est, en effet, fort important que chacun sache parfaitement qui doit se charger de conserver une réserve de banque. Si les banques par actions et les banques particulières doivent mettre de côté leur part de la réserve, déterminons quelle doit être cette part. M. Gladstone a semblé dire, il n'y a pas longtemps, au sein du Parlement, qu'il devait en être ainsi ; fort bien, mais dans tous les cas sachons parfaitement à qui incombe le devoir de garder la réserve. Nous croyons pour notre part, et nous nous appuyons sur des principes que nous avons souvent exposés, que l'anomalie d'une seule réserve de banque, conservée par une seule banque, fait si bien partie de notre système, que nous ne pourrions rien y changer quand bien même nous le voudrions. Ce qu'il y avait à craindre par dessus tout, c'est que ce fait ne fut pas bien compris ; or, ce péril a aujourd'hui disparu.

« L'importance des récentes déclarations faites par la Banque d'Angleterre est d'autant plus grande, qu'après la panique de 1857 elle ne tint pas à beaucoup près le même langage. Une personne qui aime les expressions concises disait dernièrement « qu'Overend fit sauter la Banque en 1866 parce qu'elle s'exécuta, et en 1857, parce qu'elle ne voulut pas s'exécuter. « Pas n'est besoin que nous examinions ces paroles de trop près; contentons-nous du grand élément de vérité qu'elles contiennent, — les avances considérables faites à Overend ont été un des principaux événements de la panique de 1857; les escompteurs se trouvaient alors presque exactement dans la même position que celle qu'occupaient récemment les banquiers, — c'étaient des emprunteurs qui avaient besoin d'avances soudaines et incalculables. Or, on eut soin de dire aux escompteurs qu'ils n'aient pas à y revenir. Mais l'alderman Salomons dit, au nom des banquiers de Londres, qu'il « désirait saisir cette occasion pour constater que rien, croyait-il, ne pouvait être plus satisfaisant, pour les administrateurs et les actionnaires des banques par actions, que le témoignage qu'avait ce jour-là porté le Gouverneur de la Banque d'Angleterre sur les règles solides et honorables qui président à la conduite de leurs affaires. Il est évidemment désirable que les banques par actions et que toutes les banques, quelles qu'elles soient, travaillent de concert avec la Banque d'Angleterre; et quant à lui, il remercie sincèrement le Gouverneur de la Banque des compliments qu'il a faits aux banques par actions, relativement à la façon dont elles ont fait face à la dernière crise monétaire. » Ainsi donc, la

Banque d'Angleterre s'engage à donner aux autres banques l'assistance dont elles peuvent avoir besoin et les autres banques s'engagent à demander ces secours.

Secondement. La Banque s'engage en fait, si non en paroles, à faire des avances illimitées à quiconque réclame ces avances, à condition qu'on présente des garanties suffisantes. Pendant la dernière crise, la Banque a ainsi avancé 1,125,000,000 de francs en trois mois. Et la Banque ne dit pas au commerce et aux banquiers : « Ne vous adressez plus à moi. Je vous ai aidé une fois, mais ne considérez pas cela comme un précédent, car je ne viendrai plus à votre secours. » Tout au contraire, la signification évidente des paroles prononcées est que, dans des circonstances analogues, la Banque se conduirait encore comme elle vient de se conduire. »

Cet article déplut beaucoup à plusieurs administrateurs de la Banque et principalement à quelques-uns de ceux dont l'opinion a le plus de poids. Ils furent d'avis que le journal l'*Economist* avait tiré des « déductions forcées » d'un discours par lui-même « sujet à quelques réserves, » — d'un discours qui, comme tous les discours semblables, manque de précision théorique, et qui, dans tous les cas, n'est que l'expression des opinions du Gouverneur occupant alors le fauteuil, discours qui n'avait en aucune façon été autorisé par le conseil d'administration et qui ne pouvait, par conséquent, pas lier la Banque. Quoi qu'il en soit, cet article eut tout au moins une utilité en ce qu'il servit à amener quelques explications. Tous les administrateurs eussent hésité peut-être à commenter, à limiter un discours prononcé par le Gouverneur en assemblée générale, ou à se déclarer d'un avis contraire. Rien au contraire n'empêchait d'attaquer l'*Economist*. Aussi M. Hankey, l'un des administrateurs les plus expérimentés de la Banque, saisit-il une occasion favorable pour faire les observations suivantes.

« Le journal l'*Economist* a publié ce qui, selon moi, constitue la doctrine la plus déplorable qui ait jamais été imaginée dans le monde financier ou dans le monde banquier de ce pays, à savoir qu'une des fonctions importantes de la Banque d'Angleterre est de conserver de l'argent disponible pour subvenir aux demandes des banquiers qui ont placé leurs fonds de telle façon qu'ils ne peuvent en disposer. Il sera toujours fort difficile d'établir sur des principes solides le système des banques à Londres, tant qu'on n'aura pas répudié une doctrine semblable. Mais je ne crois pas que les banquiers de Londres se figurent ordinairement que la Banque d'Angleterre doive les assister quand même s'ils se trouvent dans le besoin.

Je pense, sans doute, que la Banque d'Angleterre a un impérieux devoir à remplir, celui de placer les dépôts qui lui sont faits (en en réservant ordinairement un tiers en espèces) contre des garanties facilement réalisables. Je pense aussi qu'en cas de crise soudaine sur le marché financier, et quelle que soit la cause de cette crise, la Banque doit supporter sa part complète de pression sur ses ressources. Cependant, je suis prêt à admettre qu'une opinion générale a longtemps prévalu, à savoir que la Banque d'Angleterre devrait faire beaucoup plus que cela, bien que je sois fort surpris de voir l'*Economist* soutenir cette opinion. S'il était praticable que la Banque conserve de l'argent disponible pour faire face à de tels besoins, il serait fort peu sage de le faire. Mais je soutiens que c'est là chose absolument impraticable, et je soutiens en outre que si elle était possible elle serait fort dangereuse. Aussi, je regrette beaucoup que la Banque, entraînée par le désir de rendre service à tous dans les moments de crises commerciales, ait jamais agi de façon à encourager une opinion semblable. Plus la conduite des affaires de la Banque s'assimilera à la conduite des affaires de toutes les autres banques bien administrées du Royaume-Uni, mieux ce sera pour la Banque d'Angleterre, mieux ce sera aussi pour le pays tout entier. »

Ce n'est guère à moi de juger, et cependant il me semble que la réponse de M. Hankey à l'*Economist*, n'est pas absolument concluante.

1° M. Hankey aurait dû observer que le débat s'élève non pas « sur ce qui devrait exister, » mais sur ce qui existe aujourd'hui. L'*Economist* n'a jamais dit que le système d'une seule réserve de banque est un bon système ; il s'est borné à constater le fait que ce système existe, et qu'il faut bien s'en servir puisqu'on ne peut pas le changer.

2° M. Hankey aurait dû indiquer « quelque autre accumulation d'espèces disponibles, » en dehors de la réserve qui se trouve dans les coffres de la Banque d'Angleterre, accumulation dont on puisse se servir pour faire des avances au moment d'une panique. Ces avances constituent une nécesssité absolue, et il faut bien que quelqu'un les fasse. Les « réserves » des banquiers de Londres ne constituent pas une accumulation telle que celle dont nous voulons parler ; ce n'est pas là d'ailleurs de l'argent comptant, disponible, car ces réserves font partie des dépôts placés entre les mains de la Banque d'Angleterre et employés comme tels.

3° M. Hankey aurait dû se rappeler que les bilans publiés par les banques par actions de Londres prouvent que ces banques ne conservent pas en espèces un tiers, ou quelque chose approchant du tiers de leur débit, en donnant même le nom « d'espèces » aux dépôts faits à la Banque d'Angleterre. Le tiers des dépôts faits dans les banques par actions, sans parler de ceux faits dans les banques particulières, se monterait à 750,000,000 de francs ; or, les dépôts particuliers faits à la Banque d'Angleterre ne s'élèvent qu'à 450,000,000 de francs, ce qui contraste singulièrement avec les paroles de M. Hankey. Sans aucun doute, les banques par actions et les banques particulières conservent, elles aussi, une sorte de réserve, mais elle est toute différente de celle de la Banque d'Angleterre. M. Hankey dit que l'une et l'autre devraient être soumises aux mêmes principes ; mais, dans ce cas, il devrait nous dire aussi s'il veut assimiler la conduite de la Banque d'Angleterre à celle des autres banques, ou s'il veut assimiler la conduite des autres banques à la conduite de la Banque d'Angleterre.

4° M. Hankey aurait dû observer que, comme nous l'avons déjà expliqué, dans la plupart des paniques, le principal emploi d'une réserve de banque n'est pas le prêt aux banquiers ; c'est aux négociants, aux escompteurs, que l'on avance la plus grande partie de la réserve. Qu'importe, d'ailleurs ! D'après notre système, et c'est là le point principal, toute pression extraordinaire retombe sur la Banque d'Angleterre. Au plus mauvais moment de la crise de 1866, on n'aurait pu emprunter un million nulle part, sauf à la Banque d'Angleterre, en admettant même qu'on donnât en garantie même des consolidés. Alors, elle se trouvait être le seul prêteur.

Mais je ne veux pas recommencer d'antiques controverses, je me propose seulement de prouver que cette controverse a laissé dans une position fort incertaine, fort peu satisfaisante, un point fort important. L'exposé de M. Hankey est le dernier que nous ayons eu sur la ligne de conduite que prétend adopter la Banque d'Angleterre. Il est un des administrateurs les plus attentifs, les plus expérimentés de la Banque, et je sais qu'il représente plus ou moins les opinions des autres administrateurs. Or, que voyons-nous? Ne parlons plus du remarquable discours prononcé par le Gouverneur de la Banque en 1866, laissons de côté ce discours qui était au moins fort clair (selon l'interprétation de l'*Economist*) ; or, M. Hankey nous met absolument dans le doute sur la conduite qu'adoptera la Banque d'Angleterre lors de la prochaine panique et sur l'assistance que le public pourra alors espérer trouver dans cet établissement. Ses paroles sont bien trop vagues. Personne ne peut dire ce que signifie « une part; » encore moins pouvons-nous dire quelle signification on attribuera à ce terme dans l'avenir. La théorie suggère, l'expérience prouve, qu'au moment d'une panique, les détenteurs de la réserve suprême de banque (que ce soit une banque ou plusieurs) doivent faire des avances promptes, efficaces, faciles, à quiconque se présente muni de bonnes garanties. Cette conduite tend à calmer la panique ; toute autre conduite tend à l'augmenter. Par conséquent, le public a le droit de savoir si la Banque d'Angleterre, qui se trouve être le détenteur de notre suprême réserve de banque, reconnaît ce devoir et a l'intention de le remplir. Or, ce point est aujourd'hui fort incertain.

Si nous nous adressons à l'histoire, si nous examinons quelle a été, en somme, la conduite des administrateurs de la Banque, nous voyons bien vite qu'ils se sont conduits comme devaient se conduire des personnes ayant leur caractère et leur position. Ce conseil d'administration est composé de négociants anglais simples, sensés, prospères, et il a fait, et il a omis de faire, ce que tout conseil ainsi composé aurait fait ou aurait omis de faire. On ne peut guère s'attendre à trouver dans un tel conseil une grande éminence en science économique, car les études abstraites sont la plupart du temps fort étrangères aux habitudes de nos négociants anglais. On ne peut guère s'attendre à y trouver non plus des idées originales sur la banque, car la banque est une profession spéciale et, en règle générale, les négociants anglais n'y entendent rien, car ils n'en ont pas la pratique. Il est fort difficile qu'un conseil d'administration réalise des améliorations, car c'est l'opinion de la classe la plus nombreuse des membres de ce conseil, les membres du centre, qui dirigent sa conduite, et ces membres ne sont jamais disposés à faire des améliorations soudaines. Un conseil d'administration composé de négociants honnêtes, sensés, s'en tiendra toujours à ce qu'il considère comme les principes solides, c'est-à-dire les maximes *adoptées* par le monde commercial qui les entoure, et c'est presque toujours sur de tels principes que les administrateurs de la Banque d'Angleterre ont réglé leur conduite.

On trouve des exemples curieux de leur force et de leur faiblesse à l'époque où ils ont eu le plus grand pouvoir. Après la suspension des paiements en espèces, en 1797, les administrateurs de la Banque d'Angleterre pouvaient émettre autant de billets de banque que bon leur semblait. Il n'y avait pas de limite indiquée, aucun obstacle; on ne pouvait pas présenter ces billets à la banque en paiement; il y avait donc de grandes tentations à émettre des sommes considérables, sans avoir à en supporter immédiatement les conséquences. Cependant, les administrateurs de la Banque résistèrent à la tentation; ils ne firent aucune émission extravagante de leurs billets ayant cours forcé. Et la preuve, c'est qu'après dix ans de ce cours forcé les billets de la Banque n'avaient subi aucune dépréciation et se changeaient sans perte contre de l'or. Bien que les administrateurs de la Banque, à cette époque, aient fini par faire des fautes, il faut reconnaître qu'ils se conduisirent, en somme, avec beaucoup de jugement et beaucoup de modération. Mais quand, en 1810, on vint à les interroger sur les raisons qui réglaient leur conduite, ils firent des réponses que leur absurdité a rendues presque classiques. M. Pearse, gouverneur de la Banque, dit :

« Quant à ce sujet, c'est-à-dire la façon dont sont émis les billets de banque, émission qui résulte des demandes d'escomptes qui créent le besoin qu'il faut satisfaire au moyen des billets, et qui contrôlent leur émission de telle façon que cette émission ne peut jamais être excessive, je ne vois pas comment la quantité de billets de banque émis peut avoir une influence sur le prix des matières précieuses ou sur l'état des changes. Par conséquent, mon opinion particulière est que le prix des matières précieuses ou l'état des changes ne peut jamais être une raison pour diminuer le montant des billets à émettre, toujours sous la réserve du contrôle que j'ai déjà indiqué.

« — Le sous-gouverneur de la Banque partage-t-il la même opinion que celle que vient d'exprimer le gouverneur?

« M. Whitmore. — Je partage si bien cette opinion, que je pense qu'il n'est pas même nécessaire de nous occuper du prix de l'or ou de l'état des changes le jour où nous faisons nos avances.

« — Ces deux circonstances entrent-elles en ligne de compte quand il s'agit de régler le montant général de vos avances? — Je ne m'en occupe pas quand il s'agit de nos avances générales, car je crois que ces circonstances n'ont aucune influence sur cette question. »

M. Harman, un des autres administrateurs de la Banque, exprime son opinion en ces termes : — « Il me faudrait changer mes opinions du tout au tout, avant d'arriver à croire que le change puisse être influencé par des modifications apportées à notre circulation fiduciaire. »

Bien peu de personnes, sans doute, seraient parvenues à faire autant d'erreurs en aussi peu de mots.

Mais il ne faudrait pas croire que les administrateurs de la Banque, à cette époque, aient eu lieu de rougir des erreurs qu'ils commettaient. Ils ne faisaient qu'exprimer les idées commerciales les plus accréditées de l'Angleterre. La cité de Londres et la Chambre des Communes approuvèrent énergiquement leurs paroles; on regardait tous ceux qui n'étaient pas de cet avis comme des penseurs abstraits, comme des utopistes. Les administrateurs de la Banque ne faisaient que refléter l'opinion de leur temps, que mettre en action les principes qui avaient cours alors. Ils étaient pleins de modération, mais le secret de cette modération c'était la routine. Ils étaient persuadés que, aussi longtemps qu'ils émettraient des billets de banque, en se contentant d'une commission de 5 pour 100 seulement, et seulement aussi contre l'escompte de papier de tout repos, rien ne pouvait amener la dépréciation de ces billets. Or, comme la quantité du papier de premier ordre, du papier que les négociants savent être bon, ne s'accroît pas rapidement, et comme le taux de l'intérêt sur le marché se trouvait souvent inférieur à 5 pour 100, ils ne risquaient guère de faire des émissions extravagantes. Ces principes se trouvèrent un beau jour absolument faux; la théorie qu'on imagina pour les défendre n'était qu'un tissu d'absurdités; mais, pendant un certain laps de temps, ils produisirent d'excellents résultats.

Malheureusement, les administrateurs de la Banque d'Angleterre ne connaissaient pas les vrais principes et n'étaient pas protégés par une routine judicieuse, quand il s'agit de la manipulation du sujet dont nous nous occupons actuellement, c'est-à-dire la manipulation de la réserve de la Banque. On ne pouvait guère s'attendre, d'ailleurs, à ce qu'ils découvrissent eux-mêmes ces principes. Il ne faut jamais s'attendre à ce que des gens, occupant de hautes positions, se livrent à l'étude des pensées abstraites ; l'administration d'affaires très-importantes et fréquemment renouvelées absorbe complétement, et les personnes chargées de ces affaires ont généralement peu d'inclination à s'occuper de la théorie, alors même que cette théorie se rapporte tout particulièrement à leurs affaires quotidiennes. Il est vrai, sans doute, que, quand la fortune d'un homme est en jeu, l'instinct du commerçant anticipe en quelque sorte les conclusions du penseur ; mais un conseil d'administration n'a pas d'instincts, car il ne se charge pas de la fortune immédiate de chacun de ses membres, et chacun d'eux, au contraire, ne fait qu'accomplir un devoir. Pendant la suspension des paiements en espèces, suspension qui dura vingt-deux ans, toutes les traditions relatives à une réserve s'étaient éteintes. Après 1819, les administrateurs de la Banque eurent à se charger du soin de conserver une réserve de banque et, comme le voulait la loi, une réserve afférente à la circulation du papier, sans avoir pour se guider ni l'aiguillon de puissants intérêts particuliers, ni principes reconnus et solides, ni sages traditions.

Dans ces circonstances, qu'y a-t-il d'étonnant à ce que les administrateurs de la Banque aient commis des fautes considérables? La première période d'épreuve vint en 1825. Pendant cette année, les administrateurs de la Banque laissèrent diminuer, de la manière la plus alarmante, leur réserve en espèces :

Le 24 décembre 1824, le montant des espèces monayées et des lingots dans les coffres de la Banque s'élevait à......... 268,025,000f
Le 25 décembre 1825, cette réserve se trouvait réduite à 31,500,000

Il en résulta une si terrible panique, qu'on se souvient encore, près de cinquante ans après, des effets qu'elle produisit. Puis vint une autre grande crise, en 1837-1839, pendant laquelle la Banque d'Angleterre se vit forcée d'emprunter 50,000,000 de francs à la Banque de France, et, malgré cette aide, la réserve, qui comprenait encore la réserve de banque et la réserve afférente à la circulation du papier, tomba à 60,100,000 francs. La société tout entière s'alarma, et il en résulta une controverse fort active qui amena enfin l'acte de 1844. Puis vint la crise de 1847; la Banque laissa alors descendre sa réserve de banque (alors complétement distincte de par la loi) à 29,400,000 francs; si grande fut la terreur que le pouvoir exécutif dut autoriser la Banque à violer la loi nouvelle, et, si besoin était, d'emprunter à la réserve afférente aux billets qui était complète, les sommes nécessaires pour venir en aide à la réserve de banque presque épuisée. Jusqu'en 1857 régna un calme profond, extraordinaire, sur le marché financier; mais, pendant l'automne de cette année, les administrateurs de la Banque laissèrent diminuer la réserve de banque qui, même en octobre, était beaucoup trop faible. Voici les chiffres successifs :

Octobre	10	100,600,000f
—	17	80,425,000
—	24	87,125,000
—	31	56,450,000
Novembre	6	53,875,000
—	13	23,925,000

Il fallut alors que le gouvernement donne la même autorisation qu'en 1847, et cette fois on s'en servit. Le ministère d'alors autorisa la banque à emprunter à la réserve afférente aux billets les sommes dont avait besoin la réserve de banque, et la Banque d'Angleterre dut emprunter ainsi quelques milliers de francs jusqu'à la fin du mois de novembre. C'est à peine si l'on pourrait trouver dans l'histoire une série plus triste que celle des essais infructueux que fit la Banque d'Angleterre pour conserver une réserve convenable pendant toutes les époques de crise, depuis 1825 jusqu'en 1857.

Mais, depuis 1857, on remarque une grande amélioration. Des événements pénibles, des discussions incessantes, ont enfin fait comprendre aux hommes d'affaires qu'il est indispensable de conserver une réserve de banque considérable, et que, étant donnée la curieuse constitution du monde des banques en Angleterre, la Banque d'Angleterre est le seul établissement qui puisse conserver cette réserve. On n'a jamais expressément reconnu ce devoir ; quelques personnes, nous l'avons vu, le repoussent, et cependant on a, dans une grande mesure, commencé à le remplir. Les administrateurs de la Banque, qui sont des hommes d'affaires expérimentés et capables, le comprennent aussi bien que qui que ce soit. Depuis 1857, ils ont toujours conservé, je ne prétends pas dire une réserve de banque suffisante, mais tolérablement considérable et toute différente de celle que l'on accumulait jadis. A une époque, les administrateurs de la Banque ont même été plus loin, ils ont fait certainement un pas en avant sur les idées du public, ils ont adopté un mode particulier d'élever le taux de l'intérêt, mode bien plus efficace que tous les autres. M. Goschen s'exprime ainsi que suit dans son ouvrage sur les changes :

« On a réduit à un minimum les dépenses du transport de l'argent entre Paris et Londres, aussi la différence dans le taux des changes, dans les deux villes, ne peut-elle être jamais bien considérable. Mais il ne faut pas oublier que l'intérêt se calcule à un tant pour cent par an, que les profits probables, quand on veut faire une opération en traites à trois mois, par exemple, doivent se diviser par quatre, et que cette seule opération doit supporter toutes les dépenses ; aussi une dépense, si minime qu'elle soit, devient-elle un grand obstacle. En admettant que les dépenses s'élèvent seulement à 1/2 pour 100, il doit y avoir un écart de 2 pour 100 dans le taux d'intérêt, ou 1/2 pour 100 pour trois mois avant que l'opération commence à être avantageuse. Ainsi, en supposant que les capitalistes de Paris calculent qu'ils peuvent envoyer leur or en Angleterre au coût de 1/2 pour 100, et qu'ils espèrent que les changes deviennent assez favorables pour qu'ils puissent retirer leur argent sans rien dépenser, il n'en faut pas moins qu'il y ait un excès de plus de 2 pour 100 dans le taux de l'intérêt à Londres au-dessus du taux de Paris, pour que l'opération d'un envoi d'or, pour profiter d'un intérêt plus considérable, leur rapporte quelque chose. »

Aussi, M. Goschen recommandait-il que la Banque d'Angleterre adoptât la règle d'élever son escompte de 1 pour 100 à la fois, quand le but qu'elle se propose par cette élévation est d'influencer les changes étrangers. Depuis 1860, la Banque d'Angleterre a adopté ce principe. Avant cette époque, elle avait l'habitude de n'élever son escompte que de 1/2 pour 100 à la fois, et rien, dans l'état de l'opinion commerciale, ne la forçait à changer cette ligne de conduite. Ce changement dans sa manière de faire fut même fort impopulaire. Dans cette occasion et, autant que je le sache, dans cette occasion seule, la Banque d'Angleterre modifia heureusement sa conduite sans y être forcée par l'opinion de ses contemporains, et se mit carrément à la tête du mouvement.

Cette nouvelle politique adoptée par la Banque se traduisit bientôt en heureux résultats. Elle nous permit de supporter les exportations considérables d'argent que nous eûmes à expédier aux Indes pour payer le coton indien pendant la période de 1862 à 1865. Dans l'automne de 1864 surtout, le danger fut imminent, mais l'emploi rapide, bien compris, de sa nouvelle politique permit à la Banque de conserver une réserve efficace, et préserva le pays de calamités qui eussent semblé inévitables si nous nous étions bornés à interroger les précédents. Toutes les causes qui avaient amené la panique de 1857 se reproduisirent en 1864, — l'exportation de l'argent en 1864 et pendant l'année précédente fut bien plus considérable qu'elle n'avait été en 1857 et pendant les quelques années qui l'avaient précédée — et, cependant, en 1864 il n'y eut aucune panique. La Banque d'Angleterre avait adopté de bons principes, elle en fut presque immédiatement récompensée en trouvant que ces principes avaient, dans un moment de crise, sauvé le crédit public.

Une panique se produisit sans doute en 1866, mais

je ne crois pas, dans ce cas, que la Banque mérite aucun blâme. Elle possédait à ce moment dans ses coffres une excellente réserve selon ce qu'on pensait alors, une réserve telle que, selon toute probabilité, elle aurait suffi à parer des crises telles que celles de 1847 et de 1857. La faillite d'Overend et Gurney, — la maison particulière en Angleterre en laquelle on avait le plus de confiance, — causa une alarme qui, par sa soudaineté et sa magnitude, reste sans exemple. Quel fut l'effet de l'acte de 1844 sur la panique de 1866? C'est là une question sur laquelle les avis seront longtemps divisés. Mais je crois que chacun est disposé à admettre que, étant donnée l'existence de cette loi, les administrateurs de la Banque d'Angleterre avaient alors une réserve de banque aussi considérable qu'on pouvait le désirer et absolument suffisante pour faire face à toute crise qui aurait pu se présenter.

De 1866 à 1870 régna un calme presque absolu sur le marché financier. La Banque d'Angleterre n'eut aucune difficulté à surmonter; il ne se présenta aucune occasion difficile; le marché financier semblait se garder lui-même. Mais, en 1870, la Banque de France cessa ses paiements en espèces, et, à ce moment, commença une ère nouvelle. Les demandes de numéraire sur le marché de Londres ont été plus considérables, plus incessantes qu'elles n'avaient jamais été, ce dont il n'y a pas lieu de s'étonner, car c'est aujourd'hui le seul marché pour le numéraire. Il en est résulté pour la Banque d'Angleterre la nécessité de détenir une réserve beaucoup plus importante qu'il n'était besoin auparavant, et de veiller avec plus de soin que jamais pour que cette réserve de banque ne vienne pas soudainement à diminuer dans des proportions dangereuses. Les forces en jeu sont plus violentes, plus actives, qu'elles ne l'ont jamais été ; il faut donc une protection plus énergique, une sollicitude plus constante. Mais je ne crois malheureusement pas que la Banque d'Angleterre le comprenne suffisamment. Tous les administrateurs, au moins, ne sont certainement pas de cet avis. L'éminent administrateur, dont j'ai déjà parlé, M. Hankey, a écrit au *Times* une longue lettre dans laquelle il soutient que, même actuellement, alors que tant de changements se sont produits, une réserve, égale au tiers du débit, constitue une réserve parfaitement suffisante pour la Banque d'Angleterre, et qu'il n'entre aucunement dans les fonctions de la Banque d'accumuler des espèces pour les livrer à l'exportation. C'est là, sans contredit, la doctrine la plus dangereuse qu'il soit possible de soutenir à un moment où la Banque d'Angleterre se trouve être le seul entrepôt en Europe où l'on puisse se procurer immédiatement de l'or, et où, par conséquent, on devrait, plus qu'on ne l'a fait en aucun temps, accumuler les espèces.

Outre ce vice tout actuel, il y a, dans la politique de la Banque, quelques autres vices chroniques qui proviennent, comme nous aurons occasion de l'expliquer tout à l'heure, de graves défauts inhérents à son mode d'administration.

Quand un nouveau gouverneur commence à régner, on remarque toujours quelques instants d'hésitation. Le gouverneur est le premier ministre du cabinet de la Banque ; aussi, quand un fonctionnaire aussi important vient à changer, il n'y a pas à s'étonner que beaucoup d'autres choses changent en même temps. Si le gouverneur est un esprit faible, cette sorte de vacillation et d'hésitation se continue pendant tout son règne. Le défaut ordinaire de la Banque d'Angleterre est donc qu'elle ne se décide pas assez vite à augmenter le taux de son escompte. Elle finit par l'élever, car elle finit par s'alarmer ; mais, en règle générale, elle ne s'alarme pas assez promptement. Un homme timoré, placé dans une position nouvelle, recule ordinairement devant les mesures vigoureuses. Les gouverneurs de la Banque sont, la plupart du temps, des hommes timorés, prudents, si vous voulez; ils appartiennent à une classe chez laquelle la prudence est proverbiale; aussi sont-ils aptes à user de temporisations et de délais. Or, les délais apportés à prendre une mesure vigoureuse rendent presque toujours inévitables des mesures beaucoup plus vigoureuses. Une politique timide a eu pour effet de laisser l'or sortir des coffres de la banque ; or, il *faut* récupérer cet or. Il aurait été beaucoup plus simple, beaucoup plus facile, par l'adoption de mesures efficaces, prises en temps utile, d'empêcher la diminution de la réserve, qu'il ne l'est ensuite de la reconstituer par des mesures prises après coup. Mais c'est là un fait que les nouveaux gouverneurs sont rarement disposés à comprendre.

Secondement. Ces vices d'administration peuvent se perpétuer, en tout ou en partie, pendant toute la durée du règne d'un gouverneur timide. Le peu de disposition à une politique vigoureuse, à des actes accomplis en temps utile, excusable chez un homme dont l'influence commence, dont le pouvoir date d'hier, se continue pendant tout le règne d'un homme pour qui cette timidité est un défaut naturel et qui la porte dans toutes ses affaires.

Troisièmement. Ce vice d'administration trouve un nouvel aliment dans ce fait, que nous avons déjà signalé si souvent, de l'absence de toute règle reconnue, de tout principe solide pour le gouvernement de la réserve de banque. M. Weguelin, le dernier gouverneur de la Banque, interrogé par une commission parlementaire, a répondu qu'il suffisait à la banque de conserver une réserve égale au tiers ou au quart de son débit. Mais personne ne serait satisfait si la réserve descendait au quart du débit de la banque. M. Hankey, comme je l'ai dit, indique le tiers du débit comme la véritable proportion que doit atteindre la réserve de la Banque, mais il ne dit pas s'il considère ce tiers comme un minimum au-dessous duquel la réserve ne doit jamais tomber, ou comme une bonne moyenne autour de laquelle la réserve peut fluctuer, étant tantôt moindre, tantôt plus considérable.

J'essaierai de prouver, dans un chapitre subséquent, que un tiers du débit est actuellement une réserve beaucoup trop minime pour la Banque, que ce n'est même pas un minimum convenable et encore bien moins une bonne moyenne. J'expliquerai aussi les raisons pour lesquelles, raisons que je crois excellentes, il me semble que la position de la Banque peut devenir périlleuse, et qu'elle peut exposer le public à de grands désastres si elle ne se fait pas un devoir de conserver une réserve plus considérable.

II

Mais, comme nous l'avons expliqué, la Banque d'Angleterre a le devoir, notre système de banque étant donné, non seulement de conserver un fonds de réserve suffisant pour faire face aux paniques qui peuvent surgir, mais aussi d'employer ce fonds de réserve d'une manière efficace quand survient la panique. Les gardiens de la réserve de banque, qu'il y ait une ou plusieurs réserves, sont obligés alors d'employer cette réserve pour se mettre eux-mêmes à l'abri. S'ils laissent sombrer dans la tourmente toutes les autres formes de crédit, leur crédit, à eux aussi, est destiné à périr immédiatement.

On nie que ce fait soit vrai quand il s'agit de la Banque d'Angleterre; on soutient qu'elle peut s'isoler en temps de panique, qu'elle peut, si elle le veut, laisser sombrer les autres banques et les autres maisons de commerce; que, si elle le veut aussi, elle peut rester debout et survivre seule, alors que tout périt autour d'elle. Dans bien des occasions, des personnes fort influentes, administrateurs de la banque et autres, ont soutenu que telle était leur opinion. Or, il nous faut examiner immédiatement ce qu'il y a de fondé ou non dans cette opinion, car il serait absurde de discuter quelle doit être la conduite de la Banque au moment d'une panique, si nous ne commençons pas par établir quelle est alors sa position exacte.

Les défenseurs de cette opinion, sous sa forme la plus extrême, disent qu'en temps de panique la

Banque d'Angleterre peut fermer la main quand bon lui plaît ; qu'après avoir fait beaucoup d'avances, elle peut refuser d'en faire davantage ; que, bien que la réserve ait été réduite par ces avances, elle peut refuser de la diminuer davantage en en faisant de nouvelles ; qu'elle peut refuser de prendre de nouveau papier à l'escompte ; que le papier qu'elle a escompté viendra à échéance, et qu'elle peut reformer sa réserve par le paiement de ces billets ; qu'elle peut vendre des actions ou d'autres titres pour reformer plus vite encore sa réserve. Mais, présentée sous cette forme, c'est à peine si cette opinion mérite d'être réfutée sérieusement. Dès que la réserve de la Banque a commencé à diminuer, il n'y a, au moment d'une panique, aucun moyen de l'augmenter. Il est fort difficile de recouvrer en un tel moment l'argent qu'on a laissé sortir ; ceux qui l'ont reçu ne veulent pas s'en dessaisir, à moins toutefois qu'ils ne soient sûrs de pouvoir le remplacer. Pendant ces instants, il est tout aussi difficile à la Banque qu'à qui que ce soit, plus difficile peut-être encore pour elle, de recouvrer de l'argent. Voici, en un mot, en quoi consiste cette difficulté. Si la Banque refuse d'escompter de nouveau papier, les signataires des traites qu'elle a antérieurement escomptées ne pourront pas faire honneur à leur signature. Le commerce anglais, nous l'avons prouvé, se fait principalement au moyen de capitaux empruntés. Or, si à quelque moment que ce soit on veut diminuer considérablement le prêt de ces capitaux, on causera bien des faillites, à moins toutefois qu'on ne puisse verser sur le marché un montant équivalent d'argent nouveau. Mais, en temps de panique, on ne peut pas se procurer de l'argent; quiconque en possède le garde et ne veut pas s'en dessaisir. Il est surtout fort difficile de recouvrer ce qui a été avancé aux négociants; ils se trouvent sous le coup d'engagements considérables, et ils ne veulent pas se dessaisir d'un centime s'ils s'imaginent qu'ils peuvent en avoir besoin pour faire honneur à leur signature. Les banquiers ont une terreur plus grande encore. Au moment d'une panique, ils ne veulent pas escompter de nouveaux billets; ils ont bien assez de s'occuper de leurs propres engagements et de ceux de leurs clients, sans avoir à s'occuper des engagements des autres. L'opinion que la Banque d'Angleterre peut cesser de faire des escomptes, et par ce moyen récupérer de l'argent, est donc absolument erronée. Bien entendu, elle peut, si elle le veut, cesser de faire des escomptes, mais, si elle le fait, elle ne recouvrera pas d'argent, et son portefeuille se remplira chaque jour davantage de billets qu'on lui retournera impayés.

La Banque d'Angleterre ne peut pas non plus vendre des actions ou des consolidés au milieu d'une panique. En temps pareil, la Banque se trouve être le seul établissement qui puisse prêter de l'argent sur les fonds publics, et, pendant une panique, des achats considérables de fonds publics ne peuvent se faire qu'à une seule condition, c'est-à-dire qu'une banque prête de l'argent à l'acheteur. A moins donc que la banque ne consente à prêter de l'argent, il n'y aura pas de gros achats, car il ne se trouve pas alors dans le pays d'argent disponible qu'on puisse employer à cet usage. Le seul argent disponible qu'il y ait alors se trouve dans les coffres de la Banque d'Angleterre et constitue la réserve; par conséquent, si la Banque essayait de vendre des titres en pleine panique elle ne pourrait pas trouver d'acheteurs. Ce serait même ridicule que d'essayer, car elle ne trouverait pas à vendre pour mille francs de titres. L'opinion que la Banque peut, pendant une panique, reconstituer sa réserve en employant ces moyens ou quelques autres que ce soit, une fois qu'elle a laissé cette réserve diminuer notablement, est réellement trop absurbe pour qu'on puisse la soutenir, et je crois malheureusement cependant que cette opinion existe encore.

La seconde idée qu'on se fait de l'indépendance de la Banque d'Angleterre est toutefois plus raisonnable. On peut dire et on dit que si la Banque au commencement d'une panique arrêtait toutes ses affaires, que si elle refusait d'avancer un franc de plus qu'à l'ordinaire, que si elle commençait la lutte en ayant dans ses coffres une bonne réserve sans laisser diminuer cette réserve par des prêts extraordinaires, la Banque ne courrait aucuns risques. Mais cette opinion, exprimée sous cette forme, bien que plus raisonnable et plus modérée, n'en est pas pour cela plus fondée. La panique de 1866 est là pour en fournir la preuve. Chacun sait que cette panique commença tout à coup, causée qu'elle fut par la faillite « Overend. » A la veille de cette faillite, la Banque avait dans ses coffres une réserve de 145,300,000 francs, en un mot elle avança 325,000,000 de francs pendant les quelques jours qui suivirent; la réserve tomba à rien et le gouvernement dut venir au secours de la banque. Or, en admettant que la Banque n'ait pas fait ces avances, aurait-elle pu conserver sa réserve?

Certainement non. Elle n'aurait pas pu conserver les dépôts qui lui avaient été confiés. Une grande partie de ces dépôts appartiennent aux banquiers, et ils ne consentiraient certainement pas à aider la Banque à pratiquer une politique d'isolement. Ils ne consentiraient certes pas non plus à suspendre leurs paiements pour permettre à la Banque d'Angleterre de leur survivre et de leur enlever toutes leurs affaires. Les banquiers retireraient donc les dépôts qu'ils ont à la Banque, car ils ne voudraient pas l'aider à se tenir debout au milieu des ruines générales. Mais en admettant même qu'il n'en soit pas ainsi, en admettant que les banquiers consentent à laisser leurs dépôts à la Banque, qui ne prêterait plus d'argent, ils s'apercevraient bientôt qu'ils ne pourraient pas le faire. Les banquiers, en effet, ne peuvent déposer de l'argent à la Banque que grâce au système du « Clearing-House ; » or, si la panique atteint un certain degré, ce système qui repose absolument sur la confiance disparaîtrait au milieu de la terreur générale..

Quelle est, en effet, la marche ordinaire des affaires? A. B. a à recevoir un million de C. D.; il accepte en paiement le chèque de C. D., chèque croisé, c'est-à-dire qu'il n'est payable qu'entre les mains d'un banquier. A. B. remet ce chèque à son banquier, avec ordre d'en porter le montant à son crédit; celui-ci présente le chèque au banquier sur lequel il a été tiré; si ce chèque est bon, c'est-à-dire si la provision est suffisante, cette somme d'un million fait partie de leur compte qui se règle dans l'après-midi. Mais c'est évidemment là un rouage fort compliqué qu'une panique peut facilement déranger. En premier lieu, A. B.

peut dire à son débiteur, C. D. : « Je ne veux pas de votre chèque, je veux des billets de banque. » Or, si c'est une dette garantie par un dépôt d'effets publics, il le dira presque certainement. Dans la pratique, alors que le crédit est bon, le créancier accepte ordinairement le chèque du débiteur et remet la garantie du prêt contre ce chèque. Mais en temps de panique, si la garantie représente vraiment l'argent avancé, il ne s'en dessaisira pas en échange d'un morceau de papier, — d'un simple chèque qui peut être payé ou non. Il dira donc à son débiteur : « Je ne peux vous rendre la garantie que vous m'avez donnée, que si vous me remboursez en billets de banque. » Or, s'il agit ainsi, le débiteur devra aller chez son banquier et se faire donner un million s'il l'a réellement à son compte. Si cela se répète souvent, l'argent que les banques ont en caisse pour leurs besoins quotidiens aura bientôt disparu. A mesure que les paiements en espèces remplaceraient le Clearing-House, les banquiers auraient à retirer partie de leur argent déposé à la banque, et viendrait bientôt un jour où ils auraient tant de paiements à faire en numéraire qu'il leur serait impossible de laisser un centime entre les mains de la Banque d'Angleterre, en admettant même qu'ils voulussent le faire.

L'emploi moindre du Clearing-House, en conséquence de la panique, augmenterait cette panique. De beaucoup la plus grande partie des opérations du pays en matières financières se liquide deux fois par mois sur le Stock-Exchange (la Bourse), et le nombre des garanties remises alors en échange de simples chèques, qui vont ensuite s'échanger au Clearing-

House, constitue des sommes énormes. Si ce système venait à manquer, le nombre des faillites serait incalculable, et chaque faillite ajouterait au manque de crédit qui aurait causé la disparition de cette précieuse institution.

Les clients directs de la Banque d'Angleterre auraient à supporter, aussi bien que n'importe qui, leur part de discrédit; on n'accepterait pas plus leurs chèques qu'on n'accepterait ceux des autres; ils devraient, tout comme n'importe qui, se munir de billets de banque, et la réserve de la Banque ne formerait pas la dixième partie de ces paiements..

Les choses en arriveraient bien vite à ce point : un grand nombre de courtiers et de négociants se trouvent dans l'obligation de payer des sommes immenses; en temps ordinaires, ils se procurent ces sommes par le transfert de fonds publics. Si, comme nous venons de le dire, n° 1 a emprunté un million à n° 2 contre le dépôt de bons du Trésor, il ne peut, la plupart du temps, rembourser n° 2 qu'après avoir vendu ces bons à une autre personne ou les avoir déposé en garantie entre d'autres mains. Mais il ne peut emprunter sur ces bons ou les vendre qu'au moment où il les a entre les mains, et si n° 2 ne veut pas s'en dessaisir jusqu'à ce qu'il ait son argent, n° 1 sera ruiné parce qu'il ne peut pas rembourser. Or, si n° 2 a un paiement à faire à n° 3, ce qui est fort probable, il peut se trouver ruiné par le défaut de paiement de n° 1, et n° 4 se trouver ruiné aussi par le seul défaut de paiement de n° 3, et ainsi de suite. Le jour de la liquidation, si le Clearing-House avait disparu, il y aurait une quantité considérable de faillites et une masse inutile de fonds publics qui auraient temporairement perdu toute valeur. Ces faillites causeraient des demandes générales de remboursement chez les banquiers et particulièrement à la Banque d'Angleterre.

On peut dire, il est vrai, que l'argent enlevé à la Banque d'Angleterre y retournerait immédiatement; que le public qui a emprunté cet argent ne saurait où le déposer, si ce n'est dans les coffres de cet établissement; qu'on irait le chercher le matin pour l'y reporter le soir. Mais, en premier lieu, on fait reposer cet argument sur le fait que la Banque aurait assez d'argent dans ses coffres pour faire face à toutes les demandes qu'on pourrait lui adresser; or, cela est une erreur; la Banque n'aurait pas la centième partie des fonds qui lui seraient nécessaires. En second lieu, une panique qui serait assez violente pour faire disparaître le Clearing-House se répandrait bientôt dans le pays tout entier. L'argent enlevé à la Banque d'Angleterre ne retournerait donc pas immédiatement dans ses coffres; il n'y retournerait certainement pas le jour où on l'en aurait tiré, ni pendant bien des jours; il se répandrait dans le pays tout entier, partout où il y aurait des banquiers, partout où il y aurait le moindre commerce, partout où il y aurait des engagements pris, partout où pénétrerait la panique.

A Londres même, une panique aussi immense ruinerait bientôt le crédit de la section de la Banque d'Angleterre qui se charge des opérations de banque. Cette section n'a pas grand prestige. Créée depuis 1844 seulement, elle a déjà fait trois fois faillite. On ne manquerait pas de penser que ce qui est arrivé déjà pourrait arriver encore; or, quand on aurait touché son argent, on n'irait pas le déposer à nouveau dans un établissement qui pourrait en arriver à ne pouvoir pas rembourser les sommes qu'il a reçues. Ce fait ne s'est pas produit dans les paniques précédentes, parce que le fait que nous supposons ne s'est pas produit non plus. La Banque venait au secours du public et le public comptait presque sûrement que le gouvernement viendrait au secours de la Banque si besoin était. Mais si on abandonne la ligne de conduite qui, dans les paniques précédentes, servait à conjurer les alarmes, la panique se prolongera et s'étendra de telle façon qu'elle finira par atteindre la Banque d'Angleterre elle-même.

Je ne suppose pas qu'elle aille jusqu'à atteindre la section de la Banque chargée de la circulation. Je crois que le public serait parfaitement satisfait, s'il lui était possible de se procurer des billets de banque. Ordinairement, il n'y a rien à gagner à garder par devers soi les billets d'une banque, au lieu de les déposer dans cette banque. Mais il faut faire une grande différence relativement à la Banque d'Angleterre, car ses billets constituent une monnaie légale. Quiconque possède ces billets peut, avec ces billets, payer ses dettes et subvenir à tous ses besoins, sauf toutefois faire des paiements à l'étranger. On s'empresserait donc de réclamer des billets de banque ; ceux qui pourraient s'en procurer les porteraient au nord et au sud, à l'est et à l'ouest, et comme il n'y en aurait pas assez pour le pays tout entier, la Banque en serait bientôt dépourvue.

Il est donc absolument certain que la Banque d'Angleterre n'a, sous ce rapport, aucun privilége particulier, qu'elle occupe simplement la position d'une banque chargée de garder la réserve de banque du pays, qu'elle doit en temps de panique faire ce que feraient toutes les banques placées dans une position analogue, qu'elle doit enfin, en temps de panique, avancer libéralement, généreusement, cette réserve au public.

Or, la Banque d'Angleterre, comme toutes les autres banques placées dans les mêmes conditions, si elle se décide à faire ces avances, doit les faire de façon à atteindre, s'il est possible, le but qu'on se propose en adoptant cette ligne de conduite. Le but qu'on se propose est d'arrêter la panique ; or, les avances faites doivent, s'il est possible, arrêter la panique. Pour atteindre ce but, il faut observer deux règles :

1° Ces prêts ne doivent se faire qu'à un taux d'intérêt extrêmement élevé. Ce taux d'intérêt servira d'amende à toute timidité exagérée et empêchera les demandes de ceux qui n'ont pas absolument besoin d'argent. Le taux de l'intérêt devrait être élevé au commencement même de la panique, de façon que ce que nous appelons l'amende se paie dès le principe, de façon à ce que personne ne puisse emprunter comme précaution ridicule sans être obligé de payer fort cher cette avance, de façon à ce que la réserve de banque se trouve protégée autant que possible.

2° A ce taux d'intérêt, ces avances ne doivent se faire que contre de bonnes garanties de banque, mais elles doivent être aussi considérables que le désire le public. La raison de cette conduite est facile à comprendre. Le but qu'on se propose est de mettre fin aux alarmes, et il ne faut rien faire qui puisse les augmenter. Or, le meilleur moyen d'augmenter les alarmes est de refuser de l'argent à quiconque a de bonnes garanties à offrir. Dans un moment de terreur, une nouvelle de ce genre se répand en un instant sur tout le marché financier; personne ne peut dire exactement qui répand la nouvelle, mais, en une demi-heure, tout le monde la connaît, et elle augmente partout la terreur. Il n'est certes pas utile non plus que la Banque fasse des avances qui l'exposeraient plus tard à des pertes. Dans un pays commerçant, les affaires véreuses constituent une partie infime de la quantité totale des affaires. Que la banque ou les banques, détenteurs de la réserve suprême de banque, refusent en temps de panique le papier mauvais ou les garanties insuffisantes, il n'y a rien là de nature à augmenter la panique; les gens véreux forment une minorité infime, et ils ont peur de paraître effrayés, de crainte que les soupçons ne se portent sur eux. La grande majorité, la majorité qu'il faut protéger, sont les négociants solides, ceux qui ont de bonnes garanties à offrir. Or, si l'on est convaincu que la Banque d'Angleterre fait libéralement des avances sur les titres, qu'en temps ordinaire on regarde comme une garantie suffisante, sur les titres qu'on met alors en dépôt et qu'on peut convertir facilement en argent, l'alarme des marchands solvables et des banquiers s'arrêtera immédiatement. Mais si la Banque refuse des titres qui ont réellement de la valeur et qu'on peut ordinairement convertir en argent, la panique ne disparaîtra pas; les autres prêts consentis ne suffiront pas à atteindre le but qu'on se propose, et la panique deviendra de plus en plus terrible.

On peut objecter que la réserve qui se trouve dans les coffres de la Banque ne suffira pas à ces prêts. S'il en est ainsi, la section chargée des opérations de banque fera faillite. Il n'en est pas moins vrai que prêter de tous côtés est la ligne de conduite la plus sage. C'est là le vrai moyen de faire produire à l'argent tout ce qu'il peut produire, et de lui permettre de mettre fin à la panique si tant est que l'on puisse obtenir ce résultat. Ne pas faire de prêts, c'est la ruine, nous l'avons vu; faire des prêts considérables, puis cesser tout à coup, c'est encore la ruine, nous l'avons vu aussi. Le seul plan que la Banque puisse adopter avec sécurité, c'est la bravoure; c'est de prêter, en temps de panique, sur toutes les garanties possibles, sur tous les titres sur lesquels on avance ordinairement de l'argent. Cette conduite peut sauver la Banque; si elle ne la sauve pas, rien ne saurait la sauver.

Si nous examinons avec soin comment la Banque d'Angleterre a rempli ces devoirs, nous nous apercevrons, comme d'ailleurs nous l'avons déjà fait remarquer, qu'elle n'a jamais été fidèle au vrai principe, que sa politique a manqué de consistance, et que bien que cette politique se soit fort améliorée, elle pourrait être encore sur bien des points importants plus satisfaisante qu'elle ne l'est.

La première panique dont nous ayons à nous occuper ici est celle de 1825; je ne crois pas, en effet, qu'il y ait aucun enseignement à tirer de celle de 1793 et de celle de 1797; le monde a beaucoup trop changé depuis cette époque, et, d'ailleurs, pendant la longue période du cours forcé des billets de banque de 1797 à 1819, on se trouvait en présence de problèmes à résoudre tout différents des problèmes actuels. Pendant la panique de 1825, la Banque d'Angleterre commença d'abord par agir avec fort peu de sagesse. Elle chercha par tous les moyens possibles à diminuer ses avances. La réserve était fort minime; aussi chercha-t-elle à la protéger en diminuant ses prêts. Qu'en résulta-t-il? Une période de folle violence presque inconcevable; on ne savait plus à qui se fier; le crédit avait presque entièrement disparu, et, comme le dit M. Huskisson, le pays se trouva à deux doigts de sa perte. La Banque demanda aide et assistance au gouvernement; mais, bien qu'on sut po-itivement que ce dernier avait refusé d'intervenir, c'est tout récemment seulement que nous avons appris comment les choses se sont réellement passées. Cette histoire est racontée tout au long dans la Correspondance du duc de Wellington, où on ne s'attendait certes pas à la trouver. Le duc se trouvait alors en mission à Saint-Pétersbourg, et sir R. Peel lui écrivit une lettre dont voici une partie :

« Nous nous sommes trouvés dans une position fort désagréable sur l'autre question, — l'émission de bons du Trésor par le gouvernement. L'opinion de la cité, celle de beaucoup de nos amis, celle de la plupart des membres de l'opposition, était certainement favorable à l'émission de bons du Trésor, pour venir au secours des négociants et des manufacturiers.

« On rappelait, en faveur de cette émission, les précédents de 1793 et de 1811, alors qu'on avait eu recours à la même mesure qui avait pleinement réussi. Nos amis nous répétaient à chaque instant que nous suivions une ligne de conduite contraire à celle qu'avait suivie M. Pitt, contraire à celle qu'il suivrait encore s'il était vivant.

« Quelques plausibles que fussent les raisons données en faveur de cette émission, nous n'en étions pas moins convaincus que c'était là une mesure dangereuse et que le gouvernement devait la repousser de toutes ses forces.

« Il y a sur le marché pour sept cent cinquante millions de bons du Trésor, et les achats faits dernièrement par la Banque peuvent à peine les maintenir au pair. Si nous avions fait une nouvelle émission de cent vingt-cinq millions de francs, comme on le proposait, nous nous exposions au danger de voir la masse entière des bons du Trésor tomber considérablement au-dessous du pair, et, dans ce cas, on s'en serait servi pour effectuer les paiements des sommes dues à l'Etat. Si on avait émis les nouveaux bons du Trésor avec un intérêt différent des anciens, 5 pour 100 par exemple, les anciens bons auraient immédiatement baissé, à moins que nous n'ayons aussi augmenté l'intérêt qu'ils rapportent; or, l'élévation de ce taux d'intérêt aurait imposé une perte proportionnelle à l'Etat. Nous nous sommes alors aperçus que la Banque avait le pouvoir d'avancer de l'argent sur le dépôt de marchandises. Or, comme l'émission de bons du Trésor n'eut servi à rien, à moins que la Banque consentit à encaisser ces bons, que, par conséquent, l'intervention de la Banque était, dans tous les cas, absolument nécessaire, et qu'en outre la principale utilité de cette intervention résulterait de l'effet produit par une circulation monétaire plus considérable, nous avons conseillé à la Banque de prendre seule immédiatement l'affaire en main et d'émettre ses billets sur la garantie de marchandises, au lieu de les émettre sur la garantie de bons du Trésor qui n'auraient eux-mêmes que des marchandises pour garantie.

« La Banque finit par consentir, mais non sans se faire prier beaucoup, et, en ce faisant, elle nous a tiré d'un grand embarras. »

Les efforts de la Banque, dans cette occasion, furent couronnés d'un plein succès, parce qu'elle adopta complétement les vrais principes. Elle les adopta bien tardivement ; mais il est juste de reconnaître que dès qu'elle eut pris une décision, elle n'hésita plus un instant. Selon le document officiel que j'ai déjà cité, « nous, c'est-à-dire les administrateurs de la Banque, avons prêté de l'argent par tous les moyens possibles et dont beaucoup n'avaient jamais encore été employés ; nous faisions des avances sur des dépôts d'actions, nous achetions des bons du Trésor, nous les prenions en garantie, non seulement nous escomptions presque tout le papier qu'on nous présentait, mais encore nous faisions des avances considérables sur le dépôt de traites à longue échéance, en un mot, nous faisions toutes les avances compatibles avec la sécurité de la Banque. » Or, les administrateurs de la Banque, qui n'ont pas à cette époque hésité à adopter complétement et courageusement cette politique, méritent toutes sortes de louanges, car on comprenait alors ce sujet beaucoup moins bien qu'on ne le comprend aujourd'hui ; mais ces mêmes administrateurs méritent aussi un blâme pour avoir, au commencement de la panique, adopté une politique contraire, pour s'être opposés à l'essai de la politique nouvelle, et pour ne l'avoir adoptée, enfin, que sous la pression et avec la garantie du pouvoir exécutif.

Après 1825, il n'y eut plus, dans le marché financier, de panique réelle qu'en 1847. La crise de 1837 et celle de 1839 furent assez graves, mais ni l'une, ni l'autre n'amena de panique ; toutes deux s'arrêtèrent avant que l'alarme ait atteint son maximum d'intensité ; on n'a donc aucune donnée pour juger de ce qu'aurait été la politique de la Banque au suprême moment de la terreur.

Dans les trois paniques qui se sont produites depuis 1844, — en 1847, en 1857 et en 1866, — la politique de la Banque s'est trouvée plus ou moins affectée par la loi de 1844 ; je ne puis donc, dans les limites que je me suis tracées, discuter complétement cette politique. Je me bornerai à constater deux choses : d'abord, que les administrateurs de la Banque soutiennent par-dessus tout que la loi de 1844 ne les a pas empêchés de faire, dans les premiers moments de la panique, toutes les avances qu'ils auraient faites si cette loi n'avait pas existé. En second lieu que, dans les derniers moments de la panique, la loi de 1844 a été, à tort ou à raison, suspendue dans ces trois occasions ; qu'il ne s'est pas encore présenté cas semblable où cette loi n'ait pas été suspendue, et que, à tort ou à raison, le public compte positivement que si occasion semblable se présente à nouveau, on suspendra encore cet acte. Quoi que puisse prescrire la théorie, la logique des faits est jusqu'à présent péremptoire. Or, si l'on considère l'ensemble de ces principes, c'est en revenir à dire que, selon les doctrines de ses administrateurs, la Banque d'Angleterre doit, autant qu'elle le peut, faire face à une panique avec l'acte de 1844, à peu près comme elle lui ferait face si cet acte n'existait pas — au commencement de la panique, parce que cet acte n'embarrasse pas la Banque ; à la fin de la panique, parce que l'embarras qu'il pourrait produire n'existe plus.

Nous pouvons donc juger la politique qu'a suivie la Banque d'Angleterre, pendant les trois paniques qui se sont produites depuis qu'a été votée la loi de 1844, sans avoir à nous inquiéter des effets de la loi en elle-même. Il est certain que, pendant toutes ces paniques, la Banque a fait des avances très-considérables ; il est certain aussi que, dans ces trois occasions, la Banque s'est décidée beaucoup plus vite qu'en 1825 ; qu'elle a moins hésité à se servir de sa réserve de banque pour faire des avances, usage principal auquel est destiné cette réserve. Mais il reste encore une lacune considérable. Personne ne sait sur quels titres la Banque consentira à faire des avances nécessaires en temps de panique.

Les principes, comme nous l'avons vu, exigent que ces avances, si elles sont faites en vue de calmer la panique, doivent être faites de façon à remplir le but qu'on se propose. Or, pour atteindre ce but, il faut que l'on puisse emprunter de l'argent sur tous les titres qui, en temps ordinaire, constituent une bonne « garantie de banque. » Le mal est que, grâce à la terreur qui règne alors, ce qui est ordinairement une bonne garantie cesse de l'être ; or, la vraie politique de la Banque est d'employer sa réserve de telle façon que, s'il est possible, le mal temporaire s'arrête et que les affaires reprennent leur cours habituel. On ne peut obtenir ce résultat qu'en faisant des avances sur tout ce qui constitue une bonne garantie de banque.

La Banque d'Angleterre n'adopte malheureusement pas cette ligne de conduite. Le Comptoir des escomptes fait des avances considérables sur le bon papier. La Banque fait aussi des avances considérables sur les titres de consolidés et sur les titres du gouvernement des Indes, bien que, pendant la panique de 1866, il y ait eu un moment où l'on a cru qu'elle allait cesser de faire des avances sur ces titres. Mais ces titres ne constituent, en somme, qu'une faible partie de ceux sur lesquels, en temps ordinaire, on peut facilement emprunter de l'argent et qui assurent un remboursement complet. Les actions de chemins de fer constituent une garantie tout aussi bonne qu'un effet de commerce, et bien des gens, j'avoue que je suis de ceux-là, les regardent comme une garantie meilleure que les titres du gouvernement indien; car, en somme, une grande compagnie de chemins de fer est, je crois, moins sujette à des complications imprévues que cet étrange empire de l'Inde. Je doute, cependant, qu'en temps de panique, la Banque d'Angleterre consente à faire des avances sur les actions de chemins de fer, tout au moins personne ne peut dire avec certitude qu'elle en ferait, et il y a beaucoup d'autres valeurs qui se trouvent dans le même cas.

Ce que la Banque d'Angleterre doit principalement considérer, c'est la *quotité* de l'avance faite et non la nature de la garantie qu'on lui offre, en admettant, toutefois, que la garantie soit bonne. L'opinion prévaut, je crois, à la Banque d'Angleterre qu'elle ne doit pas, en temps de panique, faire d'avances sur des valeurs autres que celles qu'elle accepte comme garantie en temps ordinaire. Mais si, en temps ordinaire, les banquiers font des avances sur des valeurs qui représentent incontestablement une excellente garantie, la pratique ordinaire de la Banque importe peu. En temps ordinaire, en effet, la Banque n'est qu'un des nombreux établissements qui font des avances sur titres; en temps de panique, au contraire, elle se trouve être le seul établissement qui puisse en faire. Or, ce que nous désirons amener par dessus tout, c'est que le temps extraordinaire des paniques ressemble autant que possible aux temps ordinaires.

Il règne toujours dans le public une grande incertitude, relativement à la conduite que compte adopter la Banque. La Banque, en effet, n'a jamais indiqué clairement que telle ou telle sera sa politique, et, comme nous l'avons vu, quelques-uns de ses administrateurs, M. Hankey, par exemple, soutiennent une politique erronée. Le public ne sait jamais quelle sera la politique adoptée au moment le plus important; il ne connait pas le montant des avances qui seront faites alors et sur quelles garanties il pourra se procurer de l'argent. Le meilleur palliatif d'une panique est une confiance absolue dans la magnitude suffisante de la réserve de la Banque et dans l'emploi efficace de cette réserve. Or, jusqu'à ce que la Banque d'Angleterre s'explique clairement sur ce point, nous nous trouverons plus exposés à des crises, et la frayeur qu'inspirera les crises sera plus grande qu'il n'en serait autrement.

CHAPITRE VIII

LE GOUVERNEMENT DE LA BANQUE D'ANGLETERRE

La Banque d'Angleterre est gouvernée par un conseil d'administration, par un gouverneur et par un sous-gouverneur. Le mode qui préside au choix de ce corps directeur, le temps pendant lequel il doit remplir ses fonctions, ont une grande influence sur les affaires de la Banque. On peut dire, en somme, que le conseil d'administration se recrute lui-même. En théorie, un certain nombre d'administrateurs doivent se retirer annuellement, puis, après un an passé sans faire partie du conseil, peuvent être réélus par les actionnaires. Mais, dans la pratique, ils sont presque toujours réélus au bout d'une année, et toujours il en est ainsi si les autres administrateurs désirent leur réélection. Telle est la pratique depuis un grand nombre d'années, et il serait fort difficile de la changer aujourd'hui. Quand une vacance se produit dans le conseil à la suite de la mort ou de la démission de l'un des membres, le conseil entier choisit le nouveau membre et fait ce choix, me dit-on, avec le plus grand soin. Il est important, pour une raison toute particulière, que les membres nouveaux qui entrent au conseil soient encore jeunes ; aussi le conseil d'administration examine-t-il les noms des jeunes gens les plus soigneux, les plus intelligents qui se trouvent à la tête des plus vieilles maisons de Londres, et choisit-il celui qui, pense-t-il, a l'étoffe d'un bon administrateur. On ambitionne beaucoup ce poste. La position que donne le titre d'administrateur de la Banque à celui qui le porte et à la maison à laquelle il appartient est considérable. Le favoritisme entre pour fort peu de chose dans ce choix; les administrateurs de la Banque, en effet, semblent, en le faisant, animés d'un seul désir, pourvoir, aussi bien qu'ils le peuvent, au bon gouvernement futur de la Banque. Fort peu de choix au monde se font donc avec une égale pureté de motifs. Le conseil cherche l'avantage de la Banque en choisissant un jeune homme de bonne conduite qui a commencé à s'occuper des affaires et qui semble promettre, dans une vingtaine d'années, être un homme sensé et utile.

L'âge est un point fort important. Les fonctions de gouverneur et de sous-gouverneur se donnent en effet par rotation. Le sous-gouverneur succède toujours au gouverneur, et, ordinairement, l'administrateur le plus âgé, qui n'a pas encore rempli ces fonctions, devient sous-gouverneur. Quelquefois le moment où un administrateur devient sous-gouverneur peut être quelque peu retardé à cause de raisons personnelles, telles que mauvaise santé ou occupation temporaire spéciale; quelquefois aussi, mais c'est la grande exception, des négociants, à la tête de maisons d'une importance hors ligne, ont pu refuser complétement ce poste; mais, en règle générale, la rotation est absolue. Sauf donc quelques rares exceptions, un administrateur doit remplir les fonctions de sous-gouverneur et de gouverneur quand vient son tour et guère avant son tour. C'est environ vingt ans après son élection comme membre du conseil qu'un administrateur arrive au fauteuil, pour employer l'expression consacrée. Or, comme les fonctions de sous-gouverneur et de gouverneur sont fort importantes, l'homme qui les remplit doit avoir encore toute sa vigueur. Aussi le conseil d'administration de la Banque choisit-il toujours des jeunes gens pour se recruter.

Tout d'abord cela produit un singulier effet, et un étranger ne sait qu'en penser. Je me rappelle l'étonnement dont je fus frappé en voyant, il y a bien des années, un jeune homme gentil, tout rose, qu'on me dit être un des administrateurs de la Banque. J'avais toujours pensé que ces administrateurs devaient être des hommes d'une sagacité à toute épreuve, à la longue expérience, et je fus tout étonné de voir au milieu d'eux un homme aussi jeune et aussi gai. J'avoue que je pensai alors qu'il y avait là quelque danger. Des hommes si jeunes, selon moi, ne pouvaient administrer convenablement la Banque, et je craignais qu'ils n'eussent le pouvoir de faire des folies.

Des renseignements plus précis me convainquirent bientôt cependant qu'ils n'avaient pas le pouvoir d'en faire. Naturellement, les jeunes gens n'ont pas beaucoup d'influence dans un conseil qui contient un grand nombre de membres plus âgés. Il existe, en outre, une clause spéciale dans la pratique du conseil d'administration de la Banque d'Angleterre pour les priver de cette influence s'ils venaient à l'acquérir. Quelques-uns des administrateurs, comme je l'ai dit, se retirent annuellement ; or, par courtoisie, ce sont toujours les jeunes administrateurs qui se retirent. Ceux qui ont passé au fauteuil, c'est-à-dire ceux qui ont rempli les fonctions de gouverneur, restent toujours. La partie jeune du conseil en forme la partie changeante ; la partie âgée en forme la partie permanente ; il n'est donc pas surprenant que les jeunes gens aient peu d'influence. On peut blâmer les administrateurs de la Banque de bien des choses, mais on ne peut les blâmer d'introduire dans leur sein les idées changeantes et les passions d'une néocratie.

Pour plus de sûreté encore, les membres les plus âgés du conseil, c'est-à-dire ceux qui ont passé au fauteuil, forment une commission permanente ayant des pouvoirs indéfinis et qu'on appelle la commission du trésor. Je dis « pouvoirs indéfinis, » parce que je ne sache pas qu'on en ait jamais donné une définition précise et que je doute même qu'on puisse les définir bien exactement. On dit quelquefois que cette commission exerce un contrôle particulier sur les relations et les négociations qui existent entre la Banque et le gouvernement. Mais je crois, je le confesse, que ces pouvoirs varient beaucoup selon le caractère du gouverneur. Un gouverneur au caractère vigoureux n'hésite pas, en effet, à engager sa responsabilité, et tout le contraire arrive avec un gouverneur au caractère faible. Quoi qu'il en soit, l'influence de la commission du trésor est toujours très-considérable, bien qu'elle ne soit pas toujours la même. Cette commission forme une espèce de conseil composé d'hommes âgés, expérimentés, placé auprès du pouvoir exécutif; or, un tel conseil doit exercer un grand pouvoir que ce soit en bien ou en mal.

Un vieil usage veut qu'un administrateur de la Banque ne puisse lui-même être banquier. C'est là une relique des vieux temps. On croyait alors que chaque banque devait nécessairement faire plus ou moins d'opposition à toute autre banque, et que surtout deux banques situées dans la même ville ne pouvaient s'entendre. En conséquence, aucun banquier de Londres n'a aucune chance de devenir administrateur de la Banque d'Angleterre, il n'essaierait même pas. Je parle ici de banquiers dans l'acception anglaise du mot, acception qui étonnerait considérablement un étranger. Un des membres de la famille Rothschild est administrateur de la Banque; or, un étranger serait disposé à penser que les Rothschild sont des banquiers, s'il existe des banquiers au monde. Mais ceci ne fait qu'indiquer la différence essentielle qui existe entre l'idée que nous nous faisons de la banque et celle que s'en font les étrangers. Nos idées, à ce sujet, sont sans doute beaucoup plus développées que les leurs. MM. Rothschild sont d'immenses capitalistes qui ont, sans doute, entre les mains beaucoup d'argent appartenant au public. Mais ils ne recevraient pas 2,000 francs payables à vue pour les rembourser en chèques de 100 francs; or, c'est là ce qui constitue la banque anglaise. Ils ont emprunté en grosses sommes, et pour un terme plus ou moins long, l'argent qu'ils ont entre les mains. Les banquiers anglais, au contraire, reçoivent une grande quantité de petites sommes payables à vue ou dans un court délai. La façon dont ils se servent de leur argent est aussi toute différente. Un étranger pense que les affaires de change, c'est-à-dire l'achat et la vente de papier sur l'étranger, constituent une des principales fonctions de la banque. Le transport de l'argent est, comme je l'ai expliqué, une des fonctions secondaires qu'accomplissent les banques avant de devenir banques de dépôts. Mais la grande majorité des banquiers de province, en Angleterre, ne vendent du papier que sur Londres ou sur les principales villes anglaises, et à Londres, le commerce du papier commercial a échappé aux banquiers. La plupart d'entre eux ne sauraient pas faire une opération de change et ne saurait comment s'y prendre pour faire revenir l'argent; ils aimeraient mieux, je crois, devenir marchands de soie que de se charger d'opérations semblables. Ce sont donc des maisons étrangères spéciales, parmi lesquelles la maison Rothschild est la plus considérable, qui s'occupent des opérations de change. Un des membres de cette maison peut donc être administrateur de la Banque, malgré la règle qui s'oppose à ce qu'un banquier fasse partie de ce conseil d'administration, parce que ni lui, ni sa famille, ne sont des banquiers anglais, ni d'après leur mode d'emprunter l'argent, ni d'après leur mode de l'employer. Mais la règle est rigide et absolue dès qu'il s'agit d'un banquier dans l'acception anglaise du mot. Non seulement un banquier particulier ne peut pas devenir administrateur de la Banque d'Angleterre, mais encore un administrateur d'une banque par actions ne pourrait pas le devenir non plus. On considère que ces deux positions sont incompatibles.

La grande majorité des administrateurs de la Banque sont des négociants expérimentés qui emploient un capital considérable dans des affaires qu'ils ont suivies tout jeunes et qu'ils connaissent admirablement bien.

La plupart d'entre eux possèdent des renseignements sur le cours des affaires en général, et sur le caractère et la richesse des autres négociants, renseignements précieux pour la Banque. La plupart d'entre eux aussi sont des hommes tranquilles, sérieux, qui, par habitude et par nature, s'occupent avec soin de toutes les affaires dont ils peuvent être chargés. Presque tous ont beaucoup de loisirs, car la vie d'un négociant, qui n'emploie que son propre capital et qui l'emploie presque toujours de la même façon, n'est pas très-occupée. Quel que soit le capital qu'emploie une maison, l'associé principal doit avoir des loisirs, et si un tel homme est très-occupé, c'est un signe que tout n'est pas pour le mieux. C'est signe alors qu'il s'occupe de détails que des employés traiteraient mieux que lui et qu'il vaut mieux laisser à leurs soins, ou qu'il se lance dans la spéculation, qu'il prend plus d'engagements que ne le comporte son capital, et qu'ainsi il peut se trouver ruiné. Aussi chaque ville commerçante abonde-t-elle en hommes doués d'une grande habileté et d'une profonde expérience commerciales, hommes qui ont des loisirs, qui désirent les occuper et qui sont, par conséquent, fort heureux de devenir administrateurs de compagnies. C'est parmi ces hommes que, pendant bien des générations, le conseil d'administration de la Banque d'Angleterre a recruté ses membres.

Un gouvernement semblable pour une compagnie par actions est très-bon ou très-mauvais, selon la nature des opérations de cette compagnie et selon que le conseil directeur est ou n'est pas au courant de ces opérations. Ce gouvernement se compose d'hommes qui, en moyenne, ont beaucoup de bon sens, qui connaissent parfaitement les affaires en général, mais qui ne connaissent guère les affaires spéciales dont ils ont à s'occuper. Ordinairement, dans les banques par actions et dans les compagnies, on remédie à ce manque d'expérience des administrateurs par le choix d'un directeur gérant de la compagnie, qui a reçu une éducation toute spéciale et qui s'engage à mettre toute son habileté, toute son expérience, tout son temps, au service de la compagnie. Les administrateurs, et la plupart du temps même un comité choisi dans le sein du conseil d'administration, discutent avec le directeur les affaires de la compagnie, et, après avoir écouté ses observations prennent une décision. On trouve donc, dans toutes les compagnies ordinaires par actions, un pouvoir exécutif doué de talents tout spéciaux et un conseil d'administration sujet à varier quelque peu, mais sans connaissances spéciales. Le directeur permanent assure à la compagnie la continuité et l'expérience dans l'administration des affaires, un bon conseil d'administration est en même temps pour elle une garantie de sagesse générale.

Mais, à la Banque d'Angleterre, il n'y a pas de pouvoir exécutif permanent. Le gouverneur et le sous-gouverneur, qui constituent ce pouvoir exécutif, changent tous les deux ans. Je suis même porté à croire que telle n'était pas l'intention primitive des fondateurs de la Banque. Anciennement, alors qu'il n'y avait que quelques compagnies privilégiées, le président de ces compagnies, bien que périodiquement élu, restait dans la pratique toujours le même, tant que sa politique était populaire. C'était une sorte de premier ministre qui ne quittait guère la place que quand l'opposition lui succédait. Mais cette idée n'a plus rien qui ressemble au gouvernement actuel de la Banque d'Angleterre. A présent, le gouverneur et le sous-gouverneur changent presque toujours au bout de deux années révolues; il y a si peu d'exemples d'une occupation plus longue des fonctions de gouverneur, qu'il est inutile d'en parler, En outre, il est difficile que le gouverneur et le sous-gouverneur soient de simples mannequins. Ils doivent être toujours là; ils doivent recevoir personnellement quiconque demande des avances en dehors de la routine ordinaire de la Banque; ils doivent correspondre presque incessamment avec le client le plus considérable de la banque, — le gouvernement; ils doivent préparer tout le travail qui sera soumis au conseil d'administration ou à la commission du trésor; en un mot, ils doivent faire tout ce que fait ordinairement le directeur dans la plupart des compagnies. Il y a, il est vrai, au-dessous de ce pouvoir exécutif changeant, d'excellents chefs de sections. Le chef de la section de l'escompte doit surtout être un homme habile et expérimenté. Mais ces chefs de sections ne sont, en somme, que des employés subordonnés; aucun d'eux ne ressemble au directeur général d'une banque ordinaire, qui est le moteur de toute la machine. La présence continuelle du gouverneur et du sous-gouverneur empêche les employés d'atteindre à cette position. Un gouverneur actif et réellement capable, qui doit être présent chaque jour à la banque, traite, en somme, et ne peut guère s'empêcher de traiter toutes les affaires importantes.

En théorie, rien ne peut être plus mauvais pour une banque que ce gouvernement composé d'un pouvoir exécutif changeant, d'un conseil d'administrateurs choisis trop jeunes pour qu'on puisse savoir s'ils sont capables ou non, d'un comité de direction qui ne se recrute qu'à l'ancienneté et qui n'est, par conséquent, composé que de vieillards, et enfin dans lequel ne se trouve pas un seul banquier.

Cette constitution serait insuffisante si la Banque d'Angleterre était une banque ordinaire; mais cette insuffisance devient d'autant plus grande, et les conséquences qu'elle entraîne d'autant plus terribles, que les fonctions qu'elle a à remplir sont plus importantes. La Banque d'Angleterre a la charge de la seule réserve de banque qui soit dans le pays; elle doit conserver cette réserve en dépit de toutes les modifications qui peuvent survenir sur le marché financier ou dans le cours des changes; elle doit décider instantanément, au moment d'une panique, quelle sorte d'avances elle compte faire, à combien doivent se monter ces avances et pour quel laps de temps; et cependant cette banque a une constitution déplorable. Loin d'être supérieur à celui de toutes les autres banques, comme il devrait l'être, parce que ses fonctions sont plus importantes, plus considérables, le gouvernement de la Banque d'Angleterre est tel que l'on se moquerait de quiconque le proposerait pour modèle pour une banque nouvelle, et, si on le proposait, on le considérerait de toutes parts comme quelque chose de fort curieux en vertu de son antiquité.

Tout naturellement, cette constitution imprime sa marque, en bien ou en mal, sur tous les points de l'histoire de la banque. A un point de vue essentiel, cette direction a produit des résultats excellents. La Banque a certainement fait moins de mauvaises affaires qu'aucune banque de la même importance et de la même antiquité. Je ne sache pas que, dans tout le cours de son histoire, le nom de la banque se trouve lié à celui d'une dette considérable et presque inavouable. On n'a jamais pu l'accuser d'avoir favorisé un homme ou un parti. La grande honorabilité de ses administrateurs, l'attention soutenue que la plupart d'entre eux a toujours consacrée aux affaires de la Banque, ont écarté d'elle tout ce qui aurait pu sembler être déshonorable en quelque façon que ce soit. Des négociants honnêtes et expérimentés, réunis en conseil, sont plus que qui que ce soit admirablement aptes à juger de la valeur du papier et des garanties qu'on leur offre. Ils connaissent toujours le côté faible des personnes dangereuses; ils découvrent facilement les moindres traces des affaires de complaisance, et aucun raisonnement, quelque spécieux qu'il puisse être, ne serait de nature à tromper le plus faible, le plus conciliant d'entre eux. Il eut fallu un miracle, il eut fallu changer leur nature, pour amener les administrateurs de la Banque d'Angleterre à accepter les affaires que les « Overend » ont fini par accepter. Sous leur direction, la triste carrière de la Banque des Etats-Unis eut été une impossibilité. Personne n'a jamais songé à douter, aux périodes les plus critiques même de son histoire, de la parfaite solvabilité de la Banque d'Angleterre, de la certitude absolue qu'ont ses actionnaires de retrouver intact l'immense capital qu'ils lui ont confié.

Mais il n'en est pas moins vrai, comme nous l'avons vu, que souvent la politique de la Banque a été déplorable, et, à ces diverses époques, les défauts inhérents à sa constitution ont aggravé le mal si même ils n'en ont pas été la seule cause.

En un mot, le pouvoir exécutif de la Banque d'Angleterre ressemble beaucoup aujourd'hui à ce que serait le ministère des affaires étrangères ou le ministère de l'intérieur s'il n'y avait pas de chef permanent responsable. Dans ces ministères, le chef nominal change presque aussi souvent que le gouverneur de la Banque. Le sous-secrétaire d'Etat, ayant un siége au Parlement, — le sous-gouverneur du ministère, pour ainsi dire, — change presque aussi souvent. Or, si les détails de l'administration reposaient uniquement sur ces deux hommes, les rouages administratifs cesseraient bientôt de fonctionner. Des hommes nouveaux ne pourraient pas diriger l'administration avec assez de vigueur et d'efficacité ; ils ne pourraient même pas la diriger du tout. Mais, dans la pratique, ils ont auprès d'eux un sous-secrétaire permanent qui dirige toutes les affaires courantes, qui est le dépositaire des secrets de l'administration, dans lequel s'incarnent ses traditions, qui est, en un mot, le trait-d'union entre les différents ministres qui se succèdent les uns aux autres. Grâce à ce sous-secrétaire, les affaires courantes du ministère suivent leur cours ordinaire, malgré les changements fréquents des ministres, et il faut bien reconnaître que sans lui ces affaires ne se feraient pas. Or, si l'on examine la constitution de la Banque d'Angleterre, on reconnait qu'on veut essayer de diriger un grand établissement, dont les affaires deviennent chaque jour plus importantes, sans cet élément permanent, sans ce chaînon indispensable entre les gouverneurs qui se succèdent.

On pourra dire, il est vrai, que les devoirs qui incombent au gouverneur et au sous-gouverneur de la Banque ne sont ni si grands ni si urgents que ceux qui incombent aux ministres. Si on se place au seul point de vue de la quantité de travail à expédier, le gouverneur de la Banque a, sans contredit, moins à faire. Faire la banque ne comporte pas, en effet, un travail bien considérable, et si le travail devient excessif pour le chef de l'établissement, c'est un signe que le système suivi dans la maison est mauvais, ou qu'on manque d'employés compétents. Mais au point de vue de l'importance, les fonctions de gouverneur de la Banque vont de pair avec celles des ministres. Il n'est pas de dépôt plus précieux à conserver que celui de la réserve en espèces d'un pays. En outre, la difficulté de faire face à une panique (difficulté qui incombe à l'administration de la Banque) constitue peut-être une difficulté plus instantanément formidable que celle qui peut incomber à un ministre quel qu'il soit. Dans tous les cas, elle se présente plus soudainement que la plupart des autres difficultés auxquelles on peut la comparer, et il faut être prêt à livrer bataille à l'instant, ce qui exige une vigueur, une largeur de vues, un jugement tels, qu'on les rencontre rarement.

Il est un remède tout naturel : nommer un gouverneur permanent de la banque. Or, comme je l'ai déjà dit, il est plus que probable que telle était l'intention des fondateurs. Toutes les vieilles compagnies, fondées dans le courant du dix-septième siècle, avaient la même constitution, et celles qui ont survécu jusqu'à notre époque l'ont conservée. La compagnie de la Baie d'Hudson, la compagnie des Mers du Sud, la compagnie des Indes orientales, ont toutes reçu au moment de leur fondation un chef suprême, permanent et efficace. C'est là certainement le mode le plus naturel qu'il y ait de fonder une compagnie, surtout quand les compagnies sont chose nouvelle. Les gens qui les fondent ont toujours vu le despotisme régner dans les affaires; ils ont appris à estimer à leur juste valeur une décision prompte et une grande consistance de vues; ils se sont souvent aperçus que les affaires réussissent d'autant mieux que ceux qui les dirigent se trouveraient plus embarrassés de justifier, par des raisons que d'autres pourraient comprendre, la ligne de conduite qu'ils ont adoptée. Tous les négociants de la cité gagnent de l'argent au moyen de placements fondés souvent sur de bonnes raisons, mais qu'il leur serait peut-être fort difficile d'expliquer si on leur demandait de le faire devant une commission parlementaire. Ils se sont habitués à agir conformément à ces raisons, mais sans bien les analyser, et le succès continu est le seul critérium de leur solidité. Naturellement, quand ces négociants viennent à fonder une compagnie, ils la modèlent sur ce qu'ils ont vu si souvent réussir, et ils commencent par établir un pouvoir exécutif solide. Le nom que les fondateurs de la Banque d'Angleterre lui ont donné prouve que telle était l'intention de ses fondateurs. Elle est, en effet, incorporée sous le nom de : « Le *Gouverneur* et la compagnie de la Banque d'Angleterre. » Les fondateurs attachaient une si grande importance à cette pensée d'un chef unique, souverain; qu'ils l'ont nommé séparément et l'ont nommé le premier.

Or, cette constitution d'une compagnie était non-seulement la constitution la plus naturelle, alors que les compagnies étaient chose nouvelle, mais encore c'est celle que l'on a reconnue comme la plus efficace, maintenant que les compagnies existent depuis longtemps. Les grandes compagnies de chemin de fer n'en adoptent pas d'autre. On ne saurait guère citer d'exemple d'une compagnie de chemin de fer qui ait pleinement réussi, à moins que le président de cette compagnie n'ait été un homme actif, plein de jugement, s'occupant constamment de ses affaires; on pourrait, au contraire, citer mille exemples de désastres financiers dans les compagnies de chemin de fer qui ont choisi pour chef nominal un grand seigneur ou quelque chose d'équivalent, qu'on n'avait pris que pour le nom qu'il porte. Et cela est si vrai, on a si bien reconnu combien il était indispensable d'avoir un homme habile, que la présidence du conseil d'administration d'un chemin de fer est devenue une véritable profession. Toute l'expérience des temps modernes tend donc à faire adopter le plan de la nomination d'un gouverneur permanent pour la banque.

Et cependant, l'adoption de ce plan serait-elle bien à propos? J'hésite à le croire. Dans tous les cas, et pour bien des raisons, il y a d'autres plans que j'aimerais à voir essayer d'abord.

1° Ce plan serait extrêmement impopulaire. Un gouverneur permanent de la Banque serait l'un des hommes les plus importants de l'Angleterre. Ce serait un véritable petit monarque dans la cité, placé bien au-dessus du lord maire. Il personnifierait la Banque d'Angleterre; il porterait toujours avec lui une sorte de prestige presque infini. Chacun des négociants le saluerait et essaierait d'être bien avec lui, car, au moment d'une panique, il pourrait sauver ceux qu'il lui plairait de sauver, ruiner ceux qu'il lui plairait de ruiner. Un jour pourrait venir où sa faveur signifierait fortune, où son indifférence ou sa haine signifierait ruine. On rechercherait, avec une ardeur incroyable, une fonction conférant tant de puissance réelle et tant de dignité apparente. Les hommes pratiques en arriveraient à dire que ce poste est préférable à celui de premier ministre, parce qu'il serait de nature à durer plus longtemps, et qu'il donnerait un pouvoir plus absolu sur ce que les hommes pratiques estiment le plus au monde, *l'argent*. Dans tous les cas, un semblable gouverneur, s'il comprenait son affaire, pourrait faire la fortune de cinquante individus, alors que le premier ministre ne pourrait pas faire celle d'un seul. Rien donc ne saurait être moins populaire dans la cité que la nomination d'une sorte de petit souverain qui règnerait sur elle.

2° Je ne crois pas qu'il soit possible de confier ces fonctions à l'homme qui pourrait le mieux les remplir; je craindrais même que souvent on ne parvienne pas à les donner à quelqu'un à peu près propre à remplir ce poste. Il y a bien des cas où l'offre d'un salaire trop considérable nous empêche de trouver l'homme convenable pour remplir un poste, et c'est là un de ces cas. Un salaire très-élevé en prestige est toujours chose fort dangereuse. Il arrive dans ce cas que les hommes vains et paresseux, mais en même temps grands seigneurs, convoitent ce poste ; or, quand il y a un travail sérieux à faire, et qu'il ne peut se faire dans de bonnes conditions qu'au prix d'une éducation toute particulière et d'études longues et soutenues, qu'il faut en même temps beaucoup de patience et un jugement prompt, tous les hommes de cette sorte sont fort dangereux. Mais il n'en est pas moins vrai qu'ils convoitent ces fonctions qui procurent une grande dignité, et qu'on a toutes les peines du monde à les en écarter. Il se trouve probablement dans chaque ministère quelques membres (à l'époque des bourgs pourris il y en avait beaucoup) qui ont acquis le poste qu'ils occupent, non pas parce qu'ils ont une grande habileté ou un grand mérite personnel, mais parce qu'ils possèdent rang et richesse, ou souvent même rien qu'une belle prestance. Sans doute, ces personnages ne peuvent pas prétendre aux plus hauts emplois politiques, car ces emplois qui placent forcément leur possesseur en face de l'opinion du monde entier exigent une haute intelligence. Un premier ministre, un chancelier de l'Echiquier, un secrétaire d'Etat, doit défendre ses actes et expliquer sa politique au sein du parlement, et cette assemblée d'hommes aptes à critiquer et pouvant le faire avec justesse, guidés qu'ils sont par une longue expérience et par la tradition, découvrirait bientôt l'insuffisance du personnage. Un gouverneur de la Banque, au contraire, n'aurait à remplir que des fonctions tranquilles où tout paraît routine, bien qu'il soit loin d'en être ainsi, et qui ne font courir aucune chance de succès ou de non succès immédiat. Au bout de quelques années, le résultat d'une telle administration pourrait bien être une accumulation de mauvaises dettes, mais, pendant longtemps, une personne haut située pourrait donner des explications plausibles des opérations qui ont produit ces dettes. Une banque considérable, à la tête de laquelle une personne inepte et orgueilleuse se trouverait placée, en admettant qu'elle ait en même temps une certaine méthode et une certaine gravité, est de toutes les positions celle qui permettrait à ces hommes de faire en peu de temps le plus grand mal sans qu'il soit possible de s'en apercevoir. En supposant qu'on choisit un gouverneur semblable, et qu'il soit assez heureux pour commencer ses fonctions au moment d'une grande expansion du commerce, on ne s'apercevrait certainement de rien jusqu'à ce qu'une période de gêne se produisit, et il faudrait alors des sommes fabuleuses pour compenser le mal qu'il aurait pu faire.

3° Enfin, je craindrais que la possession d'un tel patronage ne ruinât le corps chargé de l'élection. Il faudrait charger de l'élection du président soit les actionnaires, soit le conseil d'administration. Si les actionnaires étaient appelés à nommer le président, il se produirait sans doute une partie des mêmes abus que ceux qui se produisent au moment d'une élection présidentielle en Amérique. On achèterait des actions de la Banque de façon à participer à l'élection du « roi de la cité. » Le président pourrait bien s'apercevoir après son élection que ses principaux défenseurs, que ses agents électoraux les plus actifs, sont en même temps débiteurs de la Banque pour des sommes considérables, et il se trouverait alors fort embarrassé pour concilier les devoirs qu'il aurait à remplir envers la

Banque, avec la reconnaissance qu'il devrait à ceux qui l'auraient choisi. Probablement, s'il est un homme habile, il cherchera à combiner les deux maux; il ne prêtera pas autant d'argent que lui en demanderont ses électeurs, et finira ainsi par les offenser; mais en même temps ce qu'il prêtera sera perdu, et, par conséquent, les profits de la Banque se trouveront réduits d'autant. Une réunion considérable d'actionnaires de la Banque ne feraient qu'un déplorable collége électoral pour une position de grand prestige; cette réunion ne choisirait pas ordinairement la personne la plus propre à remplir le poste, et la personne choisie serait liée par des promesses qui la rendraient encore plus insuffisante.

Le conseil d'administration choisirait mieux, sans doute. On n'amènerait pas facilement, en effet, un collége électoral, peu nombreux et composé d'hommes d'affaires, à choisir un homme tout à fait impropre au poste qu'il aurait à remplir; mais, d'autre part, ce conseil choisirait rarement un homme réellement parfait. L'homme dont le choix serait le meilleur ne serait probablement pas aussi riche que la grande majorité des administrateurs; sans doute, aussi, il n'occuperait pas une position sociale égale à la leur, et il est tout naturel de penser qu'ils aimeraient peu à placer à la tête de la cité un homme qui ne jouirait pas d'une notoriété pareille à la leur. On les accablerait de demandes pour nommer à ce poste un homme ayant une grande position ou une grande influence commerciale. Bien des gens de la cité, ayant le plus grand prestige ou occupant la plus haute position, ambitionneraient une aussi grande dignité, sinon pour eux-mêmes, au moins pour quelque ami ou pour quelque parent; aussi les administrateurs seraient-ils assiégés de toutes parts.

Une élection, que pourraient troubler des causes si puissantes, se terminerait rarement par un bon choix. On ne choisirait presque jamais le meilleur candidat, souvent même, je le crains, on élirait celui de tous qui serait le plus impropre à remplir ces importantes fonctions. En outre, une élection aussi contestée aurait pour résultat de troubler la tranquillité de la Banque. Le bon, l'utile travail d'un conseil d'administration dépend de son harmonie intérieure; or, cette harmonie se trouverait détruite par l'excitation, par les dire, par les actes d'une grande élection. Le choix d'un souverain aurait pour résultat presque certain de démoraliser le conseil d'administration, et il est peu probable que l'excellence du choix qu'il pourrait faire vienne compenser le mal produit.

En France, on a tourné, dans les données du caractère du peuple, la difficulté qu'il y a à trouver un collége électoral convenable pour le choix d'un gouverneur de la Banque. La Banque de France garde dans ses coffres de l'argent appartenant à l'Etat; aussi l'Etat nomme-t-il le gouverneur de la Banque. Les Français ont toujours une raison logique à donner pour tout ce qu'ils font, bien que peut-être les résultats de leurs actes ne soient pas toujours aussi parfaits que les raisons qu'ils en donnent. Le gouverneur de la Banque de France n'a pas toujours été, m'a-t-on dit, une personne fort compétente; le sous-gouverneur, que choisit aussi l'Etat, est ordinairement, comme on pourrait s'y attendre, un homme plus compétent. Mais cela importe peu au point de vue anglais. Aucun homme d'Etat anglais ne consentirait, en effet, à encourir la responsabilité du choix d'un gouverneur de la Banque. Après chaque panique, l'opposition ne manquerait pas de dire à la Chambre des Communes que l'ineptie du gouverneur nommé par le ministère a considérablement augmenté, si elle n'a pas entièrement causé les malheurs qui ont troublé le pays. Ou bien peut-être les rôles pourraient avoir changé, et le ministère au pouvoir se composer de l'opposition au ministère qui avait précédemment élu le gouverneur de la Banque. Dans ce cas, le cabinet exprimerait sans doute les vifs regrets que lui a causé la conduite que, dans les circonstances, le gouverneur choisi par ses honorables adversaires a cru devoir adopter. Les ministres s'inquiéteraient peu de blesser l'amour propre du gouverneur, car, s'il donnait sa démission, ils auraient un poste magnifique à confier à un de leurs amis. La direction pratique de la banque, passant aux mains des partis politiques, devenant une arme politique, rien ne saurait être plus déplorable, et, cependant, les hommes de tous les partis seraient parfaitement d'accord pour amener cet état de choses, en admettant même qu'ils ne s'entendent sur aucun autre point.

Je crains donc que nous ne devions abandonner le plan d'améliorer le gouvernement de la Banque d'Angleterre en lui faisant nommer un gouverneur permanent, parce que nous ne possédons pas les éléments nécessaires pour choisir un bon gouverneur, et que même, la plupart du temps, nous courrions un très-grand risque d'en choisir un mauvais.

Je crois cependant qu'en adoptant un plan plus humble nous pourrions nous assurer la plupart des avantages d'un gouvernement permanent sans courir aucun des risques. Comme je l'ai déjà fait observer, on rend possible, dans les ministères politiques anglais, le changement fréquent du chef suprême, en plaçant au-dessous de lui un sous-secrétaire d'Etat permanent. Bien que le secrétaire d'Etat et le sous-secrétaire, tous deux membres du parlement, changent chaque fois que change le ministère, il reste un autre sous-secrétaire qui survit à tous ces changements et auquel, pour cette raison, on donne le nom de permanent. Or, le principe de ce système me paraît parfaitement applicable à l'administration de la Banque d'Angleterre. Je viens d'indiquer les raisons qui empêchent de nommer un gouverneur permanent de la Banque d'Angleterre; j'ai indiqué précédemment les autres raisons qui prouvent la nécessité qu'il y a, afin que les affaires de la Banque soient bien dirigées, à ce qu'il existe *quelque* fonctionnaire permanent influent; or, *mutatis mutandis*, ce sont ces mêmes difficultés et ces mêmes avantages qui ont fait constituer nos principaux ministères sur le plan qu'ils ont aujourd'hui.

Un sous-gouverneur de cette nature ne serait en aucune façon le roi de la cité. Aucun prestige, qui pourrait devenir la source d'abus, ne s'attacherait à ce poste; aucun homme vaniteux ne songerait à ambitionner ces fonctions, aussi n'y aurait-il ni démarches électorales excitantes, ni emploi de moyens peu scrupuleux pour y arriver. Ce poste essentiellement subordonné aurait à peu près le même caractère que celui de secrétaire permanent dans un ministère. Les émoluments qui y seraient attachés devraient être très-considérables, car il faudrait s'assurer le concours d'une intelligence de premier ordre, — mais des appointements si élevés qu'ils soient ne sont jamais de nature à attirer les hommes les plus dangereux. Le dignitaire de la cité, très-influent, mais peu sage, qui serait si dangereux dans ce poste, est ordinairement fort opulent; opulence et influence, en effet, vont ordinairement ensemble; ce qu'il convoiterait donc, ce ne serait pas de l'argent, mais une position. Il accepterait presque sans émoluments le poste de gouverneur de la Banque, peut-être même paierait-il pour le posséder; mais un poste secondaire, un poste d'employé, ne lui conviendrait en aucune espèce de façon. On pourrait augmenter les émoluments pour se procurer un homme aussi parfait que possible, sans craindre de tenter par le chiffre élevé de ces émoluments, alors qu'on les tenterait certainement par une grande position sociale, les hommes qu'il faut écarter à tout prix.

Il faudrait, sans aucun doute, que cet employé permanent fut un banquier expérimenté. Il y a, en effet, entre la banque et les autres genres de commerce une différence importante en ce qu'on ne peut, en faisant la banque, courir autant de risques que dans un commerce quel qu'il soit, et qu'il faut s'entourer de précautions beaucoup plus grandes. Dans les affaires ordinaires, le commerçant peut ajouter au prix des objets qu'il vend un bénéfice commercial considérable, 10 ou 15 pour 100, par exemple; le banquier, au contraire, doit se contenter de l'intérêt de l'argent, et cet intérêt, en Angleterre, ne dépasse pas une moyenne de 5 pour 100. Le banquier ne peut donc pas s'exposer à autant de mauvaises dettes que le négociant, aussi doit-il être beaucoup plus prudent quand il s'agit de faire crédit. L'argent est, en outre, une marchandise que l'on convoite bien plus que les marchandises ordinaires, et, pour une fraude pratiquée sur un manufacturier ou sur un négociant, on en essaie vingt ou plus chez un banquier. Le banquier, d'ailleurs, qui se sert de l'argent des autres, argent remboursable à vue, doit toujours, pour ainsi dire, regarder en arrière pour s'assurer qu'il a une réserve suffisante, afin de faire face aux demandes de remboursement qui peuvent se produire, souci que n'a pas le négociant qui, presque toujours, travaille avec son capital à lui. L'audace est la vie du commerce; la prudence, j'allais presque dire la timidité, est au contraire la vie du banquier; or, je ne suis pas loin de penser que la longue série des grosses erreurs, faites par la Banque d'Angleterre dans l'administration de sa réserve jusqu'après 1857, n'a été possible que parce que les négociants qui composent le conseil d'administration de la Banque ont traité les affaires de la Banque en suivant les principes qui devaient les guider dans l'administration de leurs propres affaires commerciales. Les administrateurs de la Banque se sont presque toujours montrés trop enclins à l'optimisme quand il s'est agi des affaires de la Banque, trop peu disposés à s'alarmer. Nous voudrions voir s'introduire dans le conseil d'administration de la Banque une sage *appréhension*, et c'est là précisément ce que les habitudes de toute sa vie, ce que l'atmosphère qui l'entoure à chaque instant, enseigne au banquier expérimenté.

Le gouverneur permanent devrait consacrer tout son temps aux affaires de la Banque, et il devrait être entendu qu'il ne s'occupera pas d'autres affaires. Tous les administrateurs actuels de la Banque, y compris le gouverneur et le sous-gouverneur, ont leur maison de commerce personnelle, et il est fort possible que leurs propres affaires comme négociants les aient occupés juste au moment où il était fort important que les affaires de la Banque occupassent toute leur pensée, c'est là même ce qui doit se produire perpétuellement. C'est, en effet, pendant une panique, ou juste au commencement d'une panique, que les affaires de la Banque nécessitent le plus de soins; mais c'est aussi dans ce même moment que les affaires de la plupart des négociants les occupent davantage, car leur position peut devenir fort critique. Avec l'organisation actuelle de la Banque, l'attention de ses seuls administrateurs peut se trouver détournée de ses affaires au moment même où ces affaires réclament la plus grande attention. Le seul remède à cet état de choses est la nomination à poste fixe d'un homme influent qui, n'ayant pas à s'occuper d'affaires autres que celles de la Banque, s'en occupera sans doute d'autant plus que les temps seront plus critiques et nécessiteront plus d'attention de sa part. Au moment d'une panique, ce sous-gouverneur permanent n'aura aucune préoccupation pécuniaire, tandis qu'avec le système actuel la plupart des administrateurs, pour ne pas dire tous, doivent incessamment penser à leurs propres affaires et se trouver dans l'impossibilité absolue d'éloigner cette pensée.

Le sous-gouverneur permanent devrait faire partie

du conseil d'administration et occuper une belle position. Il ne faut pas qu'il ait à dire « monsieur » pour parler au gouverneur. Il ne peut pas y avoir de discussion utile possible entre un inférieur qui a à prouver son respect et un supérieur qui exige du respect. Le supérieur peut toujours réfuter les arguments mal fondés de son inférieur, et, ordinairement, il ne se fait pas faute de le faire ; l'inférieur, au contraire, se hasarde rarement à réfuter les arguments mauvais de son supérieur. L'inférieur se hasarde encore plus rarement à parler ouvertement ; il s'arrête, hésite, n'emploie pas l'expression propre ou l'exemple le plus approprié à la circonstance, emploie même quelquefois un mauvais exemple ou une expression fausse, et devient ainsi inutile parce qu'il se trouve toujours exposé aux censures de son supérieur. Les affaires importantes ne peuvent se discuter avec fruit que par des personnes qui peuvent se dire l'une à l'autre tout ce qu'elles veulent et comme elles le veulent. La pensée de celui qui parle doit sortir de son cerveau telle qui l'a conçue, et ne doit pas se dissimuler sous des expressions respectueuses ou s'affaiblir par un doute affecté. Ce qu'il faut à la Banque, ce n'est pas un nouvel employé placé sous les ordres des administrateurs, — il y a déjà d'excellents employés qui ont la plus grande expérience, — c'est un fonctionnaire permanent qui sera de tous points l'égal des administrateurs, qui pourra discuter avec eux les affaires de la Banque dans les termes de la plus parfaite égalité et qui, dans la discussion, aura sur eux cet avantage qu'il n'a à s'occuper que des affaires de la Banque.

Ce sont les personnes seules qui connaissent à fond

les affaires de la Banque qui pourraient définir les devoirs de ce fonctionnaire permanent; la discussion en serait à peine intelligible pour le public. Il n'y a pas d'ailleurs la moindre importance à ce que ces devoirs soient bien précisément définis. Ce fonctionnaire, en effet, s'il est intelligent, capable, travailleur, gouvernerait bientôt toutes les affaires de la Banque. Mieux que qui que ce soit, il aurait bientôt appris quelles sont les traditions de la Banque, quels sont ses besoins actuels; il acquerrait bientôt une expérience considérable, il aurait vu bien des moments périlleux et serait toujours en éveil dans la crainte qu'ils ne se reproduisent. Dans ces instants périlleux, il serait un guide précieux à cause même de la nature des gens dont il se trouverait entouré. La plupart des gouverneurs de la Banque d'Angleterre sont, en effet, des négociants prudents qui n'ont que fort peu de connaissances en matière de banque, mais qui désirent par dessus tout que le temps où ils sont au pouvoir se passe tranquillement, de façon à éviter toute censure. Si on leur indique une ligne de conduite qui ne mette rien en péril, ils sont tout disposés à l'adopter. Or, le gouverneur serait presque toujours certain de ne s'exposer à aucun blâme en suivant les avis du sous-gouverneur permanent; ne pas les suivre, au contraire, serait encourir un danger. En outre, si le gouverneur annuel suit les avis du sous-gouverneur permanent, le blâme, en cas de non succès, retombera en grande partie sur ce dernier, car on ne manquerait pas de dire qu'un fonctionnaire temporaire, tel que le gouverneur, pouvait ignorer ce qu'il était bon de faire, tandis que le fonctionnaire permanent a été placé dans la position qu'il occupe et reçoit des émoluments considérables pour le savoir. Mais si, au contraire, le gouverneur temporaire prenait sur lui de repousser les avis de son collègue permanent, il encourrait un blâme très-considérable si les choses venaient à mal tourner. On serait, en effet, fondé à soutenir que, n'ayant aucune expérience, il a jugé à propos de négliger les conseils d'hommes très-expérimentés ; que, alors que la constitution de la Banque a placé auprès de lui un conseiller habile et savant, il a voulu en faire à sa tête et a repoussé les avis de ce conseiller, et ainsi de suite *ad infinitum*. Rien ne pourrait être plus terrible que ces propos pour un négociant de la cité. A tort ou à raison, on irait répétant dans ce monde : « Nous ne devons jamais juger trop sévèrement des erreurs de jugement; chacun de nous est exposé chaque jour à en commettre; or, si les gens occupant une position offrant une certaine responsabilité agissent aussi bien qu'ils le peuvent, nous devons nous estimer satisfaits. Mais ce cas est tout différent; le gouverneur de la Banque a adopté une mauvaise ligne de conduite, et il a assumé une grande responsabilité sans être forcé de le faire. » Ainsi un gouverneur, qui aurait amené des désastres en négligeant de suivre les conseils du sous-gouverneur permanent, passerait pour un fou dans la cité. Aussi, en pratique, le sous-gouverneur permanent serait-il le maître absolu de la Banque.

Je crois que la nomination d'un fonctionnaire habile permanent, qui se trouverait placé à la tête de la Banque, est la plus grande réforme qu'il y ait à accomplir dans cet établissement; réforme urgente, convaincu, que je suis, que la présence de ce fonctionnaire donnerait aux décisions de la Banque cette prévoyance, cette rapidité, cette consistance qui leur font aujourd'hui défaut. Autant que je puis en juger, ce changement dans la constitution de la Banque est de beaucoup plus nécessaire et peut-être même plus important que tous les autres changements. Il n'en faudrait pas moins, cependant, réformer les autres points encore défectueux.

Il ne faudrait pas, tout d'abord, exclure absolument les banquiers de Londres du conseil d'administration. On se figurait anciennement, comme je l'ai expliqué, que les banquiers de Londres étaient les concurrents de la Banque d'Angleterre, et ne cherchaient qu'à lui faire du tort, s'ils le pouvaient. Mais les banquiers de Londres ont, actuellement, avec la Banque, des rapports autres que ceux qui existaient alors, des rapports tels qu'on ne pouvait anciennement se les imaginer. Les banquiers sont les principaux dépositaires particuliers de la Banque; ils sont donc particulièrement intéressés à sa stabilité; ils sont surtout intéressés à ce que la Banque conserve dans ses coffres une bonne réserve de banque, car leur propre crédit et la sécurité de leurs dépôts en dépend. Ils peuvent, en outre, introduire, dans les conseils de la Banque, une grande expérience de la banque, acquise en dehors de cet établissement, expérience que ne possède aucun des administrateurs actuels, car tout ce qu'ils savent des affaires de banque, ils l'ont appris depuis qu'ils sont administrateurs et au sein de la Banque d'Angleterre elle-même. On prétendait aussi que les secrets de la Banque seraient divulgués si on les confiait aux banquiers. Mais il est probable que les banquiers, plus que qui que ce soit, sont accoutumés au silence et à la discrétion. Il n'y a plus d'ailleurs qu'une cloison bien étroite entre les banquiers et les secrets de la Banque. Tout dernièrement encore, nous avons eu à enregistrer la faillite d'une maison dont un des associés était administrateur de la banque de « London et Westminster, » et, un autre, administrateur de la Banque d'Angleterre. Or, qui peut définir, indiquer, les communications confidentielles que peuvent se faire dans de telles circonstances des personnes occupant ces positions ?

Comme je l'ai déjà fait observer, la ligne de démarcation tirée actuellement contre les banquiers est toute technique et de nature essentiellement anglaise. Selon les idées du continent, MM. de Rothschild sont banquiers, si on peut donner à quelqu'un le nom de banquier. Or, la maison Rothschild se trouve représentée au sein du conseil d'administration de la Banque. Il est, d'ailleurs, fort à désirer qu'il en soit ainsi, car les membres de cette maison peuvent, si bon leur plaît, donner à la Banque des avis confidentiels de grande valeur. Mais, néanmoins, les raisons qu'on fait valoir pour s'opposer à la présence des banquiers anglais sont également applicables à ces banquiers étrangers. Ils ont, ou peuvent avoir, à certains moments, des intérêts contraires à ceux de la Banque. Ils sont les plus grands négociants en papier et en espèces qui existent au monde, et, comme tels, ils peuvent vouloir exporter de l'or juste au moment où la Banque d'Angleterre élève le taux de son escompte pour empêcher tout le monde d'en exporter.

On pourrait, s'il était vrai que ces raisons aient quelque poids, repousser le vote d'un grand financier pour cause d'intérêt contraire. Mais, dans la pratique, il faut tenir fort peu de compte de l'intérêt particulier de chaque administrateur ; presque tous ceux, en effet, qui apportent des nouvelles spéciales encourent un certain soupçon d'intérêt particulier ; ils ne peuvent avoir appris ces nouvelles qu'au courant de leurs affaires, et ces affaires peuvent se trouver influencées en bien ou en mal par la ligne de conduite adoptée par la Banque. Mais il ne s'ensuit pas de là qu'on doive expulser avec soin de la Banque toute information ayant un cachet d'actualité ; il faut essayer de constituer un conseil d'administration aussi complet que possible, et espérer que l'élément d'intérêt individuel disparaîtra et se confondra dans l'ensemble. Or, si tel est le principe qui doit nous guider, c'est une inconséquence que d'exclure les banquiers anglais du conseil d'administration.

On blâme souvent aussi le mode de recrutement de la commission de trésorerie. Cette commission se compose du gouverneur, du sous-gouverneur et de tous les administrateurs qui ont rempli ces fonctions ; or, comme ces fonctions se donnent ordinairement à l'ancienneté, ce mode d'élection en revient à une élection à l'ancienneté, et il y a de graves objections à donner non seulement une prépondérance, mais encore un monopole à la vieillesse. On a d'ailleurs transgressé, je crois, sur ce monopole. On a invité à faire partie de la commission de la trésorerie quelques administrateurs qui ont refusé de remplir les fonctions de gouverneur, à cause de la grandeur de leurs affaires et, par conséquent, du nombre de leurs occupations. Il semblerait certainement plus sage, en principe, de donner le pas à l'habileté sur la vieillesse, quand il s'agit de choisir une commission qui, dans certaines de ses attributions, ressemble à un comité directeur.

On trouve aussi que le nombre des administrateurs de la Banque est trop considérable. Il y a vingt-quatre administrateurs, un gouverneur et un sous-gouverneur, ce qui constitue au total un conseil de vingt-six personnes; nombre certainement trop considérable pour la discussion approfondie d'affaires difficiles. Cela devient, en outre, d'autant plus regrettable que le conseil ne se réunit qu'une fois par semaine et ne siége que quelques instants. On a dit, en exagérant sans doute, mais non pas sans quelque fond de vérité, que si le conseil d'administration de la Banque venait à siéger un jour pendant quatre heures consécutives, la longueur de cette séance suffirait pour causer une panique. « Le conseil d'administration, dit M. Tooke, se réunit à onze heures et demie ou à midi; si la séance se prolonge au-delà d'une heure et demie, on remarque de suite une grande excitation à la Bourse et dans le marché financier, parce qu'on est persuadé que le conseil discute un changement important dans le taux de l'escompte. Un grand nombre de personnes s'assemblent alors aux portes du salon où siége le conseil pour se procurer les premières nouvelles de sa décision. » Il ajoute qu'il est disposé à croire que, connaissant l'impatience qui règne à l'extérieur, le conseil doit se décider hâtivement, un peu impatiemment peut-être. Il est vraiment fort étrange que les décisions d'un tel conseil d'administration aient une importance aussi incalculable.

On ne devrait pas hésiter à modifier la constitution de la Banque d'Angleterre. Les statuts qui la régissent ont été élaborés à une époque aujourd'hui disparue ; ils répondaient, d'ailleurs, à des préoccupations tout autres que celles qui existent actuellement. Les fondateurs de la Banque ont pu croire que l'établissement qu'ils créaient prêterait de l'argent au gouvernement, qu'il garderait dans ses coffres les fonds appartenant au gouvernement, qu'il émettrait des billets payables au porteur, mais personne, au XVIIe siècle, ne pouvait s'imaginer que cet établissement en arriverait à se trouver le détenteur de la réserve de banque d'une grande nation. Or, quand on veut faire servir une vieille chose à un usage nouveau, le simple bon sens doit porter à se demander si cette vieille chose convient à ce nouvel usage. On peut mettre du vin nouveau dans de vieilles bouteilles, mais c'est à la seule condition qu'on examine avec soin l'état de la bouteille et qu'on adapte soigneusement sa structure à ce nouvel emploi.

CHAPITRE IX

LES BANQUES PAR ACTIONS

Les banques de ce pays, dont le capital a été constitué par actions, ont eu un succès considérable. En règle générale, les compagnies par actions ont eu des commencements difficiles en Angleterre. Adam Smith a, il y a bien des années, donné les raisons des difficultés qui entourent les entreprises de ce genre, raisons qu'il est encore bon d'étudier, bien qu'un si long laps de temps se soit écoulé. Mais les compagnies de banque par actions font exception à cette règle. Il y a quatre ans, j'ai réuni en un article les faits qui ont trait à ce sujet et les raisons qui militent en faveur de ces faits. Je me décide à citer cet article, parce que l'expérience que nous avons pu acquérir depuis ne me suggère rien d'utile à y ajouter :

« Trois classes de compagnies par actions ont surtout réussi : 1° celles dans lesquelles on emploie le capital non pas pour faire les affaires, mais pour garantir les affaires. Ainsi les affaires d'un banquier, ses affaires proprement dites, ne commencent pas tant qu'il se sert de son propre capital ; elles ne commencent que quand il se sert du capital des autres. Une compagnie d'assurances finit par ne plus avoir besoin de capital; les primes qu'elle reçoit doivent, en effet, dépasser les sommes qu'elle a à payer. Dans les deux cas, le capital ne sert qu'à rassurer le public et le porter à avoir confiance dans la compagnie. 2° Ont réussi aussi ces compagnies qui ont un privilege exclusif, privilége qu'elles ont exploité avec jugement, ou qui était de nature si profitable qu'elles ont réussi en dépit du peu de sagesse avec laquelle elles ont dirigé leurs affaires. 3° Les compagnies qui font des affaires à la fois simples et considérables, qui ont à leur disposition plus d'argent que n'en ont ordinairement les maisons particulières, et dont, en même temps, les opérations, pour employer les mots d'Adam Smith, « sont telles qu'elles deviennent une simple routine, ou qu'on puisse les ramener à une uniformité de méthode qui n'admet aucune variation. »

« En règle générale, les banques sont les plus profitables de ces compagnies. *Toutes* les conditions favorables que nous venons d'indiquer se trouvent réunies dans la plupart des banques. Une banque établie depuis longtemps a un *prestige* qui équivaut à un privilége ; bien que la loi ne lui concède aucun droit exclusif, l'opinion publique lui donne une force toute particulière. Les affaires courantes d'une banque doivent avoir une simplicité extrême ; si les affaires sont compliquées, il y a quelque chose qui ne va pas. Les seules garanties qu'un banquier, qui emploie de l'argent dont on peut lui demander le remboursement au bout de quelques jours, doive accepter sont des titres facilement intelligibles et de vente facile. S'il y a doute ou difficulté, le banquier doit refuser cette garantie. Il peut se présenter, sans doute, des cas exceptionnels qu'aucune théorie préconçue ne peut définir, mais la banque est régie par des règles aussi certaines que toute autre espèce d'affaires. Une banque établie depuis longtemps réunit donc le grand avantage d'avoir des affaires fort simples et de posséder en même temps une sorte de monopole. On peut, sans doute, lui faire concurrence, mais c'est comme si l'on voulait faire concurrence à la taverne de Londres. Quiconque voudra l'essayer saura bien vite ce qu'il lui en coûte.

« Mais la cause principale des grands profits que font les banques établies réside dans la petite quantité de capitaux qui leur est nécessaire. Elles n'ont besoin de ce capital que comme « influence morale ; » il n'est donc pas besoin qu'il soit plus grand qu'il n'est nécessaire pour s'assurer cette influence. Aussi, bien qu'un banquier ne traite jamais qu'avec les garanties les plus sûres, avec celles qui rapportent l'intérêt le plus minime, peut-il néanmoins réaliser de grands profits et distribuer de larges dividendes à ses actionnaires, parce que l'argent dont il est dépositaire se monte à des sommes beaucoup plus considérables que ne l'est son capital.

« L'expérience, basée sur les chiffres, confirme ces conclusions. On trouvera, à la fin de cet article, l'état des profits respectifs réalisés par cent dix banques en Angleterre, en Écosse et en Irlande ; ce sont toutes celles sur lesquelles nous avons pu nous procurer des renseignements authentiques, la Banque d'Angleterre exceptée. Sans doute, il y en a d'autres, mais elles ne sont même pas cotées sur les bourses locales, et, dans la plupart des cas, elles ne publient aucun rapport sur leur situation. Voici les résultats obtenus par ces banques, relativement aux dividendes qu'elles allouent :

	Nombre de Compagnies.	CAPITAL.
Au-dessus de 20 pour 100..........	15	132,569,175f
Entre 15 et 20 pour 100..........	20	135,985,975
Entre 10 et 15 pour 100..........	36	351,423,750
Entre 5 et 10 pour 100..........	26	354,550,475
Au-dessous de 5 pour 100..........	3	33,750,000
	100	1,008,279,375f

c'est-à-dire que plus de 25 pour 100 du capital employé dans ces banques rapporte plus de 15 pour 100, et que 62 1/2 pour 100 du capital rapporte plus de 10 pour 100. Aucun autre commerce monté par actions ne présente de résultats aussi frappants.

« La période à laquelle se rapportent ces comptes n'était certainement pas une époque particulièrement favorable ; tout au contraire, on peut dire qu'elle était surtout peu profitable, car le taux de l'intérêt était fort bas et la quantité de bonnes garanties sur le marché fort minime. Beaucoup de banques, on pourrait dire presque toutes, avaient encore présents à l'esprit les tristes souvenirs de 1866. La fièvre qui s'était alors emparée de toute la nation régnait principalement dans les classes auxquelles les banques prêtent le plus, et, par conséquent, les pertes des banques, même les plus soigneuses (excepté celles qui se trouvaient dans les districts ruraux écartés), furent probablement plus considérables qu'à l'ordinaire. Mais, en prenant même pour exemple une période aussi défavorable, on voit que le commerce de la banque est beaucoup plus profitable que la grande moyenne des autres commerces.

« Il ne faudrait pas croire que l'ensemble de ces banques ont pour règle générale de donner des dividendes trop considérables, elles ont, au contraire, accumulé environ 325.000,000 de francs ou près du tiers de leur capital, et cela en ne distribuant pas des profits acquis. Les administrateurs de quelques-unes d'entre elles se sont toujours efforcé de mettre de côté la plus grosse part possible des profits et de donner de petits dividendes.

« La raison en est fort simple ; toutes les banques rapportant plus de 20 pour 100, sauf une, et toutes celles rapportant entre 15 et 20 pour 100, sont établies depuis fort longtemps. Ces chiffres font parfaitement ressortir la valeur du privilége dont nous avons parlé ; il permet aux banques de rapporter beaucoup, alors que, sans ce privilége, elles auraient rapporté fort peu. Le montant des profits acquis est parfaitement proportionnel à la valeur du privilége. Toutes les banques qui rapportent plus de 20 pour 100, sauf une, existent depuis plus de vingt-cinq ans ; il en est de même pour celles qui rapportent entre 15 et 20 pour 100. Une banque nouvelle ne pourrait pas réaliser ces profits, elle ne pourrait même pas les réduire de beaucoup par sa concurrence ; si elle essayait de le faire, elle se ruinerait purement et simplement. Ne possédant pas le crédit accumulé par les années, elle devrait se liquider avant que de pouvoir acquérir ce crédit.

« La valeur du privilége est aussi proportionnelle à ce qu'il faut dépenser pour l'acquérir. Quelques banques anciennes paient un intérêt sur tout l'argent qu'elles ont entre les mains, quelques autres reçoivent des sommes considérables sur lesquelles elles n'allouent aucun intérêt. Celles qui donnent beaucoup à leurs clients ont nécessairement moins à distribuer à leurs actionnaires. Ainsi, en Ecosse, où on alloue toujours un intérêt quoditien sur les dépôts, aucune banque ne rapporte plus de 15 pour 100. Voici quels sont les profits des banques écossaises :

	CAPITAL.	DIVIDENDE.
Banque d'Ecosse...............	37,500,000f	12f
British linen Company.........	25,000,000	13
Caledonian....................	3,125,000	10
Clydesdale....................	22,500,000	10
Banque commerciale d'Ecosse...	25,000,000	13
Banque nationale d'Ecosse......	25,000,000	12
North of Scotland.............	7,000,000	10
Union bank of Scotland........	25,000,000	10
City of Glascow............ ..	21,750,000	8
Royal Bank....................	50,000,000	8
	241,875,000f	

« Ce sont là, sans contredit, de fort beaux profits, mais qui n'approchent pas de ceux que fait la Banque de London et Westminster ou les autres banques lucratives du Sud.

« La Banque d'Angleterre, il est vrai, ne semble pas rapporter autant que les autres banques anglaises; elle fait sans doute d'immenses profits, mais son capital aussi est immense. En un mot, la Banque d'Angleterre souffre pour deux causes principales. Beaucoup plus ancienne que les autres banques formées au moyen d'un capital par actions, elle appartient à une époque moins profitable. Quand elle a été fondée, les banques cherchaient leurs bénéfices en employant leur propre capital et comptaient sur les gains que pouvaient produire l'émission des billets de banque, plutôt qu'elles ne songeaient à se servir des dépôts. Les premiers rapports de la Banque avec l'Etat ressemblent plus à ceux qu'aurait une compagnie financière qu'à ceux que pourraient avoir une banque dans l'acception que nous donnons aujourd'hui à ce mot. Si la Banque n'avait pas fait des prêts au gouvernement, ce que nous considérons aujourd'hui comme chose hasardeuse, la Banque n'aurait pas existé, car le gouvernement n'aurait jamais permis son établissement. Non seulement le capital de la Banque d'Angleterre est relativement plus considérable que celui des autres banques, mais la source des profits qu'elle peut réaliser est relativement aussi de moindre importance. Les traditions, la prudence, imposent à la Banque d'Angleterre le devoir de garder une réserve en espèces qui ne rapporte rien, réserve beaucoup plus importante que celle des autres banques; si elle venait à ne pas garder cette réserve, nous nous trouverions en présence de ce dilemne : changer tout notre système financier ou faire banqueroute. La Banque d'Angleterre ne se trouve donc pas en aussi bonne position que les autres banques pour réaliser des profits, et le capital auquel se distribuent ces profits est beaucoup plus considérable que le leur.

« Il est intéressant de comparer les résultats obtenus par les banques par actions avec les craintes qu'inspiraient ces compagnies au moment de leur création. En 1832, lord Overstone disait : « Je crois que tout ce qui est nécessaire à la conduite des affaires de banque, sauf une responsabilité plus divisée, fait défaut aux banques par actions. Les affaires de banque exigent la présence constante, quotidienne, de personnes particulièrement attentives à tous les détails, et qui veillent avec soin, heure par heure, sur toutes les affaires, ce que n'exige aucun autre commerce. Il faut aussi des décisions promptes, immédiates, quelles que soient les circonstances qui se présentent, et, dans bien des cas, ces décisions sont de nature si pressée, qu'il est impossible de les remettre pour se consulter; en outre, chaque circonstance particulière exige un traitement tout différent. Les banques par actions seront obligées de confier leurs intérêts à des agents qu'il faudra lier par certaines règles générales, ces agents n'auront pas, comme le banquier particulier, le pouvoir d'agir selon les degrés insensibles que présentent le caractère et la responsabilité des parties; ils ne pourront pas non plus prendre sur eux de régler l'assistance qu'il est bon d'accorder aux maisons temporairement embarrassées, parce qu'ils n'auront pas les moyens de s'assurer avec autant de certitude des circonstances favorables ou défavorables que présente chaque affaire. »

« Mais il est probable que, sous ce rapport même, les banques par actions ont fait faire des progrès au commerce de la banque. Autrefois, les anciennes banques particulières avaient l'habitude de prêter beaucoup à des particuliers; le banquier, comme le dit lord Overstone dans un autre passage, n'avait souvent aucune garantie, mais il se décidait en mettant en ligne de compte la prudence, le bon sens, la solvabilité de ceux à qui il prêtait. Or, cette manière de faire pouvait avoir sa raison d'être et présenter peu de danger alors que Londres était comparativement une petite ville et que, comparativement aussi, chacun s'en tenait à ses propres affaires. Mais aujourd'hui que Londres a pris une aussi immense extension et que personne n'a plus le temps de s'occuper de son voisin, cette manière de faire serait désastreuse; c'est à peine si, aujourd'hui, on pourrait agir ainsi dans une ville de province. Les banques par actions ne convenaient, il est vrai, en aucune façon au genre d'affaires qu'avait en vue lord Overstone, mais il faut ajouter que ce genre d'affaires ne convient plus à notre époque. »

Ce succès qu'eurent les banques par actions démentit complétement les idées qu'on se faisait sur elles à leur origine. Non seulement les banquiers, comme l'était alors lord Overstone, mais encore un grand nombre de penseurs, craignaient que ces banquiers ne se ruinassent bientôt et que cette ruine né causât une panique dans le pays. Cette idée perce dans toute la littérature commerciale anglaise de 1830 à 1840, et elle persista même plus tard que 1840. En 1845 même, sir Robert Peel regardait la création des banques par actions comme offrant un tel danger qu'il entoura la formation des nouvelles compagnies de graves et nombreux obstacles. D'après l'acte qu'il proposa en 1845, aucune banque par actions ne pouvait se fonder qu'à condition que les actions fussent de 2,500 francs chacune, avec 1,250 francs effectivement versés. Cette condition arrêta le progrès de ces entreprises; bien peu s'établirent pendant les années suivantes et même jusqu'à que cette loi ait été rappelée. Mais en cela, comme en beaucoup d'autres choses, sir Robert Peel se montra peut-être plus sage que prévoyant. Il était effrayé de certaines banques par actions qu'il voyait s'établir autour de lui; mais l'effet de la législation fut d'assurer à ces banques mêmes sinon un monopole, tout au moins la certitude de n'avoir pas de concurrents. Personne, aujourd'hui, ne fonde ou ne pourrait fonder une nouvelle banque particulière, et sir Robert Peel empêchait, par la loi qu'il faisait voter, la création de nouvelles banques par actions. Bien que n'ayant aucune confiance dans les banques par actions fondées entre 1826 et 1845, il n'en fut pas moins leur patron tout spécial, et, plus que qui ce soit peut-être, il les encouragea et les protégea.

Mais, malgré ce succès extraordinaire, il y a deux points douteux, deux considérations de genre différent qui nous empêchent d'affirmer que, dans d'autre spays, en admettant même que ces pays possèdent les qualités nécessaires à la coopération, les banques par actions réussiraient aussi bien que nous les avons vu réussir en Angleterre. 1° Ces grandes banques n'ont pas eu à mettre de côté, pour faire face à leur passif, une réserve aussi considérable qu'elle devrait être si on considère leur importance. Il va sans dire que, dans le principe, elles étaient peu importantes, comparativement à ce qu'elles sont aujourd'hui. Elles trouvèrent un certain nombre de banques particulières groupées autour de la Banque d'Angleterre, et elles se joignirent à ce groupe. Non seulement elles déposèrent leur réserve dans les coffres de la Banque d'Angleterre, mais elles ne se constituèrent pas une réserve aussi importante que si cet établissement n'avait pas existé. Pendant longtemps, on remarqua à peine cet état de choses. Durant de longues années, les questions de circulation attirèrent l'attention de ceux qui s'occupent de matières financières, et ceux mêmes qui étaient le plus disposés à mettre les banques par actions en suspicion ne parlèrent pas de ce défaut particulier. Autant que je puis le savoir, le premier document important dans lequel on l'ait signalé est une lettre officielle adressée en 1857 par M. Weguelin, qui était alors gouverneur de la Banque d'Angleterre, à sir George Lewis, à cette époque chancelier de l'Echiquier. Sir George Lewis avait demandé au gouverneur et aux administrateurs de la Banque d'Angleterre de lui donner individuellement leur avis sur la loi de 1844. Toutes ces réponses furent publiées; M. Weguelin dit dans la sienne :

« Si on compare au montant de la réserve que détient dans ses coffres la Banque d'Angleterre, la réserve des banques par actions, on découvrira une source de dangers nouveaux, jusqu'à présent peu discutés, et qui, un jour ou l'autre, peuvent affecter considérablement le crédit du pays. Les banques par actions de Londres, à en juger par les bilans qu'elles publient, ont des dépôts qui se montent à la somme de 750,000,000 de francs. Leur capital ne se monte pas à plus de 75,000,000 de francs, et elles placent, en moyenne, de façon ou d'autre, une somme de 775,000,000 de francs, ce qui, pour faire face à cet énorme passif, ne leur laisse que 50,000,000 environ d'argent liquide. »

Mais ces paroles remarquables passèrent inaperçues au milieu des discussions soulevées à cette époque. D'autres motifs de querelle obscurcissaient l'air. Je me suis si longuement étendu sur ce sujet dans cet ouvrage qu'il me reste fort peu de chose à ajouter. Les banques par actions placent aujourd'hui une grande partie de leur réserve en dépôt chez les escompteurs ou s'en servent pour acheter des valeurs sûres, facilement vendables et rapportant un intérêt; ces placements leur produisent un revenu considérable qui augmente de beaucoup leurs profits. Si ces banques se voyaient obligées à conserver, en numéraire, une partie de leur réserve, plus grande que celle qu'ils conservent aujourd'hui, leurs dividendes se réduiraient dans une proportion considérable et leur succès deviendrait moindre qu'il n'est actuellement.

Le second point qui inspire des craintes à beaucoup d'observateurs attentifs, relativement surtout aux banques par actions les plus considérables, a trait à leur gouvernement. Ce gouvernement est-il suffisant pour bien placer ou pour bien garder tant de millions? Elles sont dirigées, tout le monde le sait, par un conseil d'administration, assisté d'un directeur général. Or, il existe actuellement à Londres des matériaux excellents pour composer des conseils d'administration de tout premier ordre. Il y a beaucoup d'hommes riches, ayant une grande sagacité, une grande expérience des affaires, qui sont obligés de venir tous les jours dans la cité, d'y rester toute la journée, et qui, cependant, ont beaucoup de temps à eux. Un négociant qui travaille uniquement ou principalement avec son propre capital a souvent de grands loisirs. Il est obligé de se rendre sur le marché pour savoir ce qui se fait ; chaque jour, il a quelques affaires à traiter, mais ces affaires ne sont qu'en petit nombre. L'exiguïté de son capital ne lui permet qu'un nombre limité d'achats. S'il achetait journellement en quantité suffisante pour s'occuper continuellement, il se ruinerait bientôt, car il ne pourrait pas faire face à ses paiements. Aussi beaucoup de négociants excellents sont-ils tout prêts à faire partie de conseils d'administration, et à s'occuper des affaires des compagnies, pour se procurer quelque occupation. Avoir une occupation intéressante qui leur procure pouvoir et dignité, voilà ce qui leur plaît beaucoup. A mesure que s'accroît l'agglomération du commerce dans une ville, le nombre de ces hommes s'accroît aussi. On peut, sans difficulté, trouver, pour former le conseil d'administration d'une grande banque à Londres, des hommes graves, soigneux, expérimentés, des hommes tels qu'on n'en aurait pu trouver autrefois ou qu'on n'en pourrait aujourd'hui trouver ailleurs.

Il y a aussi, dans ce moment, des facilités telles qu'il n'y en a jamais eu au monde pour se procurer un bon banquier comme directeur-gérant. Quiconque est attentif, a l'habitude des chiffres, a un grand bon sens, peut facilement devenir bon banquier. Un banquier n'a pas beaucoup de moyens à choisir s'il veut prêter son argent en toute sécurité, et un homme au jugement sain, à l'esprit posé, clair, les a bientôt tous appris. Nos lois si compliquées sur la propriété foncière causent certains embarras aux banquiers de province ; il faut même des études spéciales pour comprendre les éléments d'une loi encombrée de termes techniques qu'on ne peut comprendre qu'en s'adressant à l'histoire. Mais les banquiers des grandes villes s'occupent fort peu de prêts hypothécaires, et tout le reste des connaissances qui leur sont utiles s'acquière bien facilement par quiconque a le genre d'esprit qu'il faut pour cela. Sans doute, il est indispensable de se mettre au fait d'un grand travail de routine, et le directeur d'une banque considérable doit avoir une grande facilité pour expédier rapidement les affaires. Mais il se trouve qu'un grand nombre de personnes vivent, dès leur plus tendre jeunesse, au milieu de cette routine ; elles arrivent à l'apprendre comme elles apprendraient un langage, et à ne pas plus pouvoir l'oublier qu'elles ne pourraient oublier une langue. Les plus capables arrivent à expédier, avec une rapidité qui tient presque de la magie, toutes les affaires qui rentrent dans le domaine de cette routine. On peut donc, sans difficulté bien grande, se procurer actuellement, pour une banque à Londres, un excellent directeur et un excellent conseil d'administration.

Que faut-il de plus ? ne manquera-t-on pas de demander. Beaucoup, répondrai-je. Tout ce que peut réellement faire le meilleur conseil d'administration est d'en arriver à de bonnes décisions sur les questions que lui posent le directeur, et peut-être sur quelques autres points qu'un ou deux membres zélés du conseil peuvent mettre en discussion. Il est impossible qu'un conseil composé de quinze ou dix-huit personnes fasse plus que cela ; il faut même s'estimer bien heureux s'il peut accomplir cette besogne, et, pour y arriver, il faut qu'il soit bien dirigé. La discussion des points pratiques, même les plus simples, devient fatigante quand un aussi grand nombre de personnes y prennent part. La plupart des membres du conseil désirent prendre la parole quand la décision à intervenir offre une certaine importance, et quelques-uns d'entre eux, les meilleurs même peut-être, ne parlent que lentement et difficilement. Généralement, en outre, une question en amène une autre et la discussion s'égare, à moins que le président n'ait la main très-ferme; sur les questions les plus simples même, les raisons données pour ou contre soulèvent de graves questions et suggèrent plus de résolutions que n'en peut prendre le conseil. Le temps absolument indispensable à la discussion de nombreuses questions suffirait à empêcher une assemblée, composée d'un nombre aussi considérable de personnes, de surveiller des affaires importantes et compliquées.

Ce n'est pas là, d'ailleurs, la seule difficulté. Le contrôle réel des détails d'une affaire considérable par un conseil d'administrateurs nécessiterait non seulement beaucoup plus de temps que les administrateurs ne consentiraient à siéger au conseil, mais encore ce contrôle nécessiterait beaucoup plus de temps et beaucoup plus de soins que les administrateurs, pris individuellement, ne consentiraient à consacrer à ces affaires. Ces administrateurs, il ne faut pas l'oublier, ne consacrent aux affaires de la banque qu'ils dirigent que leurs moments de loisir et le surplus de leur intelligence. La banque ne peut leur en demander davantage; ils doivent consacrer le reste de leur temps et de leur énergie à la bonne direction de leurs propres affaires, car s'il en était autrement, ils se ruineraient. Quelques-uns, il est vrai, peuvent n'avoir que des affaires insignifiantes ; d'autres ont des associés sur le travail desquels ils peuvent compter et au jugement desquels ils peuvent se fier; un ou deux, peut-être, se sont retirés des affaires. Mais la plupart du temps, les administrateurs d'une compagnie ne peuvent consacrer tous leurs soins, toute leur énergie, aux affaires d'une compagnie, sans négliger leurs propres affaires de façon telle qu'ils courent le risque de se ruiner; or, s'ils viennent à se ruiner, on cesse d'avoir confiance en eux, et la coutume veut qu'ils ne restent pas administrateurs.

En admettant même qu'il soit réellement possible qu'un conseil composé de quinze ou seize personnes riches arrivât par une attention soutenue, une présence constante, à contrôler en détail les affaires d'une banque, quelle serait la banque assez riche pour se permettre un tel luxe? Je dis riche, parce que les membres du conseil d'administration d'une banque importante doivent être des hommes ayant une position considérable, autrement ils discréditeraient la banque; pas n'est besoin certainement qu'ils possèdent des millions, mais il est de toute nécessité qu'on leur connaisse un capital considérable et des affaires importantes. Or, le travail d'hommes dans cette position, je ne parle pas de leurs moments perdus, j'entends par travail tout leur temps, toute leur énergie, se paie nécessairement fort cher. Le commerce est réellement une profession qui exige souvent dans la pratique tout autant de connaissances, tout autant d'habileté que le droit ou la médecine; il exige, en outre, la possession d'un capital. Un bon négociant, qui emploie un capital suffisant dans un commerce qu'il comprend bien, réalise des profits non seulement sur ce capital, mais se fait encore un large revenu avec son habileté professionnelle. Ses bénéfices proviennent donc autant de son talent que de son capital. Or, pour persuader à seize ou à dix-huit personnes d'abandonner une position semblable et des revenus aussi importants pour consacrer tous leurs soins aux affaires d'une compagnie par actions, il faudrait leur assurer des émoluments tels qu'aucune banque ne pourrait les payer, que personne même n'oserait proposer.

Le contrôle efficace du conseil d'administration tout entier étant, par conséquent, impossible, il y a grande chance pour que la direction de toutes les affaires de la banque tombe entre les mains du directeur-gérant. Or, bien des accidents malheureux ont prouvé que là réside un grand danger. Alors même que les affaires des banques par actions n'avaient pas l'importance qu'elles ont aujourd'hui, alors même que les dépôts qu'on leur confiait étaient beaucoup moindres, un directeur-gérant commettait quelquefois des fraudes dangereuses et faisait plus souvent encore des erreurs ruineuses. Le crime pour le crime est toujours une rareté; cependant, comme le directeur-gérant d'une banque considérable, alors qu'il n'est pas contrôlé, dispose de millions sans nombre, il faut bien s'attendre à rencontrer quelquefois le crime ; il arrive, en effet, que la grandeur de la tentation l'emporte sur la faiblesse de la nature humaine. Mais l'erreur est bien plus formidable que la fraude ; il faut redouter bien davantage les erreurs d'un directeur-gérant trop confiant que les fraudes d'un directeur-gérant malhonnête. L'erreur facile n'est-elle pas beaucoup plus commune que la fraude préméditée. Or, les pertes qu'un directeur-gérant aventureux, qui, toutefois, n'agirait que de façon plausible et en étant de parfaite bonne foi, causerait à une banque, sont sans comparaison beaucoup plus considérables que celles qu'un directeur-gérant malhonnête parviendrait à dissimuler en lui attribuant même la plus grande ingénuité. Si on comparait les pertes subies par les maisons de banque, pertes causées les unes par erreur, les autres par le vol, on verrait que les pertes, provenant d'erreurs, sont de beaucoup les plus considérables. Il n'y a pas, pour une banque, de gouvernement plus dangereux que celui d'un directeur-gérant actif et entreprenant, soumis seulement au contrôle d'un conseil d'administration composé d'un assez grand nombre de personnes, quelqu'excellent que soit d'ailleurs ce conseil, car le directeur-gérant peut se laisser entraîner à des opérations hasardeuses ou dangereuses, et le conseil d'administration ne peut guère le retenir.

Il y a un remède, et c'est celui-ci : un certain nombre d'administrateurs, soit ceux qui ont plus de loisir que les autres, soit ceux qui seraient disposés à vendre à la banque une grande partie de leur temps, devraient composer un véritable comité de travail qui, se réunissant constamment, aurait pour mission d'examiner toutes les grosses opérations, de se renseigner sur la fortune et sur la position de tous les gros emprunteurs, de se tenir en communication incessante avec le directeur-gérant, de telle façon qu'il soit impossible à ce dernier de s'engager dans des entreprises hasardeuses, d'importance dangereuse, sans que le comité le sache et qu'il puisse l'empêcher. Dans presque tous les cas, il refuserait sa sanction à des affaires de ce genre ; tous les comités, en effet, sont prudents de leur nature, et un comité composé de négociants expérimentés, choisis dans une grande ville, se trompera très-certainement, s'il se trompe, en agissant avec trop de prudence. Le contrôle quotidien d'un conseil d'administration peu nombreux, mais compétent, auquel seraient délégués la plupart des pouvoirs du conseil général d'administration, et qui, comme un ministère, guiderait les délibérations de ce conseil général lorsqu'il siégerait, est le seul moyen certain qu'aient les banques d'éviter les opérations téméraires d'un directeur-gérant actif qui se trouve être un véritable despote. En présence d'un comité semblable, on n'essaierait probablement jamais la fraude, fraude qui, aujourd'hui même, est un incident fort rare et un mal fort insignifiant.

On sait vaguement que des comités semblables existent dans toutes ou dans presque toutes nos grandes banques par actions, mais on ne connaît pas la constitution réelle de ces comités. Il n'y a peut-être pas dans ces grandes banques un seul client, un seul actionnaire, qui connaisse le nom des personnes qui composent le comité directeur ; or, c'est là une grosse faute. Quiconque fait un dépôt considérable devrait pouvoir savoir qui sont réellement les gens qui disposent de son argent ; bien plus encore, un actionnaire important devrait ne prendre aucun repos jusqu'à ce qu'il sache qui prend des engagements en son nom, et qui peut le ruiner si tel est son bon plaisir. Ce comité devrait se composer de commerçants expérimentés, dont l'excellente réputation, dont le jugement sain sont de notoriété publique. Or, si le public, si l'actionnaire, savaient qu'il existe un comité semblable, ils auraient des raisons pour accorder à ces banques une confiance qu'ils reposent aujourd'hui en elles un peu à la légère.

Il faut remarquer que la présence quotidienne d'un certain nombre d'administrateurs, à tour de rôle, ne pourrait pas remplir le même but qu'un comité permanent. Ce comité n'aurait pas une responsabilité suffisante, car un conseil se modifiant chaque jour ne peut avoir aucune responsabilité. Les opérations approuvées par les administrateurs, présents le lundi, pourraient être exactement celles que les administrateurs présents le mercredi repousseraient de toutes leurs forces. Dans presque toutes les opérations commerciales, et les opérations de banque ne font certes pas exception à la règle, il est essentiel que les décisions soient prises toujours par les mêmes personnes; les opérations, pour s'enchaîner, doivent sortir pour ainsi dire des mêmes cerveaux. Un groupe d'hommes, de second ordre comme intelligence, arriverait sans doute à conduire assez bien les opérations les plus importantes, à condition qu'il ne change pas; mais ces mêmes opérations ne réussiront pas si le groupe chargé de les diriger change constamment, en admettant même qu'il soit composé des individualités les plus habiles. On pourrait tout aussi bien essayer de gouverner un peuple avec un ministère qui changerait chaque jour.

Nos grandes banques par actions commettent une grave imprudence en dissimulant avec tant de soin les détails de leur administration, pour éviter sans doute toute discussion à ce sujet. On me répondra probablement : « Le mieux est ennemi du bien ; vous l'avez avoué vous-même, il y a peu d'exemples d'un succès comparable à celui de nos banques ; que désirez-vous, que pouvez-vous désirer de plus ? » Je me contenterai de répondre que je désire voir se confirmer ce grand succès et l'assurer pour l'avenir. Il y a aujourd'hui tout au moins la possibilité d'une réaction. Supposons que, par suite de vices d'administration, une des plus grandes banques par actions de Londres vienne à faire faillite, on soupçonnerait à l'instant tout le système. Dès qu'on s'apercevrait qu'une de ces *terra incognita* est en faute, les plus graves soupçons s'attacheraient à toutes les autres. Si on connaissait depuis des années le mode réel d'administration de ces banques, si l'on savait que les banques qui n'ont pas fait faillite n'ont pas adopté le mode fautif d'administration qui a conduit l'une d'elles à la ruine, la chûte de celle-là ne ferait aucun tort aux autres, car on verrait qu'elles ne portent pas en elles la même cause de destruction. A présent, au contraire, la chute d'une de ces banques porterait un coup terrible au crédit de toutes. Il n'y a presque personne, en effet, qui connaisse le mode d'administration précis d'aucune d'entre elles ; dans aucun cas, ce mode d'administration n'a été décrit par une voix autorisée, et la ruine de l'une d'elles, par suite d'un vice d'organisation, semblerait prouver que toutes sont aussi mal organisées, aussi mal administrées. La publication tardive d'une constitution, si admirable qu'elle soit, n'aiderait plus guère les banques survivantes ; comme cette publication ne se ferait qu'en vertu d'une nécessité, on serait porté à en soupçonner la véracité. Les sceptiques, et en pareil cas ils forment la majorité, ne manqueraient pas de dire : « Ils prétendent, bien entendu, que tout est perfection chez eux ; comment d'ailleurs pourraient-ils tenir un autre langage. »

Or, ce ne sont pas seulement les clients qui font d'immenses dépôts, ce ne sont pas seulement les actionnaires de ces grandes banques, c'est aussi le public qui est fortement intéressé à ce qu'elles soient bien administrées. Nous avons vu que notre réserve de banque est singulièrement minime, si on la compare à l'immensité de notre passif ; nous avons vu que la création de ces grandes banques a contribué à diminuer encore cette réserve proportionnellement au passif ; nous avons vu qu'une « panique » est ce qui fait courir le plus de risques à notre réserve de banque. Or, aucune cause n'est peut-être plus propre à produire une panique que la chute d'une banque par actions de premier ordre à Londres. Un événement semblable engendrerait les mêmes effets que ceux qu'ont amené la faillite d'Overend, Gurney et Ce, et on ne peut guère prévoir un autre événement qui puisse avoir des résultats aussi désastreux. Par conséquent donc, étant donnée la constitution de notre système de banque, le mode d'administration qu'adoptent ces grandes banques a pour nous une importance qu'il est impossible d'exagérer.

CHAPITRE X

LES BANQUES PARTICULIÈRES

Quelques-uns, peut-être, des lecteurs de la dernière partie du chapitre précédent seront portés à croire que je dois être l'ennemi secret des banques par actions. Dans tous les cas, j'ai indiqué ce que je considère comme de graves défauts dans leur organisation. Mais je crains que quiconque lira ce chapitre ne pense, en se plaçant au même point de vue, que je suis aussi l'ennemi des banques particulières. J'ai un seul espoir, c'est que les deux opinions se contrebalancent, et qu'il soit ainsi prouvé que je ne désire être injuste en aucune façon.

On ne peut imaginer rien de plus parfait en théorie, rien de plus heureux en pratique, que les banques particulières telles qu'elles existaient dans le principe. Un homme, dont la richesse, l'intégrité, l'intelligence sont de notoriété publique, reçoit en dépôt des sommes considérables que lui confient ses voisins. La confiance qu'on repose en lui s'adresse strictement à l'individu. Les voisins le connaissent et ont confiance en lui parce qu'ils le connaissent. Ils voient sa conduite de tous les instants, et peuvent juger s'ils ont bien placé leur confiance. Autrefois, dans la province, il était difficile qu'un homme se ruinât hors de l'endroit où il vivait, car c'est là qu'il dépensait presque tout son argent et qu'il spéculait, si par aventure il spéculait. Les gens qui vivaient auprès de lui se trouvaient placés de façon à voir s'il se conduisait de manière à mériter leur confiance. Dans les grandes villes mêmes, ou du moins dans ce qu'étaient alors les grandes villes, on pouvait, sans beaucoup de peine, s'assurer avec assez de certitude de la position réelle des personnes marquantes, et savoir tout ce qu'il était utile de connaître pour fixer leur crédit. Aussi les banquiers qui, pendant une longue série d'années, résistèrent à cette stricte investigation de tous les instants, devinrent-ils très-riches et très-puissants.

Le nom de « Banquier de Londres » portait surtout avec lui un charme tout particulier. On lui attribuait, et souvent à juste titre, un certain mélange de sagacité financière et d'éducation raffinée, qu'il était rare de trouver dans les autres classes de la société. A une époque où les classes commerçantes étaient beaucoup plus grossières qu'elles ne le sont aujourd'hui, bien des banquiers particuliers possédaient une variété de connaissances et une délicatesse de sentiment rares même aujourd'hui. Cette position, en effet, procure de singuliers avantages. La profession est héréditaire ; le crédit de la banque passe du père au fils ; cette fortune héréditaire amène bientôt, et par hérédité aussi, des mœurs raffinées. La banque est un commerce qui exige bien des soins, mais peu de travail. Un banquier, même s'il se trouve à la tête d'une maison fort importante, peut s'assurer que toutes ses opérations sont de tout repos et avoir encore bien du temps à lui; il peut donc consacrer facilement une certaine partie de ses loisirs et une part considérable de ses pensées à d'autres études. Un banquier de Londres peut aussi, s'il le veut, s'entourer de la société la plus choisie qui soit au monde. Très-probablement, il est fort rare qu'il y ait eu position aussi heureuse que celle d'un banquier de Londres; il n'y en a certainement pas eu de plus heureuse.

Il est pénible d'avoir à penser que cette classe peut disparaître, et cependant c'est là une pensée qui s'impose à nous. La preuve des chiffres est là. En 1810, il y avait quarante banques particulières dans Lombard Street, admises à la chambre de liquidation; il n'y en a plus que treize. Bien que le commerce de la banque se soit considérablement accru depuis 1810, le nombre des banques particulières est beaucoup moindre qu'il ne l'était alors. Et ce qu'il y a de plus triste, c'est que la race ne se renouvelle pas. Dans les affaires, on compte peu d'impossibilités, mais tout le monde admet « qu'il est impossible aujourd'hui de fonder une nouvelle banque particulière. » On n'en a, que je sache, fondé ni à Londres, ni même dans la province, depuis bien des années. Les banques anciennes disparaissent ou se transforment, aussi le nombre diminue-t-il chaque jour, tandis qu'aucune banque particulière nouvelle ne venant à se fonder, ce nombre, bien loin de s'accroître, ne peut même pas rester stationnaire.

La vérité est que les circonstances qui, dans le principe, ont favorisé l'établissement des banques, ont aujourd'hui presque complètement disparu. Le monde est devenu si grand, la nature des affaires si complexe, qu'il est fort difficile de dire qui est riche et qui est pauvre. Sans aucun doute, il y a en Angleterre des hommes énormément riches, si riches que chacun a entendu parler de leur fortune, et que personne ne la met en doute. Mais ces hommes riches ne sont certes pas disposés à encourir l'immense responsabilité que leur ferait courir la banque; élevés dans la banque, ils y seraient sans doute restés, mais ils ne veulent pas commencer. S'ils s'établissaient banquiers, d'ailleurs, ne commencerait-on pas à douter de leur fortune. On dirait : « Pourquoi A. B. commence-t-il à faire la banque; il n'est certainement pas aussi riche que nous le pensions. » Un millionnaire redoute ordinairement d'assumer une responsabilité; or, le propre de la grande banque, c'est d'encourir d'immenses responsabilités. Il y a sans doute un grand nombre de riches de second ordre, d'après l'idée que nous nous faisons aujourd'hui de la richesse, qui seraient enchantés d'ajouter à leurs revenus les profits d'une banque, s'ils se sentaient capables de la diriger. Mais, malheureusement, ils ne s'en sentent pas capables. Leur fortune n'est pas suffisamment connue, et ils ne peuvent s'assurer la confiance nécessaire. On ne fonde plus de nouvelles banques particulières en Angleterre, parce que les hommes ayant une fortune de tout premier ordre ne veulent pas en fonder, et parce que les hommes qui n'ont pas une fortune aussi notoire ne le peuvent pas.

Actuellement aussi les banques particulières sont exposées à une concurrence contre laquelle elles n'avaient pas à lutter dans l'origine. Par suite des changements dont j'ai déjà parlé, les banques par actions leur font une active concurrence. Anciennement, cela était impossible ; la Banque d'Angleterre ayant le monopole de la banque avec le principe de l'association. Aujourd'hui, au contraire, de grandes banques par actions, qui acceptent des dépôts, forment les maisons les plus remarquables de Lombard Street. Ces banques possèdent un capital considérable et publient des bilans que chacun peut comprendre ; ces publications de bilans leur servent d'annonce perpétuelle, ce que ne peut faire aucun particulier relativement à sa fortune. Le progrès croissant de ces banques suffit donc à empêcher la fondation de nouvelles banques particulières.

On ignore absolument le montant des affaires des banques particulières. Leur inventaire constitue un secret gardé avec soin. Mais on croit qu'aucune d'elles, excepté peut-être quelques-unes des plus importantes, ne voit s'augmenter le chiffre de ses affaires. L'opinion publique de Lombard Street peut faire fausse route dans un cas particulier ; mais, en règle générale, elle est certainement dans le vrai. Il y a sans doute quelques exceptions bien connues ; mais, s'il faut en croire ce qui se répète de tous côtés, les dépôts faits entre les mains des banquiers particuliers tendent plutôt à diminuer qu'à augmenter.

Il doit en être naturellement ainsi pour les plus petites banques. Une grande banque tend toujours à devenir plus considérable, une petite banque tend toujours à devenir plus petite. On choisit naturellement pour banquier celui qui a le plus de crédit au moment présent ; or, c'est le banquier qui a le plus d'argent entre les mains qui a le plus de crédit. C'est là ce que signifie le terme « privilége » que nous avons appliqué à une banque riche et établie depuis longtemps; elle se trouve, en effet, mieux placée pour faire des affaires que qui que ce soit; elle possède un grand avantage sur ses anciens concurrents et une immense supériorité sur les nouveaux venus. Le client nouveau, arrivant dans Lombard Street, se laisse persuader par les résultats obtenus; il donne à celui qui possède déjà beaucoup; il porte son argent à la banque la plus considérable, tout simplement parce qu'elle est la plus considérable. J'avoue qu'en considérant un avenir éloigné encore, j'en arrive à la conclusion que les petites banques particulières ne pourront pas résister. Leur vieille clientèle ne les quittera certainement pas; il n'y aura pas de ruine fatale, pas de mort soudaine, mais le flot s'éloignera et le courant des affaires passera en d'autres mains.

La théorie suggère, l'expérience indique que, tôt ou tard, les banques par actions et quelques grandes banques particulières se partageront les affaires de Lombard Street. Or, cette question se pose : ces grandes banques particulières sont-elles de nature à résister? Je serais certainement désolé de répondre que non; mais, en même temps, je ne puis m'empêcher de comprendre les graves difficultés qu'elles ont à surmonter.

Tout d'abord, une maison héréditaire ayant une importance considérable présente beaucoup de dangers. La direction d'une semblable maison exige plus qu'un travail ordinaire, plus qu'une habileté ordinaire. Or, nous n'avons aucune certitude de retrouver régulièrement ces qualités dans chaque génération. Le cas d'Overend, Gurney et Cie, le modèle de tout ce qu'il y a de pis en affaires, est un alarmant exemple de ce danger. Il eut été impossible, je crois, de trouver hommes d'affaires plus habiles (je veux dire plus habiles dans leur profession) que les fondateurs et les premiers directeurs de cette maison. Mais, en quelques années, la direction de la maison passa entre les mains d'hommes dont la folie a dépassé tout ce qu'on peut imaginer de plus incapable. En quelques jours ils substituèrent la ruine à la prospérité, et passèrent de l'opulence à la faillite. Une telle folie est rare heureusement, et les opérations de banque sont loin de présenter autant de difficultés que les affaires d'une compagnie qui se charge de l'escompte. Cependant, il ne faut pas se faire d'illusion, la sottise est chose commune, et les opérations d'une banque considérable exigent beaucoup d'habileté et, plus encore peut-être, une longue expérience et un jugement sain. Ce qui est si étonnamment arrivé alors que l'arbre était encore plein de vigueur peut se produire d'autant plus aisément alors qu'il se dessèche. Une grande banque particulière pourrait facilement arriver à mal si la prudence de ceux qui la dirigent se changeait en imprudence.

A Londres, fort heureusement, nous n'en avons encore eu aucun exemple ; il faut ajouter, d'ailleurs, que l'occasion n'a guère pu encore se présenter. Jusqu'à présent, les banques particulières n'ont été que peu importantes, eu égard à ce que, aujourd'hui, nous appelons une banque. Leur direction n'exigeait guère qu'une habileté moyenne et des soins de tous les instants. Mais, si l'importance de ces banques vient à s'augmenter, s'il faut plus de talent pour les diriger, elles ressentiront, elles aussi, tous les vices du gouvernement héréditaire. « Le père, qui avait une haute intelligence, a fondé la maison ; mais le fils, moins intelligent que son père, l'a laissé disparaître ou l'a considérablement amoindrie. » C'est là l'histoire de toutes les grandes monarchies, et cela peut devenir l'histoire des grandes banques particulières. La particularité, ou tout au moins une des particularités de l'affaire Overend, Gurney et Ce, fut que l'on découvrit bientôt le mal. Les associés les plus riches s'occupaient peu de la direction de la maison; dès qu'ils virent que des pertes incroyables les ruinaient, ils se retirèrent et changèrent la maison en une compagnie. Mais ils n'avaient obtenu aucun résultat; si au moins ils s'étaient arrangés de façon à empêcher d'autres pertes, la maison pourrait exister encore et jouir du plus grand crédit. Ce fut la publicité donnée à ces pertes qui les ruina. S'ils avaient continué leur association particulière, ils n'auraient pas eu besoin de dire quelles étaient ces pertes, et ils auraient pu les déduire tranquillement des immenses profits qu'ils étaient en droit d'espérer. Ils avaient entre les mains quelque deux cent cinquante millions de francs appartenant au public, et personne ne songeait à leur réclamer un centime. Le trouble que leur faillite causa dans le pays prouve que leur crédit, que leur vieille réputation, était restée intacte. Personne en province, je le sais par expérience, ne voulait croire un mot de ce qu'on pouvait avancer contre eux. La catastrophe vint parce que, lors de la transformation en compagnie, les associés de la vieille maison, la famille Gurney surtout, avaient garanti la nouvelle compagnie contre les pertes pouvant résulter des opérations engagées. Ces pertes furent beaucoup plus considérables qu'on ne le croyait. Les Gurney durent vendre leurs propriétés pour se procurer les sommes dont ils avaient besoin afin de rembourser la compagnie, et leur ruine patente aux yeux de tous porta un coup terrible au crédit de la maison. Si, au contraire, cette garantie n'avait pas été donnée, si les biens de la famille n'avaient pas été vendus, si on avait passé par profits et pertes ces sommes considérables sur un grand livre bien caché à tous les yeux, personne n'aurait pris l'alarme, la maison des Overend existerait probablement encore aujourd'hui, son crédit serait aussi florissant que jamais, et son nom un des noms les plus respectés de notre place. Le secret absolu qui entoure toutes les opérations des banquiers particuliers et des escompteurs rend encore plus grande la difficulté d'assurer à ces maisons une bonne direction par héritage pendant plusieurs générations.

On peut sans doute surmonter ce danger par l'adjonction continuelle de nouveaux associés habiles; on compense ainsi la détérioration du vieux sang par l'infusion de sang jeune et d'excellente qualité. Mais, à cela encore, il y a une objection, peu importante semble-t-il tout d'abord, mais qui, dans la pratique, a une influence considérable. Pour qu'on puisse admettre de nouveaux associés, il faut que les anciens associés fassent un sacrifice considérable sur leurs revenus, il faut que les anciens abandonnent ce que les nouveaux venus reçoivent; or, les vieux associés ne consentent guère à un arrangement de cette nature.

Ce remède efficace est si pénible que, dans la plupart des cas, on n'y a recours que trop tard.

Je ne puis donc prévoir avec certitude la continuation de notre système de banques particulières. J'ai la conviction que les jours des petites banques sont comptés, et qu'elles disparaîtront avant que bien des années se soient écoulées. Quant aux grandes banques particulières, elles ont à surmonter de formidables obstacles. Quoi qu'il en soit, il est fort important que ces dernières soient bien dirigées. Or, l'état actuel des opérations de banque rend cette direction tout particulièrement difficile. Les détails augmentent avec une rapidité incroyable. Les chèques deviennent chaque année plus abondants; non-seulement ils deviennent plus abondants d'une manière absolue, mais chaque individu fait plus de chèques comparativement au montant de son revenu. Les recettes et les dépenses qui composent chaque compte particulier sont beaucoup plus nombreuses qu'elles ne l'étaient autrefois, et cela cause une augmentation considérable du travail. En outre, les banquiers ont dernièrement joint à leurs affaires une nouvelle branche d'opérations. Non-seulement ils se chargent aujourd'hui de conserver l'argent de leurs clients, mais encore d'opérer les recouvrements qu'ils peuvent avoir à faire. Bien des gens tirent tout leur revenu de ce que leur rapportent des actions, des obligations, des titres étrangers; ces revenus sont représentés par une quantité de coupons qu'ils chargent leur banquier d'encaisser pour eux. Assez souvent les titres eux-mêmes, actions ou obligations, restent confiés à la garde du banquier qui doit détacher le coupon quand il arrive à échéance et le faire encaisser. Or, tout ceci constitue un détail incroyable, et il faut un outillage spécial pour pouvoir en venir à bout.

Une banque par actions bien montée possède cet outillage. A sa tête se trouve un directeur-gérant habitué aux détails de la banque, qui aime ce travail, qui en fait pour ainsi dire l'affaire de sa vie. Il ne pense guère, il ne doit même pas penser à autre chose. Un de ses premiers soins doit être de s'entourer d'un état-major d'employés supérieurs, dont chacun a un travail bien défini, et son premier devoir consiste à veiller à ce qu'ils accomplissent ce travail. Mais une banque particulière, montée comme elle l'est ordinairement à Londres, ne possède pas d'employé semblable. Les associés la dirigent; or, ces associés sont ordinairement des hommes riches, qui rarement sont capables de s'occuper de beaucoup de détails, et qui ne sont pas disposés à consacrer toute leur vie et toute leur intelligence à ces minuties. Un homme qui possède la fortune, l'éducation, la position sociale, qui sont les apanages d'un grand banquier de Londres, serait un sot s'il passait sa vie à s'occuper de ces détails. Il sacrifierait à des riens une vie qui peut être agréable et utile. Et cependant il est important que ce travail de détail soit bien fait; il est donc absolument nécessaire de choisir quelqu'un qui surveille ce travail, qui le distribue, ou autrement on en arrivera à de déplorables résultats. Jusqu'à présent, ou plutôt jusque tout dernièrement, on n'a guère ressenti cette difficulté. Le détail des opérations d'une petite banque particulière était assez modéré pour que les associés le surveillassent efficacement. Mais, comme nous venons de le faire remarquer, le détail des opérations de la banque, la proportion des détails relativement à l'importance de la maison, s'augmentent chaque jour. Le nombre des employés des banques particulières doit donc augmenter dans la même proportion, si ces banques veulent continuer d'exister ; par conséquent aussi, la nécessité d'une bonne organisation des détails devient de plus en plus impérieuse. A moins de soins extraordinaires, on peut s'attendre à une confusion terrible, parce que la banque s'augmentant, les détails augmentent en proportion.

La seule organisation efficace que je puisse imaginer est celle qui existe dans les établissements rivaux. Les grandes banques particulières devront, je crois, se procurer sous une forme quelconque, sous un nom quelconque, une sorte de directeur général qui surveillera, contrôlera, organisera les détails des opérations. Peu importe le système adopté pour cette organisation, chaque banque peut avoir le sien, pourvu que l'agent responsable soit là. Le vrai travail des associés, dans une maison aussi importante qu'une banque, ressemble beaucoup à celui des administrateurs d'une banque par actions. Ils doivent se constituer en un comité permanent chargé de conseiller et de contrôler le directeur général, et chargé aussi des gros emprunts et des questions de principe. Ils ne doivent pas avoir à s'occuper des détails ; s'ils s'en occupent, il en résultera deux maux immédiats : le détail sera négligé, et l'esprit de ceux qui doivent résoudre les questions importantes sera détourné à chaque instant de ces questions. Il y aura dans la banque excitation continuelle, et quand on est excité on peut faire des prêts dangereux et s'exposer à perdre de l'argent.

Cette organisation présenterait un autre avantage secondaire, en ce sens qu'elle rendrait plus facile la transformation des banques particulières en banques par actions, si cette transformation devenait nécessaire. La transition serait facile au moment où les événements ou la simple commodité l'exigeraient. Je ne m'écarte pas de mon sujet en discutant cette question. L'organisation des banques particulières ressemble à celle des banques par actions, en ce sens que le public tout entier est intéressé à ce que cette organisation soit bonne. Le défaut de bonne organisation peut causer la faillite d'une ou de plusieurs banques, et la faillite de ces banques pourrait augmenter une panique dans des proportions considérables, en admettant même qu'elle ne fut pas suffisante pour en causer une.

CHAPITRE XI

LES ESCOMPTEURS

Dans tout système de banque, que la réserve soit répartie entre plusieurs banques ou qu'elle se trouve dans les mains d'une seule, il y aura toujours une classe de commerçants qui examinent avec plus de soins que ne peuvent le faire les banquiers entraînés par leurs nombreuses occupations, les titres de toute nature. Ces négociants, s'occupant d'une seule nature de commerce, arrivent à le connaître admirablement. Or, comme ils s'entourent de toutes sortes de renseignements, ils peuvent, la plupart du temps, prêter plus que ne le comporte leur propre capital, et aussi sont-ils toujours disposés à emprunter des sommes considérables aux banquiers et au public, sur dépôt de titres qui forment une excellente garantie de la somme qu'ils empruntent. Ils servent donc d'intermédiaires entre le public qui emprunte et le capitaliste qui n'a pas le loisir d'examiner les garanties qu'on lui propose; en effet, ils savent mieux que le capitaliste quel degré de sécurité offrent les diverses garanties, ils empruntent donc en leur nom personnel et demandent au public un intérêt plus fort que celui qu'ils ont eux-mêmes à payer.

Beaucoup d'agents de change font ces opérations sur une très-grande échelle. Ils prêtent des sommes considérables sur des titres étrangers, sur des actions de chemin de fer ou sur des titres analogues, et empruntent aux banquiers les sommes destinées à ces prêts; ils déposent les titres chez les banquiers et donnent ordinairement, mais pas toujours, leur garantie personnelle. Mais, de beaucoup, les plus importants de ces intermédiaires sont les courtiers en billets ou escompteurs. Il est fort difficile d'arriver à bien connaître les effets de commerce. Le crédit relatif des différentes maisons de commerce forme une grande tradition; c'est une masse de connaissances fort importantes qu'on n'a jamais décrites dans aucun ouvrage, et qui ne sont pas susceptibles de description. La base de ces connaissances se change, se modifie d'ailleurs chaque jour. Une classification parfaitement exacte du crédit des maisons de commerce au commencement d'une année pourrait être complétement fausse à la fin de la même année. Chaque année il se produit de profondes modifications; quelques maisons s'élèvent, beaucoup d'autres tombent. Dans le cours de quelques années spéciales, les modifications sont considérables. Dans des années comme 1871, bien des négociants actifs gagnent tant d'argent qu'on peut, à la fin de l'année, leur faire un crédit tel qu'on n'aurait pas songé à le leur faire au commencement. D'autre part, dans des années comme 1866, une ruine contagieuse détruit la confiance qu'on aurait pu reposer dans bien des maisons, dans bien des négociants, et ceux surtout qui occupaient la plus grande position avant le commencement de la crise. Des années comme celles-là produisent de véritables révolutions dans le monde des affaires, et la question que se pose l'escompteur, question qui résume tout en matière de commerce : « Qui paiera ses billets et qui ne les paiera pas? Quels sont aujourd'hui les effets de premier ordre et quels sont ceux de second ordre? » se trouve résolue à la fin de l'année de façon toute différente qu'elle ne l'eut été au commencement. Quiconque n'a pas appris les grandes traditions commerciales de ce qu'on appelle la position des maisons, quiconque ne se tient pas incessamment, personnellement, au courant des changements inévitables qui modifient d'heure en heure la vérité de ces traditions, ne peut devenir un bon escompteur. Le « crédit » d'un négociant, c'est-à-dire la confiance que l'on peut avoir dans son exactitude pécuniaire, est chose toute différente du montant de sa fortune. Sans doute, il est plus probable qu'un homme riche fera plutôt face à ses engagements qu'un homme pauvre, toutes autres considérations laissées de côté. Mais, d'autre part, il y a bien des négociants sans grande fortune en qui on a confiance sur le marché, au courant des affaires, pour des sommes de beaucoup supérieures à la fortune de gens plus riches qu'eux. Une maison ou une personne qui, depuis longtemps, paie régulièrement ses échéances, inspire un degré de confiance indépendant de l'étendue de sa fortune. Les négociants qui achètent pour revendre immédiatement ont souvent des engagements beaucoup plus considérables que ne l'est leur propre capital, et la possibilité de contracter ces engagements dépend de leur « honorabilité, » de leur « crédit, » de leur « position, » pour employer les termes dont on se sert ordinairement, et plus simplement de l'opinion que se font d'eux les gens qui ont ordinairement affaire à eux. Les effets de commerce, voilà le moyen le plus ordinaire qu'emploient les négociants pour se procurer de l'argent; le degré plus ou moins grand de certitude que ces négociants paieront leurs billets à l'échéance indiquée, voilà la mesure de leur crédit. Or, les escompteurs sont ceux qui estiment le mieux ce degré de certitude, ce sont même les seuls qui puissent l'estimer. Grâce à ces connaissances particulières, les escompteurs empruntent des sommes immenses aux banquiers et à d'autres personnes; ordinairement, ils déposent en garantie les effets de commerce qu'ils escomptent; ordinairement aussi, ils donnent leur propre garantie; mais ces deux derniers points ne sont pas essentiels, bien qu'ils s'observent presque toujours dans la pratique. Au moment de leur faillite, les Overend, comme je l'ai déjà dit, avaient emprunté de cette façon des sommes considérables. Il y a en ce moment d'autres escompteurs qui ont emprunté tout autant que cette maison l'avait fait.

Ces sortes de maisons se sont développées graduellement comme toutes les autres maisons. En l'an 1810, il n'y avait rien à Londres qui ressemblât précisément à ce que nous appelons aujourd'hui les maisons d'escompte. M. Richardson, le principal escompteur du temps, dans l'acception qu'on donnait alors à ce mot, décrit ainsi son genre d'affaires à la commission nommée pour s'occuper de la circulation monétaire :

« — Quelle est la nature de vos opérations avec les banques de province? — Elles sont de deux espèces : procurer de l'argent aux banquiers de province, en escomptant leur papier quand ils ont besoin d'emprunter, ce qui arrive rarement; en second lieu, placer l'argent des banquiers de province, en l'employant à l'escompte du papier de commerce. Les sommes que je prête au nom des banquiers de province, au moyen de l'escompte, sont au moins cinquante fois plus grandes que celles que j'emprunte pour eux.

« — Envoyez-vous en province du papier de Londres pour l'y faire escompter? — Oui.

« — Recevez-vous en échange des traites tirées de la province sur Londres, ayant un certain temps à courir et destinées à être escomptées? — Oui, pour des sommes considérables, de différentes parties de la province.

« — Ces deux sortes de papier ne sont-elles pas de

cette façon soumises à l'escompte? — Non; on envoie dans une partie de la province le papier que l'on reçoit d'une autre partie.

« — Ainsi, on n'escompte pas ce papier à Londres? — Non. Dans quelques parties de la province, dans les comtés de Norfolk, de Suffolk, d'Essex, de Sussex, etc., il existe peu de traites sur Londres; dans ces comtés, au contraire, existe une circulation considérable en billets de banques locales. Dans le Lancashire, il y a peu ou pas de circulation de billets de banques locales, mais il y a un nombre considérable de traites, sur Londres, à deux ou trois mois de date. Je reçois du Lancashire, en particulier, des traites pour des sommes considérables, et je les envoie dans le Norfolk, dans le Suffolk, etc., où les banquiers reçoivent des dépôts importants et où ils ont entre les mains de grosses sommes qu'ils peuvent employer à l'escompte du papier. »

M. Richardson était donc tout simplement un courtier qui trouvait de l'argent en échange de traites et des traites en échange d'argent. On lui demande, en outre :

« — Garantissez-vous les traites que vous escomptez, et quelle commission pour cent prenez-vous? — Non, nous ne garantissons pas les traites; nous demandons un huit pour cent sur les traites que nous escomptons, mais nous ne prenons aucune commission au prêteur de l'argent.

« — Pensez-vous que cette commission soit une compensation suffisante pour l'habileté que vous avez à déployer pour choisir les traites que vous faites ainsi escompter? — Oui, c'est une compensation suffisante pour le choix des traites, pour les dépenses occasionnées par la correspondance et pour les autres dérangements.

« — La personne qui fournit l'argent vous tient-elle compte d'une commission quelconque? — D'aucune.

« — Cette personne ne vous considère-t-elle pas comme son agent, et ne vous tient-elle pas responsable en quelque sorte de la sécurité des billets que vous lui adressez? — En aucune façon.

« — Cette personne ne préfère-t-elle pas avoir affaire à vous, parce qu'elle juge que vous lui rendez un compte exact de la valeur du papier que vous lui envoyez? — Oui, elle repose toute confiance en nous.

« — Exercez-vous donc un choix relativement à la sécurité probable du placement? — Oui; si l'on nous adresse un billet sur lequel nous avons des doutes, nous le renvoyons.

« — Ne pensez-vous donc pas que, au point de vue de la quantité d'affaires que vous pouvez faire, vous vous trouvez dans une grande mesure à la discrétion du prêteur? — Oui, très-certainement. Si nous conduisons nos affaires avec soin, nos amis nous restent; dans le cas contraire, nous les perdons. »

Il était assez naturel que les capitalistes n'aient à supporter aucune commission, bien que le porteur du billet ait à payer un courtage, car, dans presque tous les temps, c'est l'emprunteur qui cherche plus ou moins; il est toujours disposé à payer quiconque lui procure l'argent dont il a besoin. Le capitaliste, au contraire, consent rarement à payer quelque chose; il suppose ordinairement, et avec raison, que l'emprunteur finira toujours par le découvrir.

Malgré bien d'autres modifications, la distribution des clients de l'escompteur, dans les différentes parties du pays, reste encore presque la même qu'elle était il y a soixante ans, au moment ou M. Richardson la décrivait. La plupart du temps, les comtés agricoles n'ont pas l'emploi de tout l'argent qu'ils peuvent mettre de côté; les comtés manufacturiers, au contraire, peuvent employer beaucoup plus d'argent qu'ils n'en peuvent mettre de côté. Aussi l'argent du Norfolk et du Somersetshire vient-il à Londres dans les mains de l'escompteur qui l'emploie à escompter le papier du Lancashire et du Yorkshire.

La vieille pratique de courtage, décrite par M. Richardson, existe encore aussi. On peut voir dans Lombard Street un grand nombre de courtiers porteurs de billets qu'ils désirent escompter, mais qu'ils ne garantissent pas. Quelquefois, ils ont employé leur propre capital pour escompter ces billets, et, s'ils peuvent les réescompter à un taux un peu inférieur, ils gagnent une différence qui, au premier abord, peut sembler insignifiante, mais dont ils se contentent parfaitement, parce que ce système de prêt, puis d'emprunt immédiat, leur permet d'employer souvent leur capital et, avec quelques mille livres sterling, d'escompter pour des centaines de mille livres de papier; les opérations sont si nombreuses qu'ils peuvent se contenter d'un gain minime sur chacune d'elles. Dans d'autres cas, ces courtiers, qui ne garantissent pas le papier, ne sont que des agents qui cherchent de l'argent sur du papier qu'ils se sont chargés d'escompter. Mais, dans les deux cas, la transaction est, dans son essence, celle que M. Richardson décrit, quant à ce qui concerne toutefois le banquier ou le capitaliste, quel qu'il soit, qui avance les fonds. Le prêt que fait ce banquier est un réescomptage du billet ; il ne peut se rembourser de ce prêt qu'au moment de l'échéance, alors que le billet est payé. Il n'a aucun recours à exercer contre l'agent qui lui a apporté le billet. L'escompte sous cette forme, que nous pouvons appeler sa forme archaïque, est tout simplement un des moyens dont se sert le banquier pour se procurer du papier qui lui convient et qu'il réescompte. Dans cette opération, le crédit du courtier importe peu ; le papier étant escompté sans qu'il puisse y avoir aucun recours contre lui, peu importe que le courtier soit un pauvre diable ou un millionnaire. Le prêteur exerce son propre jugement quant à la valeur de la signature qu'on lui offre.

Dans l'escompte moderne, au contraire, le crédit du courtier devient un élément important. Le prêteur considère que le courtier, que ce soit un individu, une société ou une maison, a une fortune considérable, et il réescompte les billets en comptant que le courtier n'exposerait pas sa fortune en donnant sa garantie, s'il ne s'était assuré que l'opération est de tout repos. Le prêteur pense aussi que le courtier, s'occupant constamment de papier et ne s'occupant que de papier, connaît admirablement la valeur du papier ; il prête donc son argent, car il compte en partie sur la fortune du courtier, en partie sur son expérience. Il s'inquiète donc fort peu du papier qu'on lui donne en garantie, quelquefois il l'examine à peine. Il est probable que pas un sur mille des créanciers d'Overend, Gurney et Cie, ne s'était attendu à avoir à compter sur cette garantie, ou l'avait jamais examinée avec quelque attention. Quelquefois même la confiance que l'on repose dans le courtier va plus loin encore. Un nombre considérable de personnes lui prêtent de l'argent, non-seulement sans examiner avec soin la garantie qu'il offre, mais même sans prendre aucune garantie. C'est exactement le contraire de la pratique que M. Richardson décrivait en 1810. Le prêteur se reposait entièrement alors sur la valeur du papier; aujourd'hui, dans ces cas particuliers, il compte seulement sur le courtier, et ne reçoit aucun papier en garantie. Rien de plus naturel, rien de plus forcé, que ce changement. On suppose que le courtier s'entend admirablement à évaluer la valeur du papier; il est donc tout naturel que les prêteurs lui demandent sa garantie personnelle comme preuve de la confiance qu'il a lui-même dans le papier qu'il offre en garantie. Il est tout naturel aussi que les courtiers ayant, par la pratique constante de ce commerce lucratif, obtenu une haute position et acquis de grandes fortunes, devinssent plus ou moins des banquiers et reçussent de l'argent en dépôt sans donner aucune garantie.

Mais ce changement a produit des effets fort remarquables. Dans la pratique, telle que la décrivait M. Richardson, il n'y avait rien qui pût affecter le marché financier. Le courtier se contentait d'apporter du papier aux banquiers comme n'importe qui pouvait leur en apporter; il n'y avait rien à dire à cela, sauf qu'une banque ne doit pas escompter de mauvais papier, ne doit pas escompter trop de papier et doit conserver une bonne réserve. La pratique moderne, au contraire, introduit des considérations plus complexes. Dans le commerce de l'escompte, tel qu'il existe aujourd'hui, il y a une grosse difficulté : le courtier en escompte doit payer un intérêt sur toutes les sommes qu'on lui a confiées. Nous venons de voir comment cet usage s'est établi. Quiconque prête actuellement au courtier avait coutume d'abord de toujours escompter un billet, ce qui revient à dire qu'il prêtait à intérêt. Naturellement, il n'abandonna pas son intérêt quand il vint à prendre la garantie du courtier, et à ne plus regarder le papier que comme une garantie collatérale ; encore moins l'abandonna-t-il quand il cessa de prendre même cette garantie. Le courtier doit donc, de façon ou d'autre, allouer un intérêt sur toutes les sommes qu'on lui laisse entre les mains ; or, cette habitude constante d'allouer un intérêt a une grave conséquence : le courtier ne peut pas laisser d'argent sans emploi. Il est devenu banquier ; il doit des sommes considérables dont on peut lui demander le remboursement, mais il ne peut conserver par devers lui, en espèces, des sommes aussi considérables ou même approchant de celles qu'un banquier ordinaire peut conserver, parce que la perte d'intérêts sur ces sommes finirait par le ruiner. La concurrence tend à réduire la commission que peut prélever le courtier et à élever le taux de l'intérêt qu'il doit allouer, de telle façon qu'il ne lui reste plus qu'une marge fort étroite. Dans ces circonstances, s'il gardait par devers lui des sommes considérables improductives, il se trouverait bientôt en faillite.

La difficulté devient plus grande encore, en raison des conditions que l'on met aux dépôts faits chez les courtiers. La plus grande partie est remboursable à vue ou à fort court intervalle. Aux époques d'alarme, le courtier peut donc se trouver exposé à des demandes de remboursements considérables, et, en pratique, c'est ce qui arrive. En temps de panique, ils sont toujours assaillis de demandes qui prennent souvent des proportions formidables; or, en conséquence de la nature particulière de leurs affaires, il leur est impossible de conserver par devers eux des sommes considérables en espèces, ils sont donc obligés de s'adresser à ceux qui gardent ces espèces. Les conditions de son commerce forcent le courtier de change à appartenir à une classe de marchands d'argent dépendants, comme nous pourrions l'appeler, c'est-à-dire de marchands qui ne conservent pas leur propre réserve et qui doivent par conséquent, dès qu'une crise se déclare, avoir recours aux autres.

Avec un système naturel de banque, c'est-à-dire un système dans lequel toutes les banques principales garderaient leur réserve, ces demandes des courtiers de change et d'autres négociants dépendants constitueraient un des principaux assauts sur cette réserve. Au commencement de chaque panique, les détenteurs de la réserve comprendraient qu'il y a pour eux une importance extrême à soutenir ces négociants. Car, si la panique venait à renverser ces derniers, elle se renforcerait de ce qu'on lui aurait laissé dévorer; c'est là la nature même d'une panique, et elle arriverait probablement à renverser aussi les banquiers détenteurs de la réserve. Pendant ces périodes de panique, la terreur du public ne connaît plus de bornes. Dès qu'une maison, ayant une bonne position de crédit, vient à sombrer, d'autres maisons, ayant un crédit égal, courent aussi le danger de périr, bien qu'elles soient d'une nature différente. Les nombreux détenteurs de la réserve de banque se verraient obligés, dans un système naturel de banque, à soutenir, au moyen de cette réserve, les courtiers de change et les maisons analogues. Il serait indispensable à leur propre sécurité, de ne pas laisser tomber ces maisons, aussi compterait-on au nombre des nécessités auxquelles devrait parer la réserve la protection qu'il faut leur accorder.

D'ailleurs, ce système une fois adopté, les demandes des courtiers de change ne seraient pas excessives. Sans doute, on leur réclamerait des sommes considérables, mais il n'y aurait aucune raison pour qu'on s'adressât à eux plutôt qu'à tout autre. Ils partageraient la panique avec les banquiers détenteurs de la réserve, mais ils ne la ressentiraient pas plus que les banquiers. Dans chaque crise, le gros de l'orage se dirigerait selon la cause qui l'aurait déterminé, mais il n'y aurait rien dans la nature du courtage qui soit de nature à l'attirer particulièrement. Ils ne seraient pas exposés à plus de souffrances que n'importe qui; la seule différence serait que la crise arrivée, ne possédant pas de réserve suffisante, ils se verraient obligés de s'adresser aux autres.

Mais avec le système d'une seule réserve de banque, la position des courtiers de change est bien plus singulière et bien plus précaire. En un mot, les principaux déposants chez les courtiers de Lombard Street sont les banquiers de Londres, ceux de province, ceux d'Ecosse et ceux d'Irlande. Ces dépôts ne sont au résumé qu'une partie de la réserve de ces banquiers;

ils font partie essentielle des sommes qu'ils ont mises de côté pour faire face à une panique. Aussi dans chaque panique, les banquiers enlèvent-ils ces sommes aux courtiers ; le banquier avait l'intention de s'en servir au moment d'une panique ; il est donc tout naturel qu'il les réclame. « Il est peut-être intéressant de savoir, » dit l'Alderman Salomons, parlant à la commission au nom de la banque de London et Westminster, après la panique de 1857, « que, le 11 novembre, nous avions en portefeuille des effets que nous avions réescomptés aux courtiers pour une somme de 140,575,000 francs. Sur cette somme totale, 70,000,000 de francs arrivaient à échéance entre le 11 novembre et le 4 décembre ; 50,000,000 de francs de plus entre le 11 décembre et le 31 du même mois ; nous pouvions donc faire face à toutes les demandes qu'on pouvait nous faire en nous contentant d'attendre l'échéance des effets dont nous étions porteurs. » Ce n'est certainement pas là un retrait direct de fonds placés en dépôts, mais le principal effet de cette conduite est exactement le même. Au commencement de la panique, la banque de London et Westminster avait prêté aux courtiers 125,000,000 de francs de plus qu'à la fin, et la banque avait ajouté ces 125,000,000 à sa réserve pour faire face aux éventualités.

Le système de banque qui nous est particulier aggrave donc l'intensité de la demande chez le courtier. Juste au moment où, par la nature même de ses affaires, il doit avoir recours aux réserves des banquiers pour arriver à faire face à ses engagements, les banquiers lui retirent des sommes considérables pour augmenter ces réserves. On impose aux courtiers de grands efforts, juste au moment où ils sont le moins en état de les faire, et, qui leur impose ces efforts? Ceux mêmes qui, avec un système naturel de banque, devraient non pas augmenter, mais diminuer cette pression.

Les bénéfices des courtiers se trouvent, il est vrai, augmentés par cet état de choses. La partie de la réserve des banquiers déposée chez eux forme une part très-profitable de leurs affaires; ces réserves se montent après tout à des sommes considérables, et, sauf en temps de panique, les courtiers peuvent compter sur elles. Il est presque certain que les banquiers les déposeront chez eux; ne doivent-ils pas, en effet, conserver une réserve, et, mieux que qui que ce soit, le courtier peut la garder. Avec un système de banque plus naturel, aucune partie de la réserve de banque n'irait jamais chez le courtier. Les banquiers ne déposeraient chez eux que leur surplus, c'est-à-dire l'argent qu'ils croiraient pouvoir prêter et dont ils n'auraient pas besoin au moment d'une panique. Aux yeux du banquier, l'argent déposé chez le courtier serait de l'argent placé, ce ne serait plus une partie de sa réserve. Le système de banque qui prévaut actuellement chez nous a pour conséquence d'augmenter le chiffre des dépôts faits chez les courtiers et les profits du courtage, dans la même proportion que s'augmentent aussi les dangers auxquels sont exposés les courtiers en temps de panique.

L'assaut que notre réserve de banque a à supporter de la part des courtiers est aussi plus dangereux qu'il ne le serait avec un système naturel, par ce que cette réserve se trouve être moindre. Le système, qui consiste à faire détenir, par une seule banque, la réserve suprême, a pour conséquence immédiate et forcée la diminution de cette réserve. En conséquence aussi, le danger que font courir à cette réserve des demandes soudaines s'augmente de beaucoup, parce que l'importance de la somme sur laquelle portent ces demandes est moindre. De telle sorte que notre système d'une réserve unique combine deux maux : il a pour effet de rendre plus considérables les emprunts que les courtiers ont à faire sur la réserve suprême, parce qu'avec ce système, la plupart des banquiers retirent l'argent qu'ils ont placé chez les courtiers ; en second lieu, la réserve suprême se trouve réduite à son chiffre minimum, et le système entier de notre crédit se trouve, par ce fait seul, affecté d'une délicatesse, d'une sensibilité extraordinaires.

Les effets singuliers que produit le système d'une seule réserve apparaissent plus frappants encore sous un autre point de vue. Avec un système naturel de banque, les courtiers ne seraient, sous aucun rapport, les rivaux des banquiers qui détiendraient la réserve suprême. Ils deviendraient plutôt les agents de ces banquiers, car ils les mettraient à même de prêter sur des garanties que les banquiers n'auraient pas le temps d'examiner, ou qu'ils ne pourraient étudier de façon compétente. Les banquiers auraient, il est vrai, à soutenir les courtiers en temps de panique, mais en temps ordinaire, ceux-ci leur procureraient de grands avantages. Avec notre système actuel, tout cela se trouve faux. La Banque d'Angleterre ne dépose jamais d'argent chez les courtiers ; en temps ordinaire, ceux-ci ne lui procurent aucun avantage. En outre, comme la Banque d'Angleterre fait elle-même l'escompte sur une très-large échelle, et qu'elle se croit parfaitement compétente pour prêter sur toute espèce de billets, les courtiers sont ses rivaux les plus formidables. Comme les courtiers paient un intérêt sur toutes les sommes qu'ils ont entre les mains, et que par conséquent ils sont obligés d'employer ces sommes, ils doivent essayer de faire l'escompte à meilleur marché que la Banque, et c'est là ce qui arrive en temps ordinaire. Mais comme, d'un autre côté, la Banque d'Angleterre seule détient la réserve suprême, les courtiers se voient obligés d'avoir recours à elle. De telle sorte que, au moment de chaque panique, en vertu de la constitution même de notre marché financier, la Banque d'Angleterre doit secourir, doit supporter des négociants qui jamais ne rendent aucun service à la Banque, mais qui, au contraire, en temps ordinaire, lui font la plus active concurrence et sont ses rivaux les plus acharnés.

On pouvait s'attendre à ce qu'un tel état de choses produisit un profond mécontentement à la Banque d'Angleterre; on discuta d'ailleurs beaucoup cette question, ce qui provoqua d'assez vives récriminations, surtout après la panique de 1857. Durant cette panique, la Banque d'Angleterre avança aux courtiers plus de 225,000,000 de francs, bien que les avances faites aux banquiers, tant de Londres que de la province, ne se fussent montées qu'à 200,000,000 de francs. Il était tout naturel que la Banque en vint à la conclusion que c'était là, de la part de ses rivaux, un abus de ses ressources. Aussi, en 1858, les administrateurs de la Banque décidèrent-ils que, désormais, la Banque ne ferait plus d'avances aux courtiers qu'à certaines époques de l'année, alors que l'argent déposé à la Banque est tout particulièrement abondant, et qu'en tout autre temps on regarderait comme exceptionnelle toute demande d'avances, et que cette demande serait soumise à un examen spécial. Le but de cette réglementation, ajouta-t-on dans un document officiel, est de « forcer les courtiers à conserver une réserve qui leur appartienne en propre, de façon à ce qu'ils ne dépendent pas aussi absolument de la Banque. » Les courtiers, bien entendu, disputèrent cette décision de toutes leurs forces, et les plus considérables d'entre eux, Overend, Gurney et Cie, adoptèrent un singulier plan, dans l'espoir de forcer la Banque à l'abolir. Ils espéraient effrayer la Banque d'Angleterre et lui prouver que si les courtiers avaient besoin d'elle, elle aussi pouvait avoir besoin d'eux. Ils accumulèrent donc un dépôt considérable à la Banque, et quand il eut atteint le chiffre de 75,000,000 de francs, ils le retirèrent en une seule fois. Le seul résultat de cette opération fut d'exciter une certaine méfiance contre les Overend ; le crédit de la Banque ne s'en trouva en aucune façon diminué. Les Overend durent déposer à nouveau leur argent à la Banque quelques jours après, avec la triste conviction qu'ils avaient en vain essayé de porter un coup à la base solide du crédit en Angleterre, et que chacun les blâmait de ce qu'ils avaient fait. Mais, bien que ce malheureux essai ait échoué comme il le méritait, la Banque ne put maintenir sa décision. La Banque, en un mot, fait des avances aux courtiers chaque fois qu'il y a pression ; on peut dire que le cas est « extraordinaire, » mais le prêt est toujours consenti, si la garantie offerte est réellement suffisante. Quelqu'ennui que cela cause à la Banque, elle est forcée de venir en aide à ses rivaux. Elle sent qu'au moment d'une crise elle ne ferait que l'augmenter si elle refusait de venir à leur secours, et qu'elle ne ferait qu'accroître par ce refus la pression qui porterait sur elle-même.

On me demandera sans doute : cette anomalie est-elle donc inévitable? Or, je crains que, dans la pratique, nous ne devions la considérer comme telle. On peut l'amoindrir cependant. Les courtiers peuvent et doivent refuser les dépôts remboursables à vue, et encourager les dépôts remboursables à date fixe ou à longue échéance. Ce système tendrait à diminuer l'anomalie que nous venons de signaler, mais ne la ferait pas disparaître entièrement. Pratiquement, les courtiers ne peuvent pas refuser de recevoir de l'argent remboursable à vue. Un négociant doit conformer ses habitudes à celles du marché sur lequel il opère, ou il lui sera impossible de faire des affaires. Tout ce que peuvent faire les courtiers est d'offrir un intérêt plus considérable pour l'argent dont on leur laisse la disposition pour un temps déterminé, et ils ont déjà adopté cette manière de faire, mais pas autant peut-être qu'on pourrait le désirer. Cette anomalie est, je crois, dans son essence, une partie inévitable du système de banque que l'histoire nous a légué, système dont nous devons nous efforcer de tirer le meilleur parti possible, puisque nous ne pouvons pas le changer.

CHAPITRE XII

DES PRINCIPES QUI DEVRAIENT DÉTERMINER LE CHIFFRE DE LA RÉSERVE QUE DOIT CONSERVER LA BANQUE D'ANGLETERRE.

On pense ordinairement qu'on peut, à première vue, par la seule inspection du bilan hebdomadaire de la Banque, déterminer le chiffre de la réserve qu'elle doit garder dans ses coffres. On s'imagine qu'il n'y a qu'à observer le montant du passif de la Banque, et on ajoute qu'elle devrait mettre de côté, dans tous les cas, pour faire face à ce passif, une somme équivalente au tiers ou à quelque autre proportion fixée. Mais il y a plusieurs objections contre cette manière de faire ; les unes proviennent de la nature générale des opérations de banque, les autres de la position spéciale faite à la Banque d'Angleterre.

Il est évident que le montant du passif d'une banque constitue l'élément principal, quand il s'agit de déterminer quelle doit être la réserve de cette banque ; mais il est tout aussi évident que ce n'est pas là le seul élément dont il faille tenir compte. Il faut considérer la nature intrinsèque de ce passif aussi bien que son chiffre total. Personne ne soutiendrait, par exemple, qu'il faille conserver la même réserve pour faire face à un passif consistant en acceptations payables seulement à une époque déterminée, que pour faire face à un passif consistant en dépôts à vue dont on peut demander le remboursement à chaque instant. Si une banque groupe dans son bilan ces deux sortes de passif en un seul total, on ne peut indiquer quel chiffre doit atteindre sa réserve, car les données nécessaires font absolument défaut.

On ne peut non plus déterminer le chiffre de la réserve nécessaire pour faire face à un total donné de dépôts, à moins qu'on ne connaisse la nature de ces dépôts. Si, sur 75,000,000 de francs de dépôts, un seul déposant a 25,000,000 de francs à son crédit, et qu'il puisse les retirer quand il lui plaît, il faudra s'assurer une réserve beaucoup plus considérable pour faire face à ces 25,000,000 de francs que pour faire face aux autres 50,000,000 de francs. L'*intensité* de ce passif, si on peut se servir de cette expression, est beaucoup plus grande; il faut donc aussi s'assurer des moyens beaucoup plus considérables pour le rembourser si besoin est. Si on suppose d'autre part que ce client ait des habitudes que l'on puisse calculer, que ce soit une corporation publique, par exemple, et que l'on connaisse l'époque de ses paiements et de ses recettes, ce seul engagement exige une réserve moindre que le même montant de dépôts ordinaires. Le danger d'une demande soudaine de remboursement se trouve, en effet, fort amoindrie, et, par conséquent, on peut diminuer la garantie dans la même proportion. A moins donc qu'on ne puisse examiner la qualité du passif aussi bien que sa quantité, on ne peut déterminer la réserve nécessaire pour y faire face.

Ce sont là vérités générales qui s'appliquent à toutes

les banques et qui s'appliquent tout particulièrement à la Banque d'Angleterre. La première application qu'on puisse en faire est favorable à la Banque, car elle prouve que le danger d'un de ces comptes principaux est beaucoup moindre qu'il ne semble à première vue. Le plus gros compte qu'il y ait à la Banque d'Angleterre est celui du gouvernement anglais. Or, il n'y a probablement jamais eu aucun compte dont il soit aussi facile, en temps de paix, de calculer les éléments. Tous les faits importants relatifs aux recettes ou aux dépenses du gouvernement anglais sont admirablement bien connus, et on peut calculer avec la plus grande exactitude, sauf en temps de guerre, les recettes et les dépenses de ce compte. En temps de guerre, sans aucun doute, tout change ; le compte d'un gouvernement qui a une guerre à soutenir est, sans contredit, le plus incertain de tous les comptes, surtout celui d'un gouvernement qui a à surveiller un empire disséminé sur toute la surface du globe. Le gouvernement anglais, en temps de guerre, dépense en des lieux si différents et si distants les uns des autres ; le montant de ces dépenses, est, en outre, si variable, que cela forme un tout qu'il est impossible de calculer. En temps ordinaire, au contraire, il y a peu de compte dont on puisse mieux calculer les éléments, et, par conséquent, aucun compte qui exige moins de réserve. Les principaux paiements, alors qu'ils se font, sont aussi de la nature la plus satisfaisante pour un banquier ; ils consistent, dans une grande mesure, en un transfert d'un compte à un autre. Les intérêts de la dette publique, voilà les paiements ordinaires les plus considérables qu'ait à faire le gouvernement, et ces paiements se font le plus ordinairement aux banquiers qui servent d'agents aux créanciers de la nation. Le paiement des intérêts de la dette, au nom du gouvernement, est donc en grande partie un transfert du compte du gouvernement au compte des différents banquiers. Une certaine somme, sans doute, passe immédiatement entre les mains du public, qui n'a pas de banquier, aux gens qui gardent chez eux espèces et billets de banque, sans avoir de compte chez un banquier. Mais on peut calculer cette somme, car elle est presque toujours la même, et, pour ceux qui peuvent la surveiller de près, l'opération tout entière se renouvelle chaque fois exactement dans les mêmes conditions.

Mais il est important de faire observer que les comptes publiés par la Banque d'Angleterre ne présentent pas au public les données qui lui permettent de faire ses propres calculs. Le compte dont nous avons parlé est le compte annuel du gouvernement anglais, ce que nous pouvons appeler le compte du budget, recettes et dépenses. Or, les lois de ce compte sont déjà parfaitement connues, comme nous l'avons démontré. Mais le chapitre intitulé : « Dépôts publics, » dans les comptes de la Banque d'Angleterre, contient aussi d'autres comptes, et particulièrement celui du ministre des Indes, compte dont les lois doivent être complétement différentes et sont tout à fait inconnues. Le ministre des Indes prête des sommes considérables. Si on proposait de confier un pouvoir semblable au chancelier de l'échiquier, tout le monde tremblerait de crainte, et une immense clameur s'élèverait. Mais la coutume et la tradition sont si puis-

santes, que ce que le ministère des Indes, d'un côté de Downing Street, peut faire sans difficultés et avec l'assentiment universel, deviendrait dangereux et extravagant si le ministère des finances, placé de l'autre côté de la rue, s'avisait de le faire. Le vieux conseil d'administration de la compagnie des Indes, corporation marchande, avait l'habitude de prêter son argent à la bourse comme bon lui semblait ; il a légué cette indépendance au ministère actuel des Indes, son successeur, qui a conservé ce pouvoir. Qu'il fasse comme il l'entend, personne n'a à s'en plaindre ; mais le mélange du compte d'un ministère, qui a un pouvoir si considérable et qui tire de l'argent des Indes, avec le compte du gouvernement de la mère-patrie, empêche certainement le public de tirer des conséquences quant au cours que suit ce compte mélangé, car il ne connaît que les finances de l'Angleterre seule. Le chapitre des « dépôts publics, » dans le bilan de la Banque, comprend aussi d'autres comptes, comme les caisses d'épargne, le compte de la cour de chancellerie et d'autres. Aussi, jusque tout récemment, le public connaissait-il peu les véritables modifications qui pouvaient survenir dans le compte propre à notre gouvernement. Mais M. Lowe a ordonné dernièrement la publication d'un compte hebdomadaire, et cette publication, à l'exclusion du bilan de la Banque, nous permet de juger. Ce compte, il est vrai, ne paraît pas malheureusement le même jour que le bilan de la Banque d'Angleterre ; sans cet accident, nos connaissances seraient parfaites ; mais telles qu'elles sont, nous en savons suffisamment pour le but que nous nous proposons. Nous pouvons, aujourd'hui, calculer les variations du compte du gouvernement, presque aussi correctement qu'il est possible de les calculer.

Jusque-là, comme nous l'avons dit, l'analyse du bilan de la Banque d'Angleterre lui est très-favorable. Il est inutile, en temps ordinaire, de conserver, pour faire face au compte du gouvernement, une réserve aussi considérable que si c'était un compte particulier. Nous connaissons admirablement bien les variations de ce compte; nous pouvons prévoir, avec une quasi certitude, les époques où les principales modifications se produiront; nous savons, en outre, que lors des grands paiements effectués par le gouvernement, l'argent ne sort pas des caisses de la banque, bien qu'il passe à un autre nom, puisqu'il va au crédit d'autres déposants. Si nous examinons actuellement les dépôts privés de la Banque d'Angleterre, nous pourrions, à première vue, penser que le résultat est identique. Les dépôts, de beaucoup les plus importants, sont ceux des banquiers, et, la plupart du temps, ces dépôts, en somme, sont de nature à varier fort peu. Chaque banquier, nous pouvons le supposer, conserve aussi peu d'argent qu'il le peut, mais, dans toutes les transactions à l'intérieur du pays, le paiement fait par l'un est réellement un paiement fait à un autre. Toutes les opérations commerciales importantes du pays s'effectuent au moyen de chèques; ces chèques vont au « Clearing house; » les différences qui en résultent se règlent par des transferts du compte d'un banquier au compte d'un autre banquier, à la Banque d'Angleterre. Les paiements faits par un banquier correspondent donc avec les recettes d'un autre banquier. Au résumé, les dépôts des banquiers à la Banque d'Angleterre semblent, à première vue, constituer un dépôt singulièrement stable.

Ils semblent même être plus que stables, si l'on peut s'exprimer ainsi. Ils augmentent, alors que tous les autres tendent à diminuer. Au moment d'une panique, alors que tous les autres dépôts semblent devoir disparaître, les dépôts des banquiers augmentent; c'est ce qui arriva en 1866, bien que nous ne connaissions pas les détails de l'opération; il est d'ailleurs naturel qu'ils augmentent ainsi. En de tels moments, les banquiers extrêmement inquiets essaient de se renforcer par tous les moyens possibles; ils font tous leurs efforts pour avoir à leur disposition autant d'argent qu'ils le peuvent; ils augmentent donc leur réserve autant qu'il est en leur pouvoir, et déposent cette réserve à la Banque d'Angleterre. Un dépôt, qui n'est pas de nature à varier en temps ordinaire, et qui, en temps de danger, tend à augmenter, semble devoir être le modèle des dépôts. Il semblerait que non-seulement on pourrait en prêter une grande partie, mais qu'on pourrait même prêter la totalité. Toutefois, si on étudie cette question de plus près, on s'apercevra que ces conclusions sont absolument fausses, que les dépôts des banquiers constituent un passif singulièrement dangereux, qu'il faut les manœuvrer avec la plus grande prudence, et que, en règle générale, on doit en prêter une partie infiniment moindre que de tous les autres dépôts.

Le moyen le plus simple d'expliquer clairement une chose est de citer un exemple qui se passe sous nos yeux. Nous pouvons heureusement citer à ce sujet un exemple frappant. Le gouvernement allemand a dernièrement retiré d'Angleterre des sommes considérables en lingots, partie de la Banque d'Angleterre, partie d'autre part, selon qu'il lui a plu. Le gouvernement allemand a agi, en somme, avec une bienveillance, une prudence extraordinaire ; il n'a pas enlevé à la Banque autant d'espèces qu'il l'aurait pu ou de façon à créer un danger. Cependant, il a enlevé de grosses sommes à la Banque, et aurait pu facilement lui en enlever davantage. Comment donc le gouvernement allemand s'y est-il pris pour acquérir sur la Banque cette immense influence? Il est facile de répondre à cette question : il l'a acquise au moyen des comptes des banquiers, et cela en employant deux systèmes principaux.

1° Le gouvernement allemand avait des sommes considérables, au crédit de son compte, dans une certaine banque par actions. Cette banque prêta ces sommes, comme bon lui sembla, aux courtiers ou à d'autres négociants, et elles allèrent se confondre dans les capitaux qui abondent sur le marché de Londres. Cet argent n'avait rien de particulier, sauf qu'il appartenait à un gouvernement étranger, et que son propriétaire pouvait le réclamer quand il lui plaisait, ce qui arrivait quelquefois. Aussi longtemps que cet argent resta improductif dans les mains de la banque chargée de ce compte, il ne fit qu'augmenter le crédit de cette banque sur les livres de la Banque d'Angleterre. Mais, dès que la banque en eut disposé et l'eut prêté à un courtier, par exemple, il servit à augmenter le crédit du compte de ce courtier ; dès que le courtier l'employa à son tour pour escompter des billets, les propriétaires de ces billets le déposèrent à leur crédit, chacun dans la banque chargée de son compte particulier, ce qui augmenta le crédit du compte de ces banquiers à la Banque d'Angleterre. Bien entendu, si cet argent sert à escompter des billets appartenant à des étrangers, il peut sortir du pays ou, par des opérations semblables, se trouver transporté dans la province ou en Ecosse. Mais, en règle générale, de l'argent déposé à Londres reste longtemps à Londres, et, aussi longtemps qu'il y reste, il augmente la somme totale du crédit des banquiers à la Banque d'Angleterre. Aujourd'hui il se trouve au crédit d'une banque, demain au crédit d'une autre banque, mais il se trouve toujours présent quelque part au crédit de ces banques. Il s'ensuit évidemment que cette partie du crédit des banquiers se trouve à la merci du gouvernement allemand, dès qu'il lui plaira de réclamer son argent. Or, si on suppose que cette somme se monte à 75 ou à 100 millions de francs, et je crois que, dans plus d'une occasion, dans le courant de l'année dernière ou des deux dernières années, le dépôt allemand a atteint ce chiffre; s'il ne l'a dépassé, on pourrait enlever d'un coup cette somme considérable à la Banque d'Angleterre. Dans ce cas, la Banque d'Angleterre se trouve dans la position d'un banquier qui doit une somme considérable à un seul client, mais avec cette circonstance aggravante que la Banque doit une somme qui lui est inconnue. On sait que le gouvernement allemand a adopté pour banquier la Banque de Londres (et c'est là un excellent client pour cette banque), mais la Banque d'Angleterre n'a pas le droit d'aller consulter les livres de la Banque de Londres pour savoir combien le gouvernement allemand se trouve avoir à son crédit. La Banque d'Angleterre ne peut pas non plus évaluer, même par à peu près, le montant de ce crédit par l'inspection du compte de la banque de Londres qui se trouve sur ses livres, car il est probable que cet argent est entré par sommes partielles dans les caisses de la Banque de Londres, et en est sorti aussi par sommes partielles sous forme de prêts. Il se peut, sans doute, que le crédit de cette Banque à la Banque d'Angleterre s'en trouve augmenté dans une certaine mesure ; il se peut aussi qu'il n'en soit rien, mais certainement la différence serait peu sensible ; l'inspection du compte de cette banque ne permettrait donc pas aux administrateurs de la Banque d'Angleterre de déterminer, de la façon même la plus vague, le montant de la somme qu'on peut lui réclamer à un moment donné. L'examen du compte de tous les banquiers pris, en masse, ne donnerait pas des résultats plus certains. On pourrait sans doute en conclure quelque chose, mais rien de positif. Ces comptes se modifient incessamment, et il est très-possible, d'ailleurs, qu'au moment où l'argent allemand venait s'ajouter à leur crédit, des sommes équivalentes employées autrement réduisaient ce crédit. Une augmentation soudaine du compte créditeur des banquiers serait sans doute une indication probable de l'influx d'argent étranger ; mais cet influx pourrait exister sans causer une augmentation de ces comptes, puisque d'autres causes coexistantes pourraient causer une diminution correspondante.

C'est là le moyen le plus simple, le plus naturel, que pouvait employer et qu'a employé le gouvernement allemand pour retirer son argent de ce pays ; il aurait pu, s'il l'avait voulu, mettre en faillite la Banque d'Angleterre. Le gouvernement allemand avait donc de l'argent dans notre pays, il l'a retiré, c'est là ce qu'il est très-facile de comprendre. Mais ce gouvernement possédait, en outre, une puissance beaucoup plus considérable et de nature plus complexe. Il était porteur de bien des dettes dues par l'Angleterre. La France a payé une grande partie de l'indemnité qu'elle devait à l'Allemagne en traites sur l'Angleterre; or, à mesure que ces traites arrivaient à leur échéance, le gouvernement allemand acquérait sur le marché une influence prépondérante et sans précédents. A mesure qu'arrivait l'échéance de chaque traite, le gouvernement pouvait emporter le produit de cette traite, et cela en lingots, ce qu'il faisait ordinairement, car il en avait besoin pour la refonte de ses monnaies. Cela, naturellement, cause une réduction du crédit des banquiers, ou tout au moins a une tendance à le faire. Supposons que le gouvernement allemand soit porteur d'une traite A, une bonne traite; le banquier, chez lequel cette traite A est payable, devra la payer à son échéance, et ce paiement réduit le montant de son compte créditeur. Or, comme l'argent versé va en Allemagne, il ne reparaît pas au crédit d'un autre banquier, et le total du compte créditeur de tous les banquiers se trouve réduit d'autant. Mais cette diminution n'est pas permanente. Un banquier qui a 2,500,000 fr. à payer, ne peut consentir à réduire de 2,500,000 fr. son compte créditeur à la Banque d'Angleterre; supposons que le passif de ce banquier s'élève à 50,000,000 de francs et, que, en règle générale, il trouve nécessaire de conserver en dépôt à la Banque un dixième de ce passif, soit 5,000,000 de francs, le paiement de 2,500,000 francs réduirait cette réserve de 2,500,000 fr. Mais son passif s'élèverait encore à 47,500,000 francs; par conséquent, pour compléter sa réserve d'un dixième, il lui faut rapporter à la Banque une somme de 2,250,000 francs. Pour ce faire, il retranche, par exemple, un prêt qu'il a fait à un courtier de change. Or, si ces courtiers ne reçoivent pas d'autre part, et simultanément, une somme équivalente, ce qui est peu probable au cas où beaucoup d'argent étranger sort du pays, il leur faut réduire leurs affaires d'autant, et, par conséquent, escompter moins. Mais l'effet immédiat de cette diminution d'affaires du courtier est d'augmenter les opérations d'escompte de la Banque d'Angleterre. Elle détient la réserve suprême du pays, et il faut bien qu'elle escompte si personne autre ne veut le faire ; car si, elle aussi, elle refusait, ce serait le signal d'une panique et de la banqueroute. Par conséquent, dès que le retrait de l'argent allemand réduit le compte créditeur des banquiers, il se produit à la Banque de nouvelles demandes d'escompte destinées à rétablir ces comptes dans leur position antécédente. Le drainage effectué au préjudice de la réserve de la Banque provient donc de deux sources; en premier lieu, la réserve de la Banque se trouve réduite par l'exportation d'argent en Allemagne, ce qui diminue les ressources de la Banque d'Angleterre ; en second lieu, la Banque d'Angleterre se voit forcée de faire des avances plus considérables, bien que ses ressources soient moindres.

On peut arriver au même résultat de façon plus facile. Supposons qu'un étranger, individu ou gouvernement, soit porteur de titres qu'il peut placer sur le marché. Cette opération lui procure un crédit chez un banquier et le met à même d'enlever de l'argent à la réserve de banque de la Banque d'Angleterre et aux réserves des banquiers. Or, pour faire remonter le compte créditeur des banquiers à leur minimum inévitable, il devient absolument nécessaire que la Banque d'Angleterre fasse des avances. Tout prélèvement soudain d'argent opéré dans le pays a cet effet immédiat, effet proportionnel à l'importance du prélèvement. Or, voilà, je pense, la raison pour laquelle la Banque d'Angleterre doit exercer la plus extrême prudence quand il s'agit des dépôts des banquiers. Ces dépôts représentent un passif de nature indéfinie; au moyen de ces dépôts, on pourrait enlever à la Banque des sommes si considérables qu'il est impossible de leur assigner une limite. La Banque d'Angleterre se trouvant obligée de prêter de l'argent pour maintenir les comptes créditeurs des banquiers à leur niveau ordinaire, les étrangers pouvant au moyen de ces comptes nous enlever toutes les sommes d'argent placées à leur crédit, il n'est pas possible d'indiquer une limite supérieure (pour employer le terme scientifique) à la pression qu'on peut exercer sur la Banque d'Angleterre au moyen du compte des banquiers.

Ce résultat nous ramène à la simple proposition dont cet ouvrage n'est qu'un commentaire : La Banque d'Angleterre, en conséquence de causes historiques qui agissent depuis longtemps, détient la suprême réserve en numéraire qui existe dans le pays; quels que soient les paiements en espèces que le pays ait à effectuer, ils sont puisés dans cette réserve et c'est, par conséquent, la Banque qui doit fournir les fonds. Or, c'est en sa qualité de banque des banquiers que la Banque d'Angleterre doit effectuer ces paiements, car c'est aussi en cette qualité qu'elle est devenue le gardien de la réserve suprême en numéraire.

Des considérations de ce genre ont fait une si forte impression sur quelques personnes, qu'elles en sont arrivées à soutenir que la Banque d'Angleterre ne devrait jamais disposer des dépôts des banquiers, mais qu'elle devrait les conserver intacts à titre de dépôts improductifs. Je ne me rappelle pas, il est vrai, avoir vu cette opinion extrême se produire sous forme de livre, de brochure ou d'article, mais bien souvent je l'ai entendu exprimer dans Lombard-Street par des gens influents et en position de juger. J'ai même vu imprimer des opinions qui s'en approchent de fort près. Toutefois, je suis convaincu que l'établissement d'une règle aussi sévère constituerait un grand danger; les règles inflexibles dans des affaires importantes et sujettes à de grandes modifications sont presque toujours dangereuses. Au moment d'une panique, comme nous l'avons dit, le compte créditeur des banquiers augmente dans de notables proportions. Il est vrai que c'est la Banque qui prête l'argent qui sert à les augmenter ainsi. Le banquier fait rentrer l'argent qu'il a prêté au courtier, cesse de réescompter les traites de ce courtier, emprunte sur titres, ou vend des titres; or, qu'il emploie l'un ou l'autre de ces moyens, la Banque seule peut prêter l'argent nécessaire dans un moment pareil. Chacun, en effet, a besoin d'argent dans ces moments. Mais, sans rechercher quelle peut être la cause de l'augmentation du compte créditeur des banquiers au moment d'une panique, il est un fait que nous pouvons constater, ces comptes augmentent alors très-rapidement; il arrive souvent, en effet, que les banquiers déposent alors à la Banque des sommes fort considérables qu'ils n'ont pas eu occasion d'employer. Or, rien ne serait mieux de nature à augmenter la panique que d'interdire à la Banque d'Angleterre la disposition de cet argent. Juste au moment où l'argent est le plus rare, la Banque se trouve avoir entre les mains un fonds considérable composé de cette espèce particulière d'argent; elle doit donc le prêter aussi rapidement qu'il lui est possible, car ce sont les avances larges et faciles qui guérissent les paniques, le refus de faire des avances ou les avances faites à contre-cœur ne font que les aggraver.

Un règlement inflexible, qui interdirait à la Banque la disposition de l'argent déposé par les banquiers, produirait encore de graves inconvénients à d'autres époques, principalement lors du paiement trimestriel de la rente. Une somme considérable passe alors, en effet, du compte créditeur du gouvernement aux comptes créditeurs des banquiers ; or, si on permet à la Banque de faire des avances sur cet argent pendant qu'il se trouve encore au compte du gouvernement, mais qu'on le lui interdise dès qu'il passe aux mains des banquiers, il en résulterait une augmentation considérable de la valeur de l'argent, car des sommes fort importantes devraient désormais rester improductives.

Mais l'opinion que la Banque ne devrait jamais toucher aux sommes constituant les dépôts des banquiers n'est que l'exagération de cette vérité, à savoir qu'on ne devrait toucher à cet argent qu'avec la plus extrême prudence. Ces dépôts, en effet, constituent un passif fort considérable et dont il est extrêmement difficile de calculer les effets, on ne devrait donc s'en servir qu'avec la plus extrême prudence.

De tout ce que je viens de dire, il résulte que la Banque d'Angleterre se trouve exposée à des demandes considérables et imprévues, demandes que n'indique en aucune façon le bilan de chaque semaine; ces demandes peuvent, en outre, devenir d'autant plus importantes que le chiffre du passif est moins considérable, d'autant plus minimes que le chiffre du passif est plus grand. Si, par exemple, le gouvernement allemand négocie sur le marché des traites de tout repos ou d'autres titres excellents, qu'au moyen de ces titres il fasse de l'argent et qu'en échange il enlève cet argent en lingots, il peut, s'il le veut, le puiser entièrement dans les coffres de la Banque d'Angleterre. Si, d'autre part, les besoins du gouvernement allemand sont pressants et que les « arrivages » d'or, c'est-à-dire l'or qui arrive ici venant des pays producteurs, soient peu considérables, il lui faudra puiser tout cet or dans les coffres de la Banque d'Angleterre, car il n'y a pas d'autre accumulation de métaux précieux dans notre pays. Je ne cite ici le gouvernement allemand que comme exemple remarquable d'un État étranger qui s'est trouvé porteur d'une quantité extraordinaire de titres de tout repos et qui a manifesté le désir de les négocier continuellement en Angleterre. Il est plus que probable que tout État étranger ayant besoin d'espèces s'adressera désormais à nous; ce sera, d'ailleurs, une nécessité pour tous les états étrangers tant que la Banque de France n'aura pas repris les paiements en numéraire. Or, il est impossible de trouver, dans les livres de la Banque d'Angleterre, une indication de la plus ou moins grande probabilité de ces besoins.

Il en résulte presque nécessairement une révolution dans la politique de la Banque d'Angleterre ; on ne peut, en effet, indiquer aucune somme fixe ou certaine que la Banque doive tenir en réserve proportionnellement à son passif. Il nous faut abandonner la vieille opinion qu'un tiers, ou tout autre fraction analogue du passif, constitue une réserve suffisante. La somme des demandes qui peuvent se produire est sujette à tant de variations, elle est si peu indiquée par les chiffres que nous voyons figurer au bilan de la Banque, qu'un calcul simple et facile n'est plus un guide suffisant. Une somme définie, proportionnelle au passif, pourrait constituer une réserve tantôt trop minime, tantôt trop considérable. Les forces de l'ennemi sont si variables que celles de la défense ne peuvent pas toujours rester les mêmes.

J'admets volontiers que de graves inconvénients résultent de cette conclusion. Autrefois, Banque et public trouvaient, sans doute, fort commode de pouvoir indiquer, à la seule inspection du bilan, quelle devait être la politique de la Banque. De cette façon, la Banque savait facilement ce qu'elle avait à faire, le public savait aussi ce qui devait arriver. Mais, malheureusement, la règle la plus simple n'est pas toujours celle à laquelle il faut se fier par dessus tout. Il est souvent difficile de surmonter les difficultés pratiques de la vie en n'employant que les règles les plus simples ; dès que les dangers sont nombreux et complexes, les moyens destinés à les combattre ne peuvent être ni uniques, ni simples. Un remède uniforme contre plusieurs maladies finit souvent par tuer le malade.

Il faut aujourd'hui abandonner aussi une autre règle fort simple, souvent mise en avant, pour la conduite de la Banque. On a dit que la Banque d'Angleterre devrait examiner le taux de l'argent sur le marché et conformer le taux de son escompte à celui qui a cours sur le marché. Cette opinion, d'ailleurs, a toujours été parfaitement erronée. Le premier devoir de la Banque d'Angleterre a toujours été de protéger la réserve suprême en espèces du pays et d'élever le taux de l'intérêt, de façon à défendre cette réserve. Mais jamais cette règle ne s'est trouvée être aussi fausse qu'elle l'est aujourd'hui, parce que le nombre de demandes soudaines n'a jamais été aussi considérable qu'il l'est actuellement. Ces demandes n'influencent pas le taux de l'escompte dans Lombard Street. Ce qui détermine le taux de l'escompte sur le marché, c'est le montant des dépôts qui se trouvent dans les mains des courtiers et des banquiers, et le montant des traites et des effets de tout repos que l'on offre à l'escompte. Le retrait probable de numéraire des caisses de la Banque affecte à peine le taux du marché, le retrait réel même ne l'affecte que fort légèrement ; si le marché ne croyait pas que ces retraits de numéraire auront pour effet de faire élever par la Banque le taux de l'escompte, le taux du marché ne s'en ressentirait pas. Tant que la Banque laisse partir son numéraire sans avoir l'air d'y faire attention, tant que l'on voit que cela lui importe peu, la valeur de l'argent dans Lombard Street ne subit aucune modification. Plus les demandes d'argent adressées à la Banque sont nombreuses, plus elles varient en importance, et plus dangereux il est pour la Banque de conformer le taux de son escompte au taux du marché. Autrefois, à des époques tranquilles, l'influence, ou même l'influence partielle de cette règle, a souvent produit de graves désastres. A notre époque si difficile, adhérer à cette règle, c'est vouloir à cœur-joie causer des paniques.

Avant de pouvoir fixer le chiffre que doit atteindre la réserve de la Banque d'Angleterre, il faut étudier de plus près quelques principes abstraits. Pourquoi une banque doit-elle conserver une réserve? Parce qu'elle peut être obligée de rembourser à vue, en un instant, une certaine partie de son passif. Pourquoi une banque publie-t-elle son bilan? Pour convaincre le public qu'elle possède en espèces, ou en titres facilement réalisables, les sommes nécessaires pour faire face à son passif. Le but qu'on s'est proposé en faisant publier le bilan de la Banque d'Angleterre est de faire connaître à la nation quel est l'état de la réserve nationable en numéraire, pour convaincre le public que cette réserve est suffisante, plus que suffisante même, pour faire face, non seulement à toutes les demandes probables, mais aussi à toutes celles qui ont la moindre chance de se produire. Or, on ne peut douter que la publication du bilan de la Banque ne donne plus de stabilité au marché financier que toute autre précaution qu'on aurait pu adopter. Quelques personnes craignaient, il est vrai, que le résultat produit ne fût tout contraire; elles craignaient que la publication constante de changements incessants dans le montant de la réserve ne fatiguât et ne terrifiât l'esprit public. Un vieux banquier me dit une fois : « Je faisais partie du comité de lord Althorp qui décida la publication du bilan de la Banque et je votai contre cette publication. Je craignais d'effrayer les gens. Mais je dois reconnaître que le comité avait raison et que j'avais tort, car cette publication a donné au marché financier plus de sécurité que tout ce qu'on a pu faire de mon temps. » Répandre la confiance dans Lombard Street et dans le monde entier, tel est le but qu'on s'est proposé en faisant publier le bilan de la Banque, y compris le montant de la réserve.

Mais on n'atteint pas ce but, si le montant de la réserve, quand on vient à le publier, n'est pas suffisant pour tranquilliser l'esprit public. Si cette réserve, pour quelque cause que ce soit, est excessivement minime, il y a tout lieu de redouter une panique. A chaque instant, il y a un certain minimum que j'appellerai « le minimun d'appréhension, » au-dessous duquel la réserve ne peut descendre sans que l'on coure grand risque de répandre partout l'alarme ; je ne veux pas dire par là une panique absolue, mais seulement une certaine sorte de frayeur et de timidité qui se répand immédiatement et comme par magie dans l'esprit public. Ces époques de vagues alarmes sont extrêmement dangereuses en ce qu'elles engendrent les malheurs que l'on redoute. Ce qu'il faut redouter par dessus tout dans ces moments de crainte, c'est la destruction du crédit; or, si une faillite considérable, si un évènement fâcheux vient à se produire en ces instants, l'esprit public s'en empare, chacun réclame son argent et le crédit disparaît. La réserve de la Banque ne doit donc jamais descendre au-dessous du chiffre fixé comme le « minimum d'appréhension. » Or, cela revient à dire qu'elle ne doit jamais s'en approcher beaucoup; car, si elle s'en rapproche, quelque accident peut survenir qui la fera descendre à ce point et qui causera le mal que l'on redoute.

Il n'y a aucune formule infaillible qui puisse nous indiquer le chiffre auquel doit se monter le minimum d'appréhension. Aucun raisonnement abstrait, aucun calcul mathématique ne peut nous le démontrer, ce qui, d'ailleurs, ne doit pas nous étonner. Le crédit est une opinion engendrée par les circonstances et qui varie avec ces circonstances. L'état du crédit à un instant quelconque est un fait qu'on ne peut que constater et reconnaître comme tous les autres faits que par l'essai et par l'enquête. De même aussi l'expérience seule peut nous indiquer quel doit être le montant de la réserve pour que la confiance se répande partout; or, en matière semblable, on ne peut arriver à une conclusion convenable qu'en surveillant attentivement l'esprit public et en examinant avec soin quel effet ont sur lui les circonstances diverses.

Il faut, bien entendu, en ces matières, avoir toujours présent à l'esprit ce point essentiel, à savoir que les erreurs en trop sont absolument inoffensives, mais que les erreurs en moins peuvent avoir des résultats terribles. Une réserve trop considérable ne se traduit, en somme, que par une perte insignifiante de bénéfices; une réserve trop faible peut se traduire par la ruine. Le crédit peut se trouver immédiatement ébranlé, et, que quelque terrible accident survienne alors, on peut faire à la Banque des demandes telles qu'elle puisse se trouver fort embarrassée, comme elle l'a été en 1857 et en 1866; elle peut même se trouver dans l'impossibilité de payer si on ne vient à son aide, ce qui est arrivé dans les deux années que nous venons de citer.

Or, il est d'autant plus important d'observer cette maxime que le minimum d'appréhension n'est pas toujours le même. Quand, par exemple, le public a vu récemment la Banque d'Angleterre exposée à des demandes considérables, il est probable qu'il s'attend à voir d'autres demandes se produire encore. Les évènements récents et remarquables instruisent, pour ainsi dire, le public; il s'attend à ce qu'on demande beaucoup quand, pendant quelque temps, les demandes se sont produites nombreuses et importantes; il s'attend, au contraire, à ce que l'on demande peu, quand, dans la période précédente, les demandes ont été peu importantes. Une banque comme la Banque d'Angleterre doit donc toujours s'attendre à une hausse du minimum d'appréhension, si je puis m'exprimer ainsi; elle doit se précautionner de fonds suffisants, non seulement pour calmer les appréhensions d'aujourd'hui, mais aussi pour prévenir de plus grandes appréhensions peut-être pour le lendemain. Or, le seul moyen pratique d'atteindre ce but est de maintenir toujours la réserve à un chiffre supérieur à celui du minimum d'appréhension.

Or, cela implique quelque chose de plus. Comme la réserve en caisse ne doit jamais descendre au-dessous de la réserve minimum d'appréhension, et qu'elle doit toujours, s'il est possible, la surpasser d'un chiffre raisonnable, cette réserve effective doit, alors que la Banque est tranquille et qu'elle ne prend aucune précaution, excéder considérablement ce minimum. Toutes les précautions que peut prendre la Banque exigent, en effet, un certain laps de temps pour produire des résultats. La principale précaution consiste en une élévation du taux de l'escompte; cette élévation attire certainement l'argent du continent et du monde entier plus vite qu'on ne pourrait s'y attendre. Mais, cependant, cette élévation n'agit pas instantanément; il faut un intervalle pour que même le taux vrai, le taux qui attire l'argent, ait le temps d'opérer et pour que l'argent puisse arriver à Londres. En outre, on ne trouve souvent ce taux vrai qu'après de nombreux tâtonnements. Il faut essayer de plusieurs « mouvements, » pour employer l'expression technique, plusieurs augmentations du taux de l'escompte par la Banque, avant d'atteindre le taux efficace, et, en attendant, le numéraire s'échappe et la réserve diminue. A moins donc que, aux époques où on ne prend aucune précaution, la réserve en caisse n'excède le « minimun d'appréhension » de toute la somme qui disparaîtra probablement pendant l'intervalle inévitable avant que les précautions ne commencent à produire des résultats, la règle prescrite se trouvera violée et la réserve en caisse sera moindre que le « minimum d'appréhension. » Les précautions prises pourront attirer de l'or et ramener la réserve au point qu'elle doit atteindre; mais, en attendant, les maux auxquels la règle que nous venons d'indiquer doit parer peuvent se produire, l'appréhension peut se répandre, et qu'il survienne un malheureux accident, on se trouve plongé dans de terribles calamités.

On me dira, sans doute : « A quoi tout ce raisonnement conduit-il dans la pratique ? Quelle réserve conseilleriez-vous à la Banque de conserver dans ses coffres au moment actuel ? Donnez un corps à vos recommandations si vous voulez qu'on y fasse attention. » Voilà ce qu'on dira, je le sais bien. Je vais répondre clairement à ces questions, bien qu'en le faisant, je cours grand risque de démentir, en quelques sorte, les principes que je soutiens, en raison de quelque erreur que je pourrais faire en les appliquant.

Je serais donc disposé à dire que, au moment actuel, le monde financier éprouverait de grandes appréhensions, pour ne pas dire de grandes craintes, si la réserve de la Banque d'Angleterre tombait au-dessous de 250,000,000 de francs. Si l'on en juge par les idées qui avaient cours autrefois, il y a même dix ans, cette somme, je le sais, paraîtra excessive. Moi aussi, j'ai toujours entendu parler de chiffres moins considérables ; mais c'est parce que j'ai été élevé à une époque où les demandes possibles étaient moindres, et que la réserve pouvait, par conséquent, être moindre ; le public, d'ailleurs, n'était pas aussi exigeant. Mais les observations que j'ai été à même de faire sur l'état actuel des esprits, me permettent de soutenir que, en pratique, le nombreux public intelligent qui surveille avec soin l'état de la réserve de la Banque devient inquiet, se trouve peu satisfait, si cette réserve descend au-dessous de 250,000,000 de francs ; ce public a-t il raison, a-t-il tort, je ne cherche pas à le discuter, je me borne à constater un fait. Je serais donc disposé à considérer cette somme, à notre époque, comme le minimum d'appréhension. Les circonstances peuvent changer ; elles peuvent tendre à faire diminuer ou augmenter ce chiffre, mais, selon les calculs les plus exacts, c'est celui que je serais disposé à indiquer aujourd'hui.

On dira, sans doute, que ces calculs sont arbitraires et que ces chiffres sont le résultat de simples conjectures. Je me bornerai à répondre que je m'en remets au jugement des autres. Il ne s'agit, en somme, que d'une question de fait : « Le public n'éprouve-t-il pas, oui ou non, une certaine crainte, quand la réserve en arrive au point que je viens d'indiquer ? Or, les déductions à tirer de ces craintes participent à la fois de faits et de raisonnements. C'est donc à ceux qui surveillent attentivement ces faits, et qui les connaissent admirablement, de juger en dernier ressort.

On me dira peut-être aussi qu'un conseil tel que le conseil d'administration de la Banque d'Angleterre ne peut pas se laisser influencer par des calculs aussi fantaisistes ; on ajoutera qu'un conseil d'administration aussi important doit avoir des principes et les suivre. Je répondrai que si l'on admet que le calcul exact de ces probabilités est nécessaire au bon gouvernement de la Banque, nous devons insister pour avoir à la tête de cet établissement un conseil d'administration capable de les établir. Nous ne devons pas nous exposer à souffrir de l'adoption d'une politique mauvaise, parce que l'on nous a transmis une administration défectueuse. J'ai déjà indiqué comment on devrait s'y prendre pour améliorer l'administration de la Banque d'Angleterre, or, je suis persuadé que cette administration, modifiée de cette façon, serait de nature à nous assurer un sage gouvernement.

Je serais donc disposé à conclure, pour réduire à des chiffres tout ce qui précède, que la réserve de la Banque ne devrait jamais descendre au-dessous de 275,000,000 à 287,500,000 de francs, puisque l'expérience prouve qu'on peut nous enlever immédiatement de 25,000,000 à 37,500,000 francs. Je regarderais cette somme comme le minimum pratique auquel, en règle générale, bien entendu, la Banque devrait essayer d'atteindre sans jamais descendre au-dessous. Or, afin de ne jamais tomber au-dessous de 287,500,000 francs, la Banque doit commencer à prendre des précautions quand la réserve oscille entre 350 et 375,000,000 de francs. L'expérience prouve, en effet, qu'on retirera probablement de la Banque entre 50 et 75,000,000 de francs avant qu'elle n'ait trouvé le taux d'intérêt efficace pour attirer l'argent du dehors et avant que ce taux n'ait eu le temps d'opérer. Or donc, quand la réserve oscille entre 350 et 375,000,000 de francs et que les demandes de l'étranger commencent à se produire, la Banque d'Angleterre doit, je crois, commencer à agir et à élever le taux de l'intérêt.

CHAPITRE XIII

CONCLUSION.

On dira, je le sais, que j'ai, dans cet ouvrage, décrit une maladie fort grave et que je me suis contenté d'indiquer un remède superficiel. Au risque d'importuner mes lecteurs, j'ai insisté sur ce fait que le système naturel de banque consiste en un système d'après lequel un grand nombre de banques possèdent leur propre réserve en numéraire et qu'elles risquent de faire faillite si elles négligent ce devoir. J'ai prouvé que notre système comporte une seule banque qui détient toute la réserve et cela sans que cette banque se croit exposée à la faillite. Et, cependant, je propose de conserver ce système, et je recommande que des modifications et des palliatifs.

A ceux qui pourraient s'étonner, je répondrai que je propose de conserver ce système, parce que je suis convaincu qu'il serait absolument inutile d'en proposer le changement. On ne change pas un système de crédit, fruit de longues années, un système qui s'est plié au courant des affaires et qui s'est empreint, pour ainsi dire, dans l'esprit du monde commercial, parce que les théoriciens ne l'approuvent pas ou parce qu'on écrit des ouvrages contre lui. Autant vaudrait, mieux vaudrait même, essayer de modifier la monarchie anglaise pour y substituer une république que d'essayer de modifier la constitution actuelle du marché financier anglais, marché fondé sur la Banque d'Angleterre, pour y substituer un système dans lequel chaque banque conserverait sa propre réserve. Il n'existe pas de puissance capable d'entreprendre une destruction et une reconstruction aussi immense, il est donc inutile de le proposer.

Quiconque n'a pas étudié ce sujet pendant de longues années, ne peut se figurer à quel point nous dépendons de la Banque d'Angleterre et combien ce sentiment de dépendance est entré dans nos mœurs. J'ai, dans cet ouvrage, cité tant d'exemples à l'appui de ce fait, que je crains d'avoir épuisé la patience de mes lecteurs ; je me hasarderai, cependant, à en citer encore un autre. Tout le monde pense, je le suppose, que notre système de caisses d'épargne est aussi solide que possible ; ce serait une grande surprise, sans contredit, pour quiconque apprendrait qu'on peut élever la moindre objection contre lui. Examinons, toutefois, ce système. Les derniers documents publiés prouvent que les caisses d'épargne, — les anciennes caisses et les nouvelles, jointes aux bureaux de poste, ont reçu environ 1,500,000,000 de dépôts. Elles ont placé ces fonds en valeurs de tout repos, mais elles ne possèdent aucune réserve en numéraire. Elles ont, sans doute, dans les différentes branches, les espèces nécessaires au roulement quotidien ; mais, en fait de réserve suprême en espèces, en fait d'encaisse métallique pour faire face aux demandes de remboursement que pourrait provoquer une panique, elles ne possèdent pas cinquante centimes. Ces banques comptent sur la réalisation des valeurs qu'elles ont entre les mains pour faire face à une panique. Mais nous avons démontré bien des fois qu'au moment d'une panique, on ne peut réaliser ces valeurs qu'avec le concours de la Banque d'Angleterre, la Banque seule ayant à sa disposition la réserve suprême en numéraire et possédant seule, par conséquent, à de tels moments, de l'argent nouveau, elle peut, seule aussi, prêter et agir. Si, au moment d'une panique générale, les demandes de remboursement affluaient dans les caisses d'épargne, ces caisses ne pourraient pas vendre deux millions de titres de rente sans le concours de la Banque d'Angleterre, car elles ne possèdent par elles-mêmes aucune réserve en espèces pour faire face à un moment de panique et elles dépendent entièrement de la Banque qui possède cette réserve.

C'est là un nouvel exemple à ajouter à tous ceux que nous avons déjà donnés; il prouve combien profondément notre système de banque est entré dans nos habitudes. L'Etat se sert de ce système de banque pour conserver l'argent des pauvres et la nation entière trouve qu'il a raison ; personne ne songerait même à élever la moindre objection. Or, tout homme pratique, tout homme qui connaît le terrain, conviendra avec moi qu'on ne peut modifier notre système, basé sur une seule réserve déposée dans les coffres de la Banque d'Angleterre, et qu'on ne peut y substituer un système de réserves conservées par plusieurs banques. Une révolution seule pourrait amener ce changement, et il ne se passe rien de nature à causer une révolution.

Dans cet état de choses, nous n'avons qu'une conduite toute tracée : tirer le meilleur parti de notre système de banque et lui faire produire tous les résultats qu'il est susceptible de nous donner. Nous ne pouvons qu'employer des palliatifs et nous devons chercher à employer le meilleur palliatif qui se trouve à notre portée. J'ai essayé de démontrer pourquoi les palliatifs que j'ai indiqués sont les meilleurs qui soient à notre disposition.

J'ai expliqué pourquoi le plan adopté en France ne convient pas à notre génie anglais. La nomination directe, par le pouvoir exécutif, du gouverneur et du sous-gouverneur de la Banque d'Angleterre n'amoindrirait, en aucune façon, les éventualités malheureuses auxquelles nous sommes exposés et les difficultés contre lesquelles nous avons à lutter; l'état des choses, je le crains bien, ne ferait qu'empirer si on venait à adopter ce plan. Mais on pensera peut-être que j'aurais dû expliquer pourquoi le système américain ou un système analogue ne peut pas nous convenir. La loi américaine ordonne à chaque banque nationale de mettre de côté une certaine réserve en numéraire, proportionnelle à son passif (il existe en Amérique deux sortes de banques et deux proportions différentes, mais cela importe peu pour notre raisonnement); l'Etat s'assure, au moyen de ses inspecteurs qui se présentent quand bon leur semble, si la Banque possède ou non la somme en espèces que la loi exige. On peut se demander avec raison : Ne pourrait-on pas introduire un système analogue en Angleterre? Ce système, modifié si l'on veut, ne nous aiderait-il pas à surmonter les difficultés qui nous entourent? Le système américain comporte plusieurs réserves, et j'ai expliqué pourquoi je pense qu'il est inutile de discuter si nous devons l'adopter ou non. En supposant même que nous voulussions l'adopter, nous ne le pourrions pas, car le système ne comportant qu'une seule réserve est entré dans nos mœurs. La seule imitation pratique du système américain que nous puissions adopter serait d'exiger, de par la loi, que la section de la Banque d'Angleterre, qui fait les opérations de banque, conserve toujours en réserve une partie déterminée de son passif, un tiers par exemple. Mais, comme nous l'avons déjà vu, une proportion déterminée du passif, lors même que les administrateurs choisissent volontairement cette proportion et qu'elle ne leur est pas imposée par la loi, ne constitue pas le montant le plus utile d'une réserve. Le passif, par sa nature même, peut donner lieu à des demandes de remboursement imminentes ou distantes; or, si une règle fixe imposait la même réserve dans les deux cas, il se trouverait que cette réserve serait tantôt trop considérable, tantôt trop minime. On perdrait d'immenses bénéfices en se préservant trop contre des demandes ordinaires, et, cependant, on ne serait pas toujours certain que la réserve serait suffisante pour sauver la Banque; car cette réserve, dans bien des cas, se trouverait trop minime pour faire face à des dangers extraordinaires. Mais, quelque périlleux que soit se système si on l'adoptait volontairement, il deviendrait bien plus périlleux encore s'il s'imposait de par la loi. Supposons une certaine inquiétude sur le marché financier anglais; dans ce cas, dès que la réserve s'approcherait de la limite légale, il se produirait une panique; si la loi fixait un tiers du passif, dès que la réserve des banques tomberait à ce tiers, une crainte désordonnée s'emparerait de tous et se propagerait avec une violence extrême. Les craintes ressenties seraient d'autant plus grandes qu'elles ne seraient pas entièrement sans fondement. Si, en effet, on ordonne que la Banque garde toujours en réserve un tiers de son passif, on ordonne en même temps dans la pratique que ce tiers dorme toujours inutile, car la Banque ne pourrait pas s'en servir pour faire des avances, pour porter secours à personne, pour en faire, en un mot, ce que les détenteurs de la réserve suprême peuvent et doivent faire comme nous l'avons démontré. Le système américain ne peut donc nous être d'aucun secours; son principe, son essence même, sont faux.

Il nous faut donc, je crois, nous en tenir aux modestes palliatifs que j'ai indiqués. Ils suffiront, j'en suis persuadé, si on les applique avec soin, si on y joint tout le bon sens, tout le jugement dont nous sommes capables. Mais c'est en vain que j'ai écrit cet ouvrage, s'il me faut ajouter actuellement que le problème est délicat, qu'il comporte des solutions bien diverses, bien hasardeuses, et que les résultats à obtenir ont pour nous tous une valeur qu'on ne saurait exagérer.

APPENDICE

—

Note A.

Passif et réserve en numéraire dans les principaux systèmes de banque.

Les tableaux suivants établissent la comparaison du passif envers le public et de la réserve en numéraire des banques de la Grande-Bretagne, de la France, de l'Allemagne et des Etats-Unis. Les chiffres relatifs à la Grande-Bretagne sont les moins complets, car ils comprennent seulement les dépôts faits à la Banque d'Angleterre, ceux faits dans les banques par actions de Londres et la réserve de banque de la Banque d'Angleterre. Cette réserve est la seule accumulation de numéraire dont on puisse disposer pour faire face à ce passif, et c'est aussi la seule réserve existant pour faire face au passif des banques particulières de Londres, des banques de province en Angleterre, des banques irlandaises et écossaises. Par conséquent, la méthode de comparaison que nous employons indique, en ce qui concerne l'Angleterre, une réserve plus grande en espèces proportionnellement au passif que celle qui existe réellement.

(1) BANQUES ANGLAISES.

Passif.

Dépôts faits à la Banque d'Angleterre, déduction faite de ce que l'on peut regarder comme le crédit en compte courant des banques par actions, au 31 décembre 1872.	725,000,000f
Dépôts entre les mains des banques par actions au 31 décembre 1872. (Voir l'*Economist* du 8 février 1873.). . .	2,275,000,000
Total du passif.	3,000,000,000f

Réserve en espèces.

Réserve de banque dans les coffres de la Banque d'Angleterre	337,500,000f

La proportion de la réserve en espèces au passif est donc de 11.2 pour 100.

(2) BANQUE DE FRANCE (février 1873).

Passif.

Billets en circulation.	2,750,000,000f
Dépôts	375,000,000
Total du passif.	3,125,000,000f

Réserve en espèces.

Monnaies et lingots	800,000,000f

La proportion de la réserve en espèces au passif est donc d'environ 25 pour 100.

(3) BANQUES ALLEMANDES (janvier 1873).

Passif.

Billets en circulation	1,575,000,000f
Dépôts	200,000,000
Acceptations et endos.	425,000,000
Total du passif.	2,200,000,000f

Réserve en espèces.

Espèces	1,025,000,000f

La proportion de la réserve au passif est donc d'environ 47 pour 100.

(4) BANQUES NATIONALES DES ÉTATS-UNIS (3 octobre 1872).

Passif.

Billets en circulation	1,675,000,000f
Dépôts.	3,625,000,000
Total du passif.	5,300,000,000f

Réserve en espèces.

Espèces et monnaie légale.	650,000,000f

La proportion de la réserve en espèces au passif est donc d'environ 12.3 pour 100.

RÉSUMÉ.

	PASSIF dû au public.	RÉSERVE en espèces.	Proportion de la réserve au passif pour cent.
Banque d'Angleterre et banques par actions de Londres.	3,000,000,000f	337,500,000f	11.2
Banque de France.	3,125,000,000	800,000,000	25.0
Banques allemandes. . .	2,200,000,000	1,025,000,000	47.0
Banques nationales des Etats-Unis.	5,300,000,000	650,000,000	12.3

Note B.

Extrait des dépositions de M. Salomons, *alderman, devant la commission de la Chambre des Communes, en 1858.*

1146. Par le Président. — L'effet produit sur vous par les difficultés financières du mois de novembre a été, je le suppose, de vous amener à augmenter la réserve que vous aviez entre les mains et aussi d'augmenter vos dépôts à la Banque d'Angleterre? — Oui, certainement. Mais je désire dire à la commission que cela s'est fait presque entièrement en laissant arriver à échéance les traites que nous avions entre les mains, et non pas en empruntant de l'argent ou en réduisant les avances faites à nos clients. Il peut être intéressant pour la commission de savoir que, le 11 novembre, nous avions en portefeuille des traites réescomptées aux courtiers pour une somme de 140,575,000 fr. Sur cette somme totale, des traites pour une somme de 70,000,000 de francs venaient à échéance entre le 11 novembre et le 4 décembre, et 50,000,000 de plus entre le 4 et le 31 décembre. De telle sorte que 125,000,000 environ de traites arrivaient à échéance entre le 11 novembre et le 31 décembre. Par conséquent, la simple échéance des traites dont nous étions porteurs, nous permettait de faire face à toutes les éventualités.

1147. — Si j'ai bien compris, vous nous dites que vous n'avez pas refusé des avances à vos propres clients, mais que vous n'avez pas placé en dépôt chez les courtiers autant d'argent que vous le faisiez auparavant? — Ce n'est pas tout à fait cela; nous avons attendu l'échéance des traites que nous avions en portefeuille, tout en escomptant moins, et nous avons conservé une réserve considérable en espèces.

1148. — Ce qui revient à dire que vous avez enlevé au monde commercial une partie des avances que vous aviez précédemment faites, et qu'en même temps vous avez augmenté votre dépôt à la Banque d'Angleterre ? — Oui, nous avons augmenté nos dépôts à la Banque d'Angleterre. Nous n'avons d'autre part retiré aucune avance.

1149. Par M. Weguelin. — Aviez-vous de l'argent placé à vue chez les courtiers? — Une petite somme; environ 12,500,000 francs, peut-être moins ; nous ne l'avons pas fait rentrer.

1150. Par le Président. — J'ai compris que vous vouliez dire que l'effet produit sur vous par la panique financière a été, en somme, de vous amener à retirer du commerce une certaine somme que vous aviez avancée à une autre époque, et en même temps à augmenter vos dépôts à la Banque d'Angleterre ? — En tant seulement qu'il s'est agi du refus d'escompter pour les étrangers, pour les personnes qui n'ont pas de compte courant chez nous.

1151. — Ou de confier les mêmes sommes aux courtiers? — Pendant quelque temps, au lieu de réescompter le papier que nous présentaient les courtiers et les étrangers, nous avons laissé arriver à échéance le papier dont nous étions porteurs, et nous avons cessé nos opérations dans le but de nous mettre à même de faire face aux demandes de remboursement que l'on pouvait nous faire.

1152. — Vous avez cessé de faire des avances, sauf toutefois celles que vous ne pouviez refuser à vos clients ? — Exactement; peut-être devrais-je ajouter que, au même moment, outre un dépôt considérable que nous avions fait à la Banque d'Angleterre, dépôt qui se trouvait, bien entendu, à notre disposition, tout comme s'il avait été dans nos coffres, nous avons augmenté notre réserve en billets de banque dans notre bureau principal et dans tous nos comptoirs.

1153. — Je suppose qu'à cette époque les banques par

actions ont vendu des quantités considérables de valeurs publiques et que le public a acheté ces valeurs ? — J'ai appris que quelques banques par actions et que quelques banques particulières ont vendu des titres de rente pour une somme assez considérable, et je crois qu'il est certain que le public a acheté tous ces titres, parce que le public achète toujours lorsque les fonds publics baissent.

1154. — Pourriez-vous communiquer à la commission votre opinion particulière sur l'influence, en bien ou en mal, que le système des banques par actions peut avoir exercée pour aggraver ou pour diminuer l'intensité de la panique commerciale de l'automne dernier ? — Je répondrai que, en thèse générale, les banques par actions, aussi bien que les autres banques de Londres, en recueillant l'argent de ceux qui en ont trop, doivent nécessairement venir en aide, ne peuvent même que venir en aide au commerce et au moment d'une panique et en tout autre temps.

1155. — Vous dites que vous escomptez ordinairement du papier soit directement, soit par l'intermédiaire des courtiers, pour des sommes considérables, mais, qu'au moment le plus critique de la panique, vous avez réduit ces escomptes dans la proportion que vous croyiez équitable pour vos clients immédiats ? — Oui ; mais le capital n'en était pas moins là ; il était, en effet, déposé à la Banque d'Angleterre, qui pouvait s'en servir pour de courtes périodes ; nous n'en avions pas besoin, d'autres pouvaient s'en servir.

1156. Par M. Weguelin. — En un mot, la Banque d'Angleterre s'est servi de ce capital ? — Sans doute ; je le suppose tout au moins ; cela ne fait pas question.

1157. — Vous comptiez, bien entendu, pouvoir retirer au moment où il vous plairait et à vue les sommes que vous aviez déposées à la Banque d'Angleterre ? — Cela ne faisait aucun doute pour nous.

1158. — Vous n'avez pas songé à mettre en ligne de

compte la loi de 1844 qui aurait pu avoir pour effet de placer la section de la Banque d'Angleterre, qui se charge des opérations de banque, dans l'impossibilité de tenir ses engagements vis-à-vis de ses créanciers ? — Je dois dire que cela ne nous a jamais inquiétés.

1159. — Vous pensiez, par conséquent, qu'en cas de besoin, le gouvernement interviendrait, comme il l'avait fait déjà, pour mettre la Banque à même de remplir ses engagements ? — Nous avons toujours pensé que, si la Banque d'Angleterre en venait à suspendre ses paiements, le gouvernement aurait eu aussi à suspendre les siens, et jamais nous n'avons pu croire un seul instant que le gouvernement permettrait d'aussi terribles calamités s'il était possible de les prévenir.

1160. Par le Président — Vous n'avez jamais pensé que la faculté de convertir les billets de banque en espèces put courir aucun danger ? — Jamais un instant ; cette idée ne nous est même pas venue.

1161. Par M. Weguelin. — Je ne parle pas de la conversion des billets de banque en espèces, mais de la position de la section de la Banque d'Angleterre qui se charge des opérations de banque ? — Si nous avions eu les moindres doutes à cet égard, nous aurions converti notre dépôt en billets de banque ; nous les aurions enlevés à la Banque pour les déposer dans notre propre coffre-fort. Mais nous n'avons jamais pu penser un seul instant à la possibilité d'un semblable événement.

1162. — Vous pensez, par conséquent, que la décision prise par le gouvernement à l'effet d'autoriser la Banque à augmenter l'émission de ses billets pour faire des avances sur titres répondait à l'attente du commerce, et que ce dernier s'attendrait à mesures semblables si des circonstances analogues venaient à se représenter ? — Nous nous attendions, en effet, à quelque mesure de ce genre. La mesure prise a été, sans doute, la plus efficace. Jusqu'au dernier moment, nous avons douté que le gouvernement consentît à donner cette autorisation.

1163. — Avez-vous jamais pensé que, dans des circonstances analogues à celles qui existaient en novembre 1857, il fût possible que la Banque refusât de faire des avances sur de bonnes valeurs de banque? — Sans doute, j'y ai pensé, et il est fort difficile de dire quel pourrait être l'effet d'une décision semblable. Mais il me semble que le commerce s'est tellement habitué à l'idée que toute bonne valeur de banque peut se convertir en argent à la Banque de façon ou d'autre, que je doute fort que la Banque puisse jamais risquer de refuser des avances à quiconque vient lui offrir de bonnes valeurs.

1164. Par M. Cayley. — Quand vous dites que vous avez fait des arrangements nouveaux pour l'allocation d'intérêts sur les sommes déposées entre vos mains, parlez-vous uniquement au nom de la banque de Londres et Westminster ou au nom de plusieurs banques qui se sont associées à vous? — Je crois que toutes les banques se sont entendu pour décider qu'il n'était désirable ni pour les actionnaires, ni pour le public, de suivre exactement en tout temps les modifications du taux d'intérêt faites par la Banque. Je crois qu'il a été convenu par toutes les banques de ne pas suivre dans l'avenir ces modifications.

1165. — Est-ce parce que vous considérez que c'est un péril dans certaines circonstances? — Je ne puis admettre qu'il y ait aucun péril; mais on pense dans le public, et c'est une opinion contre laquelle nous ne devons pas lutter, que quand une banque offre un intérêt considérable sur l'argent déposé entre ses mains, c'est plutôt parce que cette banque a besoin d'argent que pour obéir au cours du marché. Or, je crois qu'il est fort désirable que nous prouvions que si le public veut placer son argent à très-gros intérêts, il vaut mieux qu'il nous l'enlève et s'occupe lui-même à le faire produire.

1166. — Vous croyez qu'il y a actuellement entente entre toutes les banques que vous avez citées, pour agir d'après des principes différents de ceux qu'elles ont observés en octobre et en novembre dernier? — Je crois pouvoir affirmer qu'il en est ainsi.

1167. — N'est-il pas prouvé que ce système d'allouer un intérêt aussi considérable sur de l'argent remboursable à vue a commencé avec l'établissement de quelques banques pendant les deux dernières années, banques qui, au lieu de demander dix jours ou un mois d'avis, consentaient à allouer un intérêt sur l'argent remboursable à trois jours d'avis seulement; ce système n'a-t-il pas commencé il y a environ deux ans? — Je ne crois pas que ce nouvel usage ait coïncidé avec l'établissement des nouvelles banques; je crois qu'il a commencé dans une des plus vieilles banques; je sais que, quant à nous, nous avons été forcés de nous y conformer. J'oubliais, cependant, de dire que pour ce qui nous concerne quand nous acceptons des dépôts, les déposants doivent laisser leur argent un mois entre nos mains ou renoncer à tout intérêt. Nous n'acceptons d'argent d'un déposant quel qu'il soit qu'avec la condition qu'il ne rapportera d'intérêt qu'autant qu'il restera un mois entre nos mains. Le déposant peut retirer son argent avant le mois écoulé, mais il perd l'intérêt. Les sommes déposées entre nos mains ne rapportent donc d'intérêt qu'autant que nous les gardons un mois, après quoi on peut les retirer à vue.

1168. — Quelques banques allouent-elles, oui ou non, un intérêt sur leurs comptes-courants? — Je crois que la plupart des nouvelles banques ont adopté ce plan; la banque de l'Union, à Londres, l'a aussi adopté.

1169. — L'intérêt alloué sur ces comptes est, sans doute, moindre que celui alloué sur les dépôts? — Je crois que oui, mais je pense que c'est un intérêt fixe sur le compte créditeur minimum pendant une certaine période, soit six mois, soit un mois, je ne connais pas exactement la période. Je crois devoir ajouter (et toutes les banques sont, je le pense, dans la même position) que la banque de London et Westminster n'a jamais, depuis le jour de sa création jusqu'aujourd'hui, demandé l'escompte d'aucune traite. Aucune traite n'a quitté notre portefeuille que pour être encaissée.

1170. — N'en est-il pas de même dans toutes les banques par actions de Londres ? — Je crois que oui.

1171. Par M. Weguelin. — Mais vous prêtez quelquefois de l'argent aux courtiers sur dépôt de traites ? — Oui.

1172. — Or, quelquefois, vous réclamez le remboursement de cet argent et vous rendez ces traites ? — Oui, mais nous ne le faisons que sur une petite échelle.

1173. — N'est-ce pas là l'équivalent d'un escompte de billets ? — Non ; l'escompte d'un billet et le prêt d'argent sur dépôt de billets sont choses fort différentes. Quand nous escomptons un billet, ce billet devient notre propriété ; il est entre nos mains et nous le gardons jusqu'à ce qu'il arrive à maturité. Mais quand des courtiers viennent nous trouver pour nous emprunter un million, par exemple, sur dépôt de billets, nous leur prêtons cet argent ; puis nous leur rendons leurs billets quand ils nous rendent notre argent, ce n'est certes pas là un escompte.

1174. — Quand vous désirez employer votre argent pour une courte période, ne prenez-vous pas souvent du papier à longue échéance sur lequel vous faites des avances ? — Mais ce n'est pas là un réescompte de notre part. Les courtiers, en nous empruntant de l'argent, nous envoient souvent du papier à fort longue échéance, puis, plus tard, nous réclamons le remboursement. Mais on ne peut pas plus appeler cela réescompter du papier que ne l'est avancer de l'argent sur des titres de rente, puis réclamer cet argent. Ce n'est pas nous qui cherchons à avancer cet argent ; les courtiers viennent nous trouver, nous ne les cherchons pas ; ils nous empruntent de l'argent et nous donnent une garantie ; quand nous avons besoin de notre argent, nous le leur réclamons, et nous leur rendons la garantie qu'ils nous avaient donnée. Ce n'est certes pas là réescompter.

1175. Par M. Hankey. — N'y a-t-il pas entre rendre un billet sur le dépôt duquel vous avez prêté de l'argent et escompter un billet, cette distinction importante à faire que si vous escomptez un billet, vous êtes engagés pour le montant jusqu'à ce qu'il soit payé ? — Oui.

1176. — Dans l'autre cas, vous ne prenez aucun engagement ? — Aucun, certainement.

1177. — Ne considérez-vous pas que c'est là une distinction importante ? — Je la considère comme fort importante. Prenons un exemple : Supposons qu'une personne vienne nous emprunter un million ; nous lui prêtons cette somme, et quand l'échéance du prêt est arrivée, nous réclamons notre argent. Ce n'est certes pas là escompter.

1178. — N'y a-t-il pas cette distinction que si vous réescomptez, vous pouvez engager la responsabilité de votre banque pour des sommes presque illimitées ; tandis que dans l'autre cas, vous rentrez simplement dans l'argent que vous avez avancé ? — Sans aucun doute.

1179. Par M. Cayley. — L'ex-chancelier de l'Echiquier a dit, dans un discours prononcé à la Chambre des Communes avant la prorogation, que le lundi, le mardi, le mercredi et le jeudi de la panique, la Banque d'Angleterre fut la seule, ou presque la seule banque, qui escomptât encore les effets de commerce. Comment pouvez-vous réconcilier ces paroles avec ce que vous nous avez dit, c'est-à-dire qu'à cette époque vous avez fait à vos clients autant d'avances qu'à l'ordinaire ? — Je ne suis pas responsable de ce qu'a pu dire le chancelier de l'Echiquier. Je suis responsable de ce que je constate actuellement, relativement à la conduite adoptée par notre Banque, c'est-à-dire que les avances faites à nos clients se montaient au 31 décembre à 12,500,000 francs de plus qu'au 31 octobre. Quant à escompter pour les étrangers, nous ne l'avons pas fait à cause du peu de confiance qui régnait alors, ce qui nous obligeait à garder une partie de nos dépôts pour faire face à des demandes possibles de remboursements; un certain nombre de personnes réclamèrent leur argent; au mois de novembre, le chiffre total de nos dépôts diminua, et si nous avions continué d'escompter pour les courtiers, nous aurions été obligés d'aller sur le marché emprunter de l'argent sur les valeurs que nous avions entre les mains; nous avons évité de le faire en cessant d'escompter et en laissant notre argent en dépôt à la Banque d'Angleterre.

1180. — Alors, pendant cette période, vous n'avez pas escompté pour vos clients autant qu'à l'ordinaire? — Si, et même plus qu'à l'ordinaire.

1181. — Mais pas pour les étrangers? — Non, pas pour les étrangers; j'établis une distinction entre les opérations que nous faisons avec nos clients qui, bien entendu, s'attendent à ce que nous escomptions leur papier, et les escomptes que nous faisons pour les courtiers, ces dernières opérations sont entièrement volontaires et dépendent de l'argent que nous avons à placer.

1182. — Que se serait-il passé si la décision du gouvernement n'avait pas été prise au dernier moment? — C'est là une question à laquelle il m'est fort difficile de répondre.

1183. — Que voulez-vous dire par cette expression vague? — Il est impossible de prédire ce qui peut arriver dans un moment d'alarme ou de panique. Une grande alarme régnait certainement dans le monde commercial et il fallait des moyens de secours extraordinaires pour la calmer. Nous en serions probablement arrivés à l'état où se trouvait Hambourg, où il n'y a pas de billets de banque.

1184. Par M. Spooner. — Que vouliez-vous dire par l'expression « au dernier moment? » Vous avez dit que la décision du gouvernement est arrivée au dernier moment; le dernier moment de quoi? — Il était trop tard dans la journée et elle avait été fort rude. Depuis deux jours, on éprouvait de vives inquiétudes et chacun s'attendait à ce que les secours arrivassent; or, ce fut au moment où l'attente était portée au plus haut degré d'intensité que l'on apprit la décision du gouvernement, nouvelle qui vint détendre la situation.

1185. — Pourriez-vous nous dire quelle eût été votre opinion si ce dernier moment s'était passé sans que la décision ait été prise? — Il est fort difficile de le dire; soutenir qu'on n'aurait pas pu surmonter les difficultés serait peut-être aller trop loin. On ne peut douter que la cause des plus grandes difficultés se trouvait hors de Londres; il m'est donc d'autant plus difficile de donner une opinion. Je crois que toutes les banques, les banques par actions aussi bien que les banques particulières, se trouvaient dans une excellente situation et à même de faire face à toutes les demandes qui pouvaient se produire à Londres.

1186. Par M. Hankey. — Pouvez-vous indiquer à la commission quelle est la proportion de vos dépôts que vous pensez bon de mettre en réserve? — Nous devons nous laisser guider par les circonstances. En temps d'inquiétudes, quand il y a des faillites, tous les banquiers augmentent, bien entendu, leur réserve; la nôtre est alors plus considérable. Quand les affaires suivent leur cours ordinaire, nous trouvons qu'il y a une circulation constante et dans nos dépôts à intérêts et dans nos dépôts sans intérêts; les recettes sont alors à peu près équivalentes aux paiements.

1187. — Vous conservez probablement en tout temps une certaine partie de vos dépôts complétement disponible; en réserve? — Oui.

1188. — Alors que les affaires sont dans leur état normal, y a-t-il une proportion fixe, ou pouvez-vous donner à la commission une idée de ce que vous considérez comme une bonne proportion de ce qu'il serait désirable de conserver en dépôt? — La meilleure idée que je puisse vous donner à ce sujet est de vous remettre notre bilan annuel au 31 décembre.

1189. — Ce bilan indique-t-il la quantité d'argent disponible que vous aviez ce jour-là? — Oui. Voici un tableau qui, mieux que quoi que ce soit, répondra à la question; vous y verrez combien d'argent nous avions en main le 30 juin et le 31 décembre de chaque année, ainsi que les sommes placées par nous, remboursables à vue, et les valeurs publiques que nous possédions. Ce sera là, sans doute, le meilleur moyen de vous fournir les renseignements que vous désirez avoir.

TABLEAU indiquant les sommes déposées à la banque de London et Westminster, et aussi les sommes que possède cette banque en numéraire, en placements remboursables à vue chez les courtiers et en valeurs publiques.

DATES.	DÉPÔTS.	ESPÈCES en caisse.	ARGENT PLACÉ remboursable à vue.	VALEURS publiques.	TOTAUX.
31 décembre 1845.......	89.750.350f	14.076.800f	15.712.500f	25.9?3.625f	55.782.025f
— 1846.......	82.021.600	15.864.375	10.576.500	23.467.925	49.908.800
— 1847.......	63.343.825	18.033.125	8.752.620	19.797.475	46.583.300
30 juin 1848.......	79.252.850	14.721.775	3.993.100	32.376.175	51.091.050
31 décembre —	77.241.475	16.136.700	4.420.600	29.730.325	50.287.625
30 juin 1849.......	84.821.425	13.816.050	6.162.350	24.120.000	44.098.400
31 décembre —	92.015.575	17.169.025	6.589.425	24.342.275	30.600.725
30 juin 1850.......	95.525.550	16.366.220	6.454.425	24.301.375	47.122.025
31 décembre —	99.241.200	14.150.975	8.374.550	27.244.850	49.770.375
30 juin 1851.......	110.354.475	17.292.975	10.604.875	26.350.450	54.248.300
31 décembre —	116.932.450	16.348.650	9.458.425	26.350.450	52.007.525
30 juin 1852.......	131.128.375	21.544.450	5.167.175	26.350.450	53.062.075
31 décembre —	139.542.650	21.376.425	9.927.175	27.986.925	59.270.525
30 juin 1853.......	155.495.425	22.606.300	12.486.675	30.471.300	65.594.275
31 décembre —	156.488.500	19.792.475	16.934.800	36.722.550	73.449.825
30 juin 1854.......	172.311.750	20.684.925	22.938.925	36.435.375	80.059.225
31 décembre —	179.431.100	17.357.725	12.160.000	36.276.850	65.764.575
30 juin 1855.......	204.163.825	18.056.075	12.097.750	43.851.850	74.005.175
31 décembre —	218.602.375	21.196.400	11.289.375	48.726.850	81.212.625
30 juin 1856.......	279.250.250	22.671.900	15.045.000	49.512.225	87.229.125
31 décembre —	285.961.525	27.989.775	10.800.000	73.065.625	111.855.400
30 juin 1857.......	347.826.450	24.176.950	17.193.250	83.829.475	125.199.675
31 décembre —	347.225.525	55.661.025	27.897.075	89.509.925	173.129.025

1190. — Pensez-vous que, quand vos dépôts augmentent considérablement, il soit nécessaire que vous conserviez une réserve plus considérable qu'en tout autre temps? — Je peux dire, en règle générale, que notre réserve est toujours proportionnelle à nos dépôts dans une certaine mesure.

1191. — Employez-vous votre argent à escompter du papier pour des personnes autres que vos clients? — Pour les courtiers d'escompte.

1192. — Seulement pour les courtiers d'escompte? — Oui.

1193. — Vous n'escomptez pas du papier aux étrangers qui ont l'habitude de vous en apporter : les maisons de commerce? — Ordinairement, non. Il y a une ou deux maisons qui n'ont pas de compte-courant chez nous pour lesquelles nous escomptons; mais ordinairement nous n'acceptons que le papier de nos clients ou des courtiers d'escompte.

1194. — Pensez-vous qu'il y ait un avantage pour le public à ce que la Banque d'Angleterre avance plus qu'on ne le considérerait absolument prudent en banque sous prétexte d'aider le commerce? — Comme je l'ai déjà dit, aussi longtemps qu'il y aura de bon papier en circulation, c'est-à-dire des traites sur le paiement desquelles on ne pourra élever le moindre doute, il doit y avoir quelque moyen qui permette d'escompter ce papier.

1195. — Et vous pensez qu'il est dans les attributions de la Banque d'Angleterre d'escompter une traite pour n'importe qui, tout simplement parce que le porteur de cette traite désire la convertir en argent? — La Banque d'Angleterre, comme je l'ai déjà dit, aura beaucoup de peine à détruire cette opinion qui a cours dans le public, à savoir qu'elle est quelque chose de plus qu'une banque ordinaire par actions. Je crois que le refus d'escompter les traites de tout repos que l'on vous offre doit dépendre beaucoup des circonstances.

Note C.

Etat de la circulation en billets et des dépôts de la Banque de Dundee à intervalles de dix ans, entre 1764 et 1864.

ANNÉES.	CIRCULATION.	DÉPÔTS (*).
1764	759,875f	—
1774	691,750	—
1784	1,408,550	—
1794	1,256,350	1,220,225f
1804	1,352,400	3,945,525
1814	1,165,675	11,126,650
1824	741,875	8,598,700
1834	661,675	14,080,050
1844	687,600	13,381,325
1854	1,019,350	17,630,550
1864	1,027,950	17,122,450

Note D.

ASSEMBLÉE DES ACTIONNAIRES DE LA BANQUE D'ANGLETERRE.

13 SEPTEMBRE 1866.

(Extrait de l'*Economist* du 22 septembre 1866.)

L'assemblée générale des actionnaires de la Banque d'Angleterre a eu lieu à la Banque le 13 courant, à midi,

(*) La banque de Dundee ne commença à recevoir des dépôts qu'en 1792; ils se montèrent cette première année à 898,600 francs.

dans le but de déclarer le dividende pour le dernier semestre.

M. Launcelot Holland, gouverneur de la Banque, président de l'assemblée, a pris la parole en ces termes : La présente assemblée a un double caractère ; c'est une des assemblées trimestrielles que nous devons réunir en vertu de notre charte d'incorporation et aussi une de nos assemblées semestrielles qu'exigent nos statuts dans le but de déclarer un dividende. D'après un compte que je tiens à la main, il résulte que les bénéfices nets de la Banque se sont élevés pendant le semestre, se terminant le 31 août dernier, à la somme de 24,250,350 fr. 25, ce qui, ce même jour, porte la réserve à la somme de 99,544,598 fr. 60 ; après en avoir déduit un dividende à raison de 6 fr. 50 pour 100, la réserve se montera à 75,895,973 fr. 60. Le conseil d'administration vous propose donc de déclarer un dividende semestriel de 6 fr. 50 pour 100, sans déduction pour l'impôt sur le revenu, dividende payable à partir du 10 octobre prochain. Telle est la proposition que je suis chargé de faire à l'assemblée générale ; mais, comme d'importants événements se sont passés depuis notre dernière réunion, j'ai pensé qu'il était bon de vous adresser quelques mots à ce sujet. Pendant les quelques derniers mois, les ressources de cet établissement, aussi bien que celles de toutes les banques de Londres, ont eu à soutenir un terrible assaut. Je crois avoir tout droit d'ajouter que, non seulement la Banque d'Angleterre, mais aussi toutes les banques, ont traversé avec honneur cette triste période. La banque est un commerce tout particulier, et elle dépend si complétement du crédit que le moindre soupçon suffit à détruire, pour ainsi dire, la moisson d'une année entière. Mais la manière avec laquelle presque tous les établissements de banque, à Londres, ont fait face aux demandes de remboursement qui leur ont été adressées pendant la plus grande partie du dernier semestre, est une preuve très-satisfaisante de la solidité des principes sur lesquels repose leur administration. Notre établissement s'est employé avec énergie, et ses efforts ont été couronnés de succès, à faire face à la crise. Nous n'avons pas déserté notre poste. Quand l'orage se déchaînà sur nous dans la matinée où on apprit la faillite de la maison Overend et Cie, notre situation était aussi solide, aussi bonne, que puisse l'être la situation d'une maison de banque. Ce jour-là et pendant la semaine suivante, nos avances se sont montées à des sommes si considérables qu'il est difficile d'y croire. Je ne crois pas que personne ait pu avoir la pensée de prédire, même au dernier moment, quelle serait l'importance de ces avances. Il était tout naturel que, dans cet état de choses, un certain degré d'alarme se soit emparé de l'esprit public, et que ceux qui avaient besoin de l'aide de la Banque soient allé trouver le chancelier de l'échiquier pour qu'il nous autorise, au nom du gouvernement, à émettre des billets de banque au delà du montant fixé par la loi, si nous pensions qu'il soit utile d'avoir recours à cette mesure. Mais, avant que cette autorisation put nous parvenir, il nous fallait agir, et avant peut-être que le chancelier de l'échiquier ait quitté son lit, nous avions avancé la moitié de nos réserves qui se trouvèrent alors réduites à une somme que nous ne pouvions contempler sans regrets. Mais nous ne pouvions négliger le devoir qui nous était imposé, c'est-à-dire venir en aide aux banquiers, et je ne sache pas qu'aucune demande légitime d'assistance adressée à cet établissement ait été repoussée. Quiconque s'adressa à nous en nous offrant des garanties suffisantes a été libéralement traité, et si nous n'avons pas toujours pu faire des avances aussi considérables que celles que l'on nous demandait, chacun, cependant, a pu obtenir assistance. Je me suis peut-être étendu un peu plus qu'on ne le fait ordinairement dans des occasions telles que celle-ci; mais la période que nous venons de traverser a présenté un intérêt extraordinaire, et j'ai pensé qu'il était désirable de justifier en quelques mots la politique suivie par cet établissement de faire descendre sa réserve à un point que quelques personnes peuvent trouver dangereux. Si je me reporte aux événements récents, je ne pense pas qu'on puisse blâmer le conseil d'administration de la Banque de ne s'être pas préparé à l'ouragan qui a tout à coup éclaté le 11 mai sur notre tête, et j'espère que les actionnaires trouveront que leurs administrateurs ont agi pour le mieux dans cette occasion et qu'ils ont fait tous leurs efforts pour faire face à un concours de circonstances très-extraordinaires. Il ne me reste plus qu'à proposer un dividende de 6 fr. 50 pour 100 pour le dernier semestre.

M. Hyam désire, avant qu'on ne passe au vote, adresser quelques observations au conseil d'administration. Il croit que l'extrait des comptes qu'on vient de lire aux actionnaires est très-satisfaisant. Il pense aussi que les administrateurs ont fait de leur mieux pour assister le commerce pendant la dernière crise financière; mais il lui semble, en même temps, que les administrateurs ont eu tort de ne pas demander plus tôt au gouvernement la suspension de la loi sur la Banque. On sait parfaitement que les demandes adressées à la Banque diminuèrent considérablement pendant la matinée, dès que l'on sut, de façon à peu près certaine, que la permission de dépasser les limites de l'émission de billets imposées par la loi avait été accordée. Cette concession n'avait cependant été faite qu'après que les représentations les plus urgentes eurent été adressées au chancelier de l'échiquier tard dans la soirée; or, si la permission avait été refusée, l'état des choses eut été bien plus terrible le samedi que le vendredi. Le fait est que la loi de 1844 ne répond plus, en aucune façon, aux besoins du pays, dont le commerce depuis cette époque s'est triplé ou quadruplé; or, il est désolé de penser que la plupart des administrateurs de la Banque approuvent cette loi. Quiconque a lu les discours prononcés lors de la discussion de la motion de M. Watkins doit comprendre qu'il est indispensable de faire une nouvelle enquête à ce sujet, et il espère que cette enquête sera autorisée.

M. Jones est, relativement à la loi de 1844, d'un avis diamétralement opposé à celui de l'honorable préopinant. Selon lui, la cause principale de la récente crise financière est que, tandis que les importations de l'année 1865 se montent à 6,875,000,000 de francs, nos exportations ne se sont élevées qu'à une somme de 4,125,000,000 de francs, ce qui nous a constitués débiteurs de l'étranger pour une somme de 2,750,000,000 de francs. Il croit que la Banque agit sagement en repoussant toute proposition tendant à l'augmentation de la circulation fiduciaire, et il est convaincu que les classes ouvrières seraient les premières à souffrir de l'augmentation des prix qu'amènerait nécessairement l'augmentation de la circulation du papier.

M. Moxon serait heureux de savoir à combien se montent les créances impayées de la Banque pendant le dernier semestre. On répand de toutes parts le bruit que la Banque a en portefeuille entre 75 et 100 millions de traites impayées.

Le Gouverneur de la Banque. — Puis-je vous demander d'après quelle autorité vous faites cette constatation? Ce n'est pas sans un certain degré d'amusement que nous avons appris cette nouvelle pour la première fois, et nous n'avons jamais pu tracer ce bruit jusqu'à une source authentique

M. Moxon continue : Que les mauvaises créances soient considérables ou non, il pense qu'il est désirable que tous les actionnaires sachent à combien elles se montent. On a dit aux actionnaires, lors de leur dernière réunion, que la Banque possédait un grand nombre d'obligations de chemins de fer; or, il désirerait savoir si ces obligations proviennent de compagnies qui, depuis, se sont trouvées dans l'impossibilité de tenir leurs engagements. Il croit savoir qu'une partie du capital de la Banque a été placé dans des avances faites pour la construction des quais de la Tamise, qu'il y a eu, en outre, d'autres placements qui ont enlevé au commerce et à l'industrie le capital disponible ; s'il en est ainsi, il désire ajouter qu'il désapprouve complétement cette conduite. Il désire faire une question relativement à un point fort important. Il voudrait savoir quelle est la somme totale des dépôts faits par les banques par actions à la Banque d'Angleterre. Il craint qu'un jour où l'autre les banques par actions ne se trouvent, peut-être, en position telle qu'elles pourront rendre impossible à la Banque la continuation des affaires. S'il n'en est pas ainsi, il est bon que le public le sache le plus tôt possible. Mais si dix ou douze banques par actions ont des dépôts considérables à la Banque d'Angleterre et que la réserve devienne insignifiante, on serait naturellement porté à penser que les banques par actions exercent sur la Banque d'Angleterre plus d'influence qu'elles ne devraient le faire. Il désirerait savoir, en outre, si les administrateurs ont dernièrement discuté la question de savoir si on allouerait un intérêt sur les dépôts. Il croit que le mode actuel des opérations fait perdre à la Banque d'immenses bénéfices qui profiteraient aux actionnaires aussi bien qu'au public. Il voudrait aussi voir la Banque se charger de la garde des valeurs, comme le fait la Banque de France. En conclusion, il propose trois résolutions tendant à ce que : 1° On fasse imprimer une liste de tous les actionnaires de la Banque, en plaçant dans un chapitre spécial les noms de ceux que leur petit nombre d'actions ou le peu de durée du temps qu'elles ont été en leur possession empêche de participer au vote ; 2° qu'on fasse imprimer et qu'on mette à la disposition de tous les actionnaires copie de la charte de la Banque, de ses règlements, de ses statuts, etc.; 3° que des censeurs soient nommés, chargés d'examiner en détail les différents comptes.

M. Gerstenberg recommande que les administrateurs de la

Banque prennent les dispositions nécessaires pour empêcher que des bruits aussi faux que ceux qui ont couru dernièrement sur le continent se répandent désormais ; on a dit, en effet, que la Banque allait cesser ses paiements en numéraire.

M. W. Botly voudrait que les administrateurs prissent en considération le système d'une allocation d'intérêts sur les dépôts.

M. l'alderman Salomons désire saisir cette occasion pour constater que, dans sa pensée, rien ne pourrait être plus satisfaisant pour les gérants et les actionnaires des banques par actions que le témoignage porté par le gouverneur de la Banque sur la solidité et l'honorabilité qui président à la conduite de leurs affaires. Chacun reconnait combien il est désirable que les banques par actions et que les banques particulières soient en harmonie parfaite avec la Banque d'Angleterre, et il remercie sincèrement le gouverneur de la Banque des quelques mots flatteurs qu'il a adressés aux banques par actions sur leur conduite pendant la dernière crise financière.

Le Gouverneur de la Banque dit : Avant de mettre aux voix la déclaration d'un dividende, je désire dire quelques mots relativement à un ou deux points soulevés par les membres qui ont parlé à l'assemblée. Le point le plus important qui ait été soulevé a rapport à une allocation d'intérêts sur les dépôts. Je dois dire, à ce sujet, qu'on ne pourrait, je le crois, faire aucune innovation plus dangereuse à la Banque d'Angleterre. On peut faire remonter la cause de la chute d'Overend et Gurney, et de beaucoup d'autres maisons, à la règle qu'ils ont adoptée d'allouer un intérêt aux dépôts remboursables à vue, tandis qu'ils se laissaient aller à la tentation d'employer cet argent dans des spéculations en Irlande, en Amérique ou au fond de la mer, argent qui ne se trouvait, par conséquent, plus disponible quand de nombreuses demandes de remboursement venaient à se produire.

M. Botly dit qu'il n'a pas voulu parler des dépôts remboursables à vue.

Le Gouverneur de la Banque continue : Ce n'est là qu'une question de détail; la question principale est celle-ci : Devons-nous entrer dans la voie d'allouer des intérêts sur les dépôts? Je dois dire que je désapprouve entièrement cette manière de faire. M. Moxon a parlé de la quantité de nos créances mauvaises, mais, comme je l'ai dit quand j'ai pris la liberté de l'interrompre, nous n'avons jamais pu arriver à savoir qui a mis ce bruit en circulation. Autant qu'il a pu exister, ce bruit doit probablement son origine à l'importance des sommes avancées par la Banque. Il est bon, cependant, de se rappeler que nous n'avons pas fait ces avances sans des garanties plus que suffisantes, et la meilleure preuve que je puisse en donner est le montant incroyablement minime de nos mauvaises créances. Il n'est pas dans les habitudes de la Banque de dire quel est le montant exact de ces mauvaises créances; mais je crois que si, aujourd'hui, j'en indiquais le chiffre, on me croirait difficilement, tant il est petit. Je suis convaincu que notre dividende actuel est le fruit d'autant de travail, d'autant de peines que ceux précédemment réalisés; il n'a été, certes, obtenu qu'au prix de la plus grande vigilance, de la plus grande anxiété, de la part de chacun de vos administrateurs. Or, je puis ajouter que, selon moi, vous ne feriez que diminuer le sentiment de responsabilité avec lequel ils surveillent vos affaires, si vous veniez à confier à des censeurs le soin de dresser les comptes que l'on vous soumet. Si les administrateurs que vous avez choisis méritent votre confiance, vous devez, sans doute, les croire capables de remplir ce devoir; s'ils ne méritent pas votre confiance, vous ne devez pas les conserver. Quant au placement supposé de notre capital, je dois faire observer qu'ayant 350,000,000 de francs entre les mains, nous devons nécessairement les placer un peu de tous côtés; mais il n'y a aucune raison pour supposer que notre capital soit placé de façon à ce que nous ne puissions pas en avoir la libre disposition pour faire des avances au commerce. Nous avons, dans l'espace de trois mois, avancé une somme de 1,125,000,000 de francs; que voulez-vous de plus? On a demandé que nous nous chargions de la garde des titres; or, nous avons décidé de refuser la garde de tous les titres, sauf ceux de nos clients; car je crois que cette garde des titres est un mal qui fait malheureusement des progrès. Quant aux obligations de chemins de fer, je ne crois pas que nous en possédions une seule ayant un caractère douteux; nous n'avons entre les mains que des obligations de compagnies de tout premier ordre et qui, nous le savons, restent dans les limites imposées par la loi. Après avoir ainsi répondu à tous les points qui ont été soulevés, je mets aux voix la déclaration du dividende.

La résolution, mise aux voix, est unanimement adoptée.

Le Président annonce alors que cette résolution devra être confirmée par un vote au scrutin le mardi suivant, la Banque ne pouvant, en vertu d'un acte du Parlement, déclarer que sous la forme d'un scrutin un dividende plus élevé que celui qui a été distribué pendant le semestre précédent.

On lit alors les trois propositions de M. Moxon. Elles ne sont pas mises aux voix, personne ne les ayant appuyées.

M. l'alderman Salomons dit que le gouverneur a fait observer que, dans sa pensée, le paiement d'intérêts sur les dépôts soulève bien des objections; or, chacun doit comprendre que cette pratique ne devrait pas être adoptée par la Banque d'Angleterre. Mais l'orateur pense que le gouverneur n'a pas voulu appliquer ces paroles aux banques par actions qui, il l'a dit lui-même, ont mené leurs affaires avec tant d'honorabilité et de succès.

Le Gouverneur de la Banque répond qu'il s'est borné à

constater que l'adoption d'un semblable système serait une source de dangers pour la Banque d'Angleterre, surtout si on adoptait le système proposé par M. Moxon.

M. P. N. LAURIE a compris que le gouverneur de la Banque a dit qu'il serait dangereux de recevoir des dépôts remboursables à vue, et il partage cette opinion.

M. L'ALDERMAN SALOMONS partage aussi cette opinion.

Sur la proposition de M. l'alderman Salomons, secondée par M. Botly, l'assemblée vote des remerciements au gouverneur et aux administrateurs pour l'excellente direction qu'ils ont imprimée à la Banque pendant le dernier semestre, et l'assemblée se disperse.

—

ACTE DE PEEL.

ACTE QUI RÈGLE L'ÉMISSION DES BILLETS DE BANQUE, ET QUI ACCORDE AU GOUVERNEUR ET A LA COMPAGNIE DE LA BANQUE D'ANGLETERRE CERTAINS PRIVILÉGES POUR UN TEMPS LIMITÉ.

(Années septième et huitième Victoria.)

Attendu l'utilité de régler l'émission des billets payables au porteur; — attendu l'acte 98 des troisième et quatrième années de Guillaume IV, intitulé : *Acte qui accorde à la corporation du gouverneur et de la Compagnie de la Banque d'Angleterre certains priviléges pour un temps limité et à certaines conditions;* — attendu l'utilité de maintenir, avec les modifications inscrites au présent acte et à certaines conditions, au gouverneur et à la Compagnie de la Banque d'Angleterre, le privilége exclusif du commerce de la banque, stipulé dans l'acte précité; — S. M. la Reine, de l'avis et du consentement des lords spirituels et temporels, et des communes siégeant en Parlement, ordonne :

Art. I. — A partir du 31 août 1844, l'émission des billets au porteur du gouverneur et de la Compagnie de la Banque d'Angleterre, payables à vue, sera séparée et placée entièrement en dehors des opérations de banque générale du gouverneur et de la Compagnie; — à partir de ce même jour, les opérations relatives à l'émission desdits billets seront conduites et effectuées par le gouverneur et la Compagnie de la Banque d'Angleterre en un département séparé, dit « le département d'émission de la Banque d'Angleterre, » lequel sera régi par les règles et réglements ci-après énoncés; — la cour des directeurs, du gouverneur et de la Compagnie de la Banque d'Angleterre pourra, si elle le juge convenable, charger un ou plusieurs comités de directeurs de l'administration du département d'émission de la Banque d'Angleterre; elle pourra en changer les membres de temps à autre, et spécifier, modifier et régler, comme elle le jugera convenable, la constitution et les pouvoirs de ce comité, en se soumettant, d'ailleurs, aux ordonnances, règles ou règlements à intervenir sur la matière. — Il est entendu, toutefois, que le département d'émission constituera toujours un département séparé et distinct du département des opérations de banque du gouverneur et de la Compagnie de la Banque d'Angleterre.

Art. II. — Le 31 août 1844, le gouverneur et la Compagnie de la Banque d'Angleterre devront réunir, appliquer et transmettre au département d'émission de la Banque d'Angleterre, des sûretés s'élevant à la valeur de 14 millions de livres sterling (350,000,000 de francs), et dont fera et sera réputée faire partie la dette contractée par l'État envers le gouverneur et la Compagnie de la Banque d'Angleterre. Le même jour, le gouverneur et la Compagnie de la Banque d'Angleterre devront réunir, appliquer et transmettre également au département d'émission précité telle quantité de l'or monnayé, et d'or et d'argent en lingots possédés par la Banque d'Angleterre, qui ne seront pas réclamés par le département des opérations de banque; — le département d'émission délivrera, en échange au département des opérations de banque de la Banque d'Angleterre, une quantité de billets de la Banque d'Angleterre équivalent, avec les billets de ladite Banque déjà en circulation, au montant de la valeur des sûretés et des métaux en lingots et espèces remis audit département d'émission de la Banque d'Angleterre; — la somme totale des billets de la Banque d'Angleterre alors en circulation, y compris ceux délivrés, comme il vient d'être dit, au département des opérations de banque de la Banque d'Angleterre, sera réputée émise au crédit des sûretés et des métaux monnayés ou en lingots appliqués et transmis au département d'émission.

A partir du 31 août 1844, le gouverneur et la Compagnie de la Banque d'Angleterre ne pourront augmenter la somme des sûretés alors en existence au département d'émission, sauf dans les cas prévus ci-après, mais ils pourront diminuer la somme desdites sûretés pour l'augmenter ensuite de temps à autre, selon l'occurence, jusqu'à la valeur de 14 millions de livres sterling au plus.

A partir du jour de l'application et de la remise au département d'émission de sûretés et des métaux monnayés et en lingots précités, le gouverneur et la Compagnie de la Banque d'Angleterre ne pourront délivrer des billets de la Banque d'Angleterre au département des opérations de banque de la Banque d'Angleterre ou à un individu quelconque, qu'en échange d'autres billets de la Banque d'Angleterre ou d'or monnayé, ou d'or ou d'argent en lingots reçus ou achetés par le département d'émission, en vertu des dispositions du présent acte, ou en échange de sûretés acquises et acceptées par le département d'émission, en vertu des dispositions du présent acte.

Il est entendu que le gouverneur et la Compagnie de la

Banque d'Angleterre pourront toujours mettre en circulation, dans le département des opérations de banque, les billets qu'ils recevront du département d'émission ou d'ailleurs, pourvu que ladite mise en circulation ait lieu dans des conditions qui la rendent légale pour toute autre personne.

Art. III. — Vu la nécessité de la somme d'argent en lingots, d'après laquelle le département d'émission pourra émettre des billets de la Banque d'Angleterre : la Banque d'Angleterre ne pourra jamais avoir en dépôt au département d'émission de ladite banque une somme d'argent en lingots dépassant le quart de l'or monnayé et en lingots possédé par la Banque d'Angleterre au département d'émission.

Art. IV. — A partir du 31 août 1844, tous individus pourront demander au département d'émission de la Banque d'Angleterre des billets de ladite banque en échange d'or en lingots, au taux de 3 l. 17 st. 9 d. par once d'or au titre. Il est entendu que le gouverneur et la Compagnie de la Banque d'Angleterre pourront, dans tous les cas, exiger que ledit or en lingots soit affiné et essayé par des individus désignés et choisis par eux aux frais des détenteurs dudit or en lingots.

Art. V. — Lorsqu'un banquier qui, le 6 mai 1844, émettait des billets de sa propre banque cessera d'en émettre, Sa Majesté en conseil pourra, à la suite de cette cessation d'émission, et sur la demande du gouverneur et de la Compagnie de la Banque d'Angleterre, autoriser lesdits gouverneur et Compagnie à augmenter la somme des sûretés déposée au département d'émission au-delà de la valeur totale de 14 millions de livres sterling, et à émettre une somme additionnelle de billets de la Banque d'Angleterre ne dépassant pas l'augmentation de la somme des sûretés spécifiée dans ledit ordre en conseil. Il est entendu que l'augmentation de la somme des sûretés spécifiée dans ledit ordre en conseil ne pourra, dans aucun cas, dépasser la proportion des deux tiers de la somme des billets de banque qu'était autorisé à émettre, aux termes du présent acte, le banquier qui aura cessé d'en émettre. Les ordres du conseil précités devront être publiés dans le numéro le plus prochain de la *Gazette de Londres*.

Art. VI. — Le gouverneur et la Compagnie de la Banque d'Angleterre devront transmettre hebdomadairement aux commissaires du timbre et des contributions directes, au jour fixé par lesdits commissaires : 1° un relevé de la somme des billets de la Banque d'Angleterre émis par le département d'émission de ladite banque, de la somme d'or monnayé, et d'or et d'argent en lingots respectivement, et des sûretés déposées audit département d'émission ; 2° un relevé du capital social, des dépôts de l'argent, et des sûretés appartenant au gouverneur et à la Compagnie de la Banque d'Angleterre dans le département des opérations de banque ; lesdits relevés devront être publiés par les commissaires du timbre dans le plus prochain numéro de la *Gazette de Londres*,

Art. VII. — A partir du 31 août 1844, le gouverneur et la Compagnie de la Banque d'Angleterre seront affranchis du paiement de tout droit de timbre pour leurs billets à vue payables au porteur.

Art. VIII. — (Dispose qu'en considération du privilége exclusif des opérations de banque et de l'exemption des droits de timbre, la Banque d'Angleterre, pendant la durée de son privilége, allouera à l'Etat une somme annuelle de 180,000 livres sterling en déduction des sommes qui lui sont dues pour l'administration de la dette publique.)

Art. IX. — (Dispose qu'au cas où les sûretés déposées au département d'émission dépasseraient 14 millions de livres sterling, l'Etat participera aux bénéfices de l'émission de billets de banque qui résulterait de l'augmentation du dépôt des sûretés.)

Art. X. — A partir du jour de l'adoption du présent acte, nul individu, *autre* qu'un banquier qui, le 6 mai 1844, émettait légalement ses propres billets de banque, ne pourra fabriquer ou émettre des billets de banque sur un point quelconque du Royaume-Uni.

Art. XI. — A partir du jour de l'adoption du présent acte, nul banquier ne pourra tirer, accepter, fabriquer ou émettre en Angleterre, ou dans le pays de Galles, aucune lettre de change, aucun billet à ordre, aucune promesse en paiement d'argent payable à vue au porteur; nul banquier ne pourra emprunter, devoir ou accepter en Angleterre, ou dans le pays de Galles, aucune somme d'argent sur lesdits billets de banque payables à vue au porteur, émis par ledit banquier.

Toutefois, tout banquier qui, le 6 mai 1844, émettait librement ses propres billets, pourra continuer à les émettre dans la limite et aux conditions ci-après mentionnées.

Il est entendu, toutefois, que toute compagnie en société, composée aujourd'hui de six individus au plus, ne pourra plus émettre de billets de banque à partir de l'époque où le nombre des associés ou actionnaires dépasserait six.

Art. XII. — (Dispose que tout banquier qui fera faillite, qui cessera d'exercer la profession de banquier, ou qui cessera d'émettre des billets en vertu d'un arrangement avec la Banque d'Angleterre, ne pourra plus à l'avenir émettre de billets de banque.)

Les articles XIII, XIV, XV, XVI, XVII, XVIII, XIX, XX, XXI, XXII, indiquent les conditions d'administration que devront remplir les banques particulières qui continueront à émettre des billets de banque. Aucune banque particulière n'émettant aujourd'hui de billets de banque, il est inutile de rapporter ces articles. Les articles suivants indiquent les conditions de rachat par la banque du droit d'émettre des billets.

Art. XXVII. — Les priviléges précités accordés à la

Banque pourront être rachetés aux termes et conditions ci-après :

1° Avis préalable donné douze mois à l'avance postérieurement au 1er août 1855.

2° Remboursement intégral par l'Etat de la somme de 11,015,100 livres sterling, montant de la dette de l'Etat envers la Banque d'Angleterre.

3° Un vote du Parlement.

TABLE DES MATIÈRES

BEAUVAIS, IMPRIMERIE E. LAFFINEUR.

www.ingramcontent.com/pod-product-compliance
Ingram Content Group UK Ltd.
Pitfield, Milton Keynes, MK11 3LW, UK
UKHW020604230726
13926UKWH00005B/2188